KANADA

Ontario

Quebec

New Brunswick

Quebec

Fredericton

Minnesota

Lake Superior

Maine

Augusta

Ottawa

Montpelier

New York

Vermont

New Hampshire

Freeport

Conrath

Lake

Concord

re

Wisconsin

Michigan

Huron

Palatine

Bridge

Massachusetts

St. Paul

Toronto

Lake Ontario

Boston

Green Bay

White Cloud

Buffalo

Albany

Providence

Provincetown

Lansing

Cooperstown

Hartford

Plymouth

Rhode Island

Madison

Lake Michigan

Lake Erie

Branford

Connecticut

Iowa

Pennsylvania

New Jersey

Des Moines

Cleveland

Trenton

Columbus

Harrisburg

Atlantic City

Springfield

Indianapolis

Ohio

Washington D.C.

Dover

Delaware

Illinois

Indiana

Mount Vernon

Annapolis

Maryland

Charleston

Chesapeake Beach

Jefferson City

Frankfort

West Virginia

Richmond

Jamestown

Missouri

Kentucky

Virginia

Atlantik

Raleigh

Nashville

Tennessee

North Carolina

Menteo

Little Rock

Bishopville

Arkansas

Atlanta

Columbia

South Carolina

Mississippi

Alabama

Madison

Montgomery

Georgia

Louisiana

Jackson

Plains

Andersonville

Mobile

Baton Rouge

Biloxi

Tallahassee

Jennings

Panama City Beach

Pointe a la Hache

Florida

Golf von Mexiko

Nassau

BAHAMAS

USA

★ Hauptstädte

● Reisestationen

— Reiseroute

Seen

0   250 Meilen

0   250 km

Auf der Suche nach Amerika

BETTINA GAUS
AUF DER
SUCHE NACH
AMERIKA

Begegnungen mit
einem fremden Land

Für Erika Stegmann und für Rainer Baumert.
Ohne die es dieses Buch nicht gäbe.

1 2 3 4 09 08

© Eichborn AG, Frankfurt am Main, August 2008
Umschlaggestaltung: Christina Hucke
Foto (Flagge): © Photodisc
Lektorat: Carmen Kölz
Layout: Tania Poppe
Satz: Fuldaer Verlagsanstalt, Fulda
Druck und Bindung: Claussen & Bosse, Leck
ISBN 978-3-8218-5701-5

Eichborn Verlag, Kaiserstraße 66, D-60329 Frankfurt am Main
Mehr Informationen zu Büchern und Hörbüchern aus dem Eichborn Verlag finden Sie unter www.eichborn.de

Inhalt

Vorwort

Reisen bildet. Bildet Reisen? Niemals zuvor war es so einfach, fremde Länder kennenzulernen, und es war wohl auch niemals zuvor so wichtig, über den eigenen Tellerrand hinauszuschauen wie heute im Zeitalter der Globalisierung. Schließlich gibt es nahezu keine Entwicklung mehr irgendwo auf dem Planeten, die nicht mittelbar oder unmittelbar auf unsere eigenen Lebensbedingungen einwirkte. Den größten Einfluss üben noch immer, wie schon seit Jahrzehnten, die USA auf den Rest der Welt aus. Über diese Macht meinen fast alle fast alles zu wissen. Wenn schon nicht in faktischer, dann doch in emotionaler Hinsicht.

Wer heute jünger ist als 75 Jahre, irgendwo auf der Erde, ist von der Kultur der USA bestimmend mitgeprägt worden. Im Guten wie im Schlechten. Das bedeutet auch: Wer eine Ansicht äußert, die sich von der des Gegenübers unterscheidet, zieht damit zugleich dessen Kindheits- und Jugenderinnerungen in Zweifel. Vielleicht lösen Urteile über die Vereinigten Staaten, die mit der eigenen Einschätzung nicht übereinstimmen, auch deshalb und nicht nur wegen tagesaktueller Kontroversen über Irakkrieg oder Klimapolitik so oft Aggressionen aus. Rock 'n' Roll, die erste Barbie-Puppe, Micky-Maus-Hefte, Bonanza, die Protestlieder von Joan Baez, der Vietnamkrieg, McDonald's, Jeans, Hollywood. Eine ganze Generation wird das Wort „Pirat" lebenslang nicht hören können, ohne Johnny Depp vor Augen zu haben. Jede Nixe sieht im Kopf aus wie Arielle, sogar die alte, kleine Meerjungfrau des dänischen Dichters Hans Christian Andersen. Jedes Indianermädchen gleicht Pocahontas.

Aber wissen wir deshalb heute wirklich mehr über die derzeit einzige Weltmacht als einst die Germanen über das unerreichbar ferne Rom? Oder können wir unsere eigene Kenntnislosigkeit nur besser verdrängen? Erweitern die Ausschnitte der Wirklichkeit, die wir zur Kenntnis nehmen, unseren neugierigen und vorurteilsfreien Blick oder bauen sie gerade erst die Sichtblenden auf, die unsere Beschränkungen definieren? Wo finden inmitten der Fülle unserer Projektionen eigentlich die realen Bewohner der Vereinigten Staaten noch einen Raum? Wie leben sie, was denken sie, was ist ihnen wichtig? Bedeutet es ihnen etwas, Staatsbürger der letzten verbliebenen Weltmacht zu sein? Bedrückt sie die Tatsache, dass sie in vielen anderen Ländern heute unbeliebt sind? Wovor fürchten sie sich? Worauf sind sie stolz? Wie sehen sie den Rest der Welt? Was wissen wir überhaupt über den Alltag eines Fischers in Oregon, einer Bäuerin in Wisconsin, einer Studentin in Arizona? Wie wichtig finden wir es, darüber etwas zu wissen?

Ich glaube: Wo wir den Alltag der Bevölkerung wenig oder gar nicht kennen, dort fällt es uns auch schwer, politische Entwicklungen und Entscheidungen zu verstehen. Das gilt nicht nur für den Ausbruch von Bürgerkriegen in Afrika oder für den Zulauf zu islamistischen Bewegungen in der arabischen Welt, sondern eben auch für die Vereinigten Staaten. Wobei es übrigens bekanntlich nicht dasselbe ist, etwas zu verstehen wie etwas zu billigen. Aber es lässt sich nicht begreifen, dass ein 71-jähriger Mann zum Präsidentschaftskandidaten gekürt wird, wenn man nichts über das Verhältnis der Generationen weiß. Die Reaktionen auf die Terroranschläge des 11. September sind nicht nachvollziehbar, hat man nicht die Trauer über die Opfer gespürt. Fernsehbilder genügen nicht. Stichwort Fernsehbilder: Auch um überhaupt zu verstehen, wie es zu den schockierenden Aufnahmen schwarzer Hurrikanopfer in New Orleans kommen konnte, ist es nützlich zu beobachten, welchen Umgang verschiedene Bevölkerungsgruppen jenseits von Katastrophen miteinander pflegen.

Vor fast einem halben Jahrhundert stellte der amerikanische Schriftsteller John Steinbeck – ein weit gereister Mann – erschrocken fest, dass er seine eigene Heimat seit 25 Jahren nicht mehr »gefühlt« habe. Deshalb wollte er »dieses monströse Land« wiederentdecken, denn er glaubte, über etwas zu schreiben, dass er nicht mehr kannte. »Und mir scheint, bei einem, der sich Schriftsteller nennt, ist das kriminell.«

Steinbeck zog Konsequenzen. 1960, im Jahr des Präsidentschaftswahlkampfs zwischen John F. Kennedy und Richard Nixon, nahm er sich drei Monate Zeit, um die USA zu umrunden. Von New York aus fuhr er über Neuengland, das Gebiet der Großen Seen und den Mittleren Westen bis zur Westküste. In Kalifornien begann der lange Rückweg: durch Arizona, New Mexico und Texas, dann hinein in die Südstaaten. Und zurück nach New York.

Im Herbst letzten Jahres machte ich mich auf, seinen Spuren zu folgen. Eine Graswurzelreise. Jamestown, den Ort der ersten dauerhaften englischen Siedlung in Nordamerika, erreichte ich fast am Ende meiner Entdeckungsfahrt. Auf direktem Weg liegt diese Keimzelle der Vereinigten Staaten etwa 600 Kilometer von meinem Ausgangspunkt New York entfernt. Ich habe knapp 24 000 Kilometer zurückgelegt, um sie zu erreichen – auch deshalb, weil ich oft kreuz und quer, vorwärts- und wieder zurückgefahren und dabei gelegentlich weit von Steinbecks Route abgewichen bin. Eine Karte, auf der die wichtigsten Stationen eingezeichnet sind, erweckt zwangsläufig den Eindruck von Zielstrebigkeit und Geradlinigkeit. Dieser Eindruck täuscht.

Gerne würde ich behaupten, selbst die Idee zu dieser Reise gehabt zu haben. Aber das wäre falsch. Die Filmautorin Petra Haffter, der Fernsehproduzent Rainer Baumert und der Kameramann Michael Lösche haben über Jahre hinweg von diesem Unternehmen geträumt und diesen Traum jetzt mit einem mehrteiligen Dokumentarfilm verwirklicht. Die ersten Tage sind wir gemeinsam gereist. Aber bald stellte sich heraus, dass die Arbeitsrhythmen eines Kamerateams und einer schreibenden Autorin denn doch allzu unterschiedlich sind. Deshalb haben wir uns getrennt und ich fuhr alleine weiter.

Dabei folgte ich dann strengen Regeln. »Alles in der Welt muss eine Form haben, sonst lehnt der menschliche Geist es ab«, schrieb Steinbeck. Meine Form: Ich habe niemals Gebrauch gemacht von meinem Presseausweis. Ich habe keine Gespräche geführt, die vorab mit der Hilfe von Freunden oder Verwandten vereinbart worden waren. Großstädte habe ich – fast – ausnahmslos umfahren und mich auf die Provinz beschränkt. Nur der Zufall hat mich gelenkt und ich nahm dankbar an, was dieser Zufall mir bot. Anders ausgedrückt: Ich habe versucht, so zu reisen, wie alle anderen Leute auch reisen oder zumindest reisen könnten. Ohne die Privilegien, die mein Beruf der Journalistin üblicherweise gewährt.

Es war eine überwältigende Erfahrung. Auch. Aber vor allem war es eine Erfahrung, die ich beruhigend finde: Alles, was aus der Entfernung mächtig, eben gar überwältigend zu sein scheint, wird mit jedem Schritt kleiner, den man sich darauf zubewegt. Jeder Gigant erweist sich als Scheinriese, betrachtet man ihn aus der Nähe. Was für Menschen, Länder und Kulturen gilt, gilt ebenso für Ideen. Und für Pläne.

Das hat sein Gutes. Ergriffenheit als Dauerzustand hält niemand aus, und Erkenntnisse lassen sich nur in minimalen Dosen verarbeiten. Die Fähigkeit, jede noch so gewaltige Aufgabe auf Normalmaß zurechtzustutzen, ermöglicht es überhaupt erst, sie in Angriff zu nehmen. Bevor ich aufbrach, habe ich viel über die Position der USA in der heutigen Welt nachgedacht. Als ich unterwegs war, gewannen Fragen wie die nach dem Wetterbericht für den folgenden Tag demgegenüber ständig an Bedeutung. Das verband mich mit der lokalen Bevölkerung. Gut so. Das war wenigstens ein Anknüpfungspunkt. Bildet Reisen? Ja. Ein bisschen. Ich hatte die denkbar günstigsten Bedingungen für meine Unternehmung: Viel Zeit – was über drei Monate hinausgeht, ist keine Reise mehr, sondern ein vorübergehender Auslandsaufenthalt –, genügend Geld, um mir nicht aus finanziellen Gründen irgendwelche Beschränkungen auferlegen zu müssen, und gute Kenntnisse der Sprache meines Gastlandes. Bessere Voraussetzungen gibt es nicht. Habe ich nun also ein klares Bild, ein sicheres Urteil gewinnen können? Nein. Aber immerhin einen Zipfel der Wirklichkeit bekam ich zu fassen auf meiner Fahrt, und nun glaube ich wenigstens zu wissen, was ich alles noch immer nicht verstehe. Und warum. Das ist ein Anfang.

Erstes Kapitel
Hoffnung auf ein neues Leben
und die Sehnsucht nach der guten alten Zeit

Amerika ist sehr groß. Das gilt sogar für jenen gewaltigen Staat, der sich gerne »Amerika« nennt, obwohl er doch nur der kleinere Teil des Kontinents ist: die USA. John Steinbeck schaute kurz nach seiner Abreise aus New York auf einem Rastplatz in Connecticut in sein Kartenbuch: »Und auf einmal wurden die Vereinigten Staaten riesig über alle Maßen, sodass es unmöglich schien, sie zu durchqueren. Wie zum Teufel hatte ich mich auf ein so undurchführbares Unternehmen einlassen können?«

Inzwischen weiß ich, was er meinte. Connecticut ist allerdings noch nicht die Gegend, in der mich Mutlosigkeit überfällt, im Gegenteil. Ich bin in Hochstimmung. Endlich würde die eigentliche Reise beginnen! Die ersten Tage in New York, in denen noch einige organisatorische Dinge geregelt werden mussten, und ein kurzer Abstecher nach New Jersey zählten ja nicht. Sie waren nützlich gewesen zur Einstimmung auf mein ehrgeiziges Vorhaben, und es gibt schlechtere Orte als New York, um in den USA anzukommen. Die Stadt macht einem die Annäherung an das Land leicht, wenn man in strahlender Sonne unweit des Times Square in einem kleinen Park sitzt. Aber mit dem Zweck, den die Reise verfolgt, hat ein Aufenthalt in Metropolis nichts zu tun.

Über diese Stadt ist alles gesagt, und zwar, um ein altes Bonmot abzuwandeln, auch schon von jedem. »New York ist so wenig Amerika, wie Paris Frankreich oder London England ist«, schrieb Steinbeck. Das gilt wohl ebenfalls für San Francisco, ganz gewiss für Washington, vielleicht sogar für Boston und Chicago. Auch deshalb will ich ja gerade dort hin, wohin es ausländische Journalisten im Regelfall nicht zieht: in die ländlichen Gebiete, in die kleinen Städte und Dörfer.

Um dort den Alltag zu sehen, über den wir in Deutschland wenig wissen. Viel weniger als von den politischen Positionen des jeweiligen US-Präsidenten. Um mit Frauen und Männern zu reden, die üblicherweise in Medien nicht zu Wort kommen – es sei denn, in ihrer Nachbarschaft hat sich ein spektakulärer Mordfall ereignet oder sie sind Opfer einer Naturkatastrophe geworden. Mit sogenannten »kleinen Leuten« also, die in Deutschland gerne klagen: »Uns fragt ja keiner.« Eine Formulierung übrigens, die ich in den USA kein einziges Mal gehört habe. Das in Deutschland schwindende Gefühl, es komme auf die Meinung jedes Einzelnen an, scheint in den Vereinigten Staaten noch tief verankert zu sein. Aller Politikerverdrossenheit zum Trotz. Aber ich greife vor. Noch bin ich ja in Connecticut, und noch habe ich mit überhaupt niemandem hier gesprochen.

Immerhin bin ich endlich draußen aus der Stadt. Wer sich nach unberührter Natur und Einsamkeit sehnt, fährt vielleicht nicht gerade hierher – jedenfalls dann nicht, wenn er sich vorher ein paar Statistiken angeschaut hat. Connecticut ist der Bundesstaat mit der vierthöchsten Bevölkerungsdichte und einem der höchsten durchschnittlichen Pro-Kopf-Einkommen in den USA. Das lässt eher an Wolkenkratzer und Swimmingpools denken als an Weite und Naturgewalt.

Aber »vierthöchste Bevölkerungsdichte« bedeutet in diesem drittgrößten Staat der Erde eben: immer noch ziemlich leer. 30 Einwohner leben in den USA durchschnittlich auf einem Quadratkilometer - in Deutschland sind es fast achtmal, in den Niederlanden sogar mehr als 16-mal so viel. »Vierthöchste Bevölkerungsdichte«: das steht nicht im Widerspruch dazu, dass mehr als die Hälfte der Fläche von Connecticut mit Wald bedeckt ist.

Wald! Gibt es für eine Deutsche, die gerade in Gefahr ist, schwär-

merischer Sehnsucht nach der Natur anheimzufallen, ein verhei-
ßungsvolleres Wort? Leider nicht. An diesem ersten Reisetag ist es
mir ziemlich gleichgültig, wo genau ich am Abend landen werde.
Möglichst abgelegen soll der Ort sein. Alles andere spielt keine
Rolle. Da gibt es nur eins: weg von der langweiligen Autobahn, hin
zu den Seitenstraßen. Je kleiner, desto besser.

Es dämmert. In anderen Ländern würde ich jetzt alle Naturbe-
trachtungen auf den nächsten Tag verschieben und mir schleunigst
ein Nachtquartier suchen. Aber glücklicherweise besteht ja in den
USA nicht die Gefahr, dass man keine Unterkunft bekommt. Von
früheren Reisen weiß ich, wie einfach es ist, in diesem Land ein
Motel zu finden. Sauber, standardisiert, mit Fernseher, warmem Wasser und auch mit Klimaanlage oder Heizung, je nach Bedarf.

Ein bisschen unpersönlich sind diese Motels allerdings, zugegeben. Ich denke an gemütliche Streitgespräche, die ich mit deutschen
Freunden über die Frage geführt habe, ob im Zweifelsfall einer kleinen Familienpension oder einem funktionierenden Fernseher der
Vorzug zu geben sei, und ich lächle vor mich hin. Inzwischen ist es
nicht mehr dämmrig, sondern dunkel. Ich muss ein paar Unterkünfte übersehen haben.

Also konzentriere ich mich jetzt auf die Zimmersuche. Aber auch
dann gibt es hier kein Motel. Vielleicht sollte ich doch allmählich
versuchen, auf eine größere Straße zurückzufinden. Auf der es gut
sichtbare Leuchtreklamen gibt. Aber wie? Der Schutzheilige des
Reisens ist mir offenbar wohlgesonnen. Oder er macht sich über
mich lustig. Immerhin bin ich ja genau da, wo ich sein wollte: in
einer ganz abgelegenen Gegend, in der es außer Bäumen überhaupt
nichts zu geben scheint. Schon gar keinen Menschen, den man nach
irgendetwas fragen könnte. Man muss bekanntlich vorsichtig sein
mit dem, was man sich wünscht. Manchmal geht es in Erfüllung.

John Steinbeck hätte die Gegend vermutlich gefallen. Vielleicht
aber auch nicht. Ich weiß es nicht – man sieht ja nichts. Steinbeck
tat sich ohnehin leicht, der reiste in einer Art Wohnwagen, aufgebaut
auf einem Kleinlaster, den er »Rosinante« taufte. Damit konnte er

überall übernachten. Eine solche Konstruktion war damals noch so ungewöhnlich, dass er mit seinem Gefährt allerorten Aufsehen erregte. Da dies so war, brauchte er sich auch nichts darauf einzubilden, Kontakte knüpfen zu können. Wovor hat sich Steinbeck eigentlich gefürchtet? Was fand er denn so schwierig an seinem Vorhaben, dass er es »undurchführbar« nannte? Er war doch glänzend dafür gerüstet. Jedenfalls viel besser als ich, wie ich gerade feststelle.

Es ist das erste Mal, dass ich mit dem toten Dichter streite. Es wird nicht das letzte Mal bleiben. Es hilft, wenn man bei irgendeiner Adresse seine Wut über eigene Planungsfehler abgeben kann. Übrigens weiß ich inzwischen, dass ich keineswegs allein bin auf der Welt, sondern dass es auch noch andere Menschen gibt. Ich sehe zwar nicht sie, aber doch die Scheinwerfer ihrer Autos. Ganz dicht hinter mir im Rückspiegel. Oder aufgeblendet vor mir auf der Gegenfahrbahn. Offenbar sind heute Abend hier nur Ortskundige unterwegs, denen mein gemächliches Tempo auf die Nerven geht. Den angeblich so entspannten, aggressionsfreien Stil des Autofahrens in den USA hatte ich von Ferienaufenthalten auch anders in Erinnerung. Ich lächle schon lange nicht mehr vor mich hin.

Warum verklären wir eigentlich die Fremde so gern? An die Mythen vom weisen, rücksichtsvollen Verkehrsteilnehmer in den USA und von der mobilen Gellschaft, die dem müden Wanderer immer und überall eine Herberge bietet, habe ich jahrzehntelang geglaubt. Schließlich beruhte das Weltbild nicht auf Hörensagen, sondern auf Erfahrung. Auf Ferienerfahrung.

Nach ähnlich begrenzten Erlebnissen – nämlich einem Europaurlaub - sind umgekehrt viele Amerikaner davon überzeugt, dass alle Deutschen ständig Bier trinken und die meisten auf Bauernhöfen leben, deren Mauern bayerische Lüftlmalerei ziert und zu denen kopfsteingepflasterte Gassen führen. Auch im Zeitalter des Massentourismus wissen wir immer noch sehr wenig von der Welt. Im Gegensatz zu unseren Vorfahren ist uns das allerdings nicht bewusst. Aber sollten wir nicht spätestens dann misstrauisch unserem vermeintlichen Wissen gegenüber werden, wenn Fremde unfreiwillig komisch sind, sobald sie uns begeistert die »interessante Kultur« unseres eigenen Landes schildern? Stattdessen halten wir immer nur alle anderen Touristen für unerträglich romantisch.

Jetzt suche ich im nördlichen Connecticut schon seit fast zwei Stunden nach einer Unterkunft. Mit Fernseher und ohne familiäre Atmosphäre oder umgekehrt - inzwischen ist mir das egal. Ich nehme, was ich kriegen kann. Ich kriege aber nichts.

Also zurück auf die Autobahn, wo kurz vor den Ausfahrten stets große Hinweisschilder über die nächsten Übernachtungsmöglichkeiten, Schnellrestaurants und Tankstellen informieren. Meine Verachtung gegenüber einer derart uniformen, öden Art des Reisens ist tiefer Dankbarkeit für diese Dienstleistung gewichen. Ich wollte Abgeschiedenheit? Nicht einmal an der Autobahn ist es hier einfach, ein Motel zu finden. Aber es ist immerhin möglich. Das Nest, in dem ich am Ende lande, wirbt in meinem Zimmer mit einer Broschüre für sich bei potenziellen Investoren: »Eine fortschrittliche Stadt, die auf einer starken finanziellen Basis steht.« Dass ich nicht lache. Nicht mal einen Schnellimbiss gibt es hier. Mein Abendessen besteht aus einem Schokoriegel, den ich aus einem Automaten ziehe.

Am nächsten Morgen frage ich die Rezeptionistin des Motels nach dem Weg zur Straße 169. Ob ich zur Schule wolle? Nein. Wohin denn dann genau? »Na ja, einfach irgendwie zur Straße 169.« Ratlosigkeit. Ich bemühe mich um eine Erklärung: »Ich möchte nur die Straße anschauen. Sie soll sehr schön sein.« Das ist offenbar keine besonders glückliche Formulierung. Die Rezeptionistin schaut mich an, als sei ich nicht ganz bei Sinnen. Aber sollte das so sein, dann muss das diese Frau nicht weiter interessieren, solange ich willens und imstande bin, meine Rechnung zu bezahlen. Sie zuckt die Achseln und erklärt mir, wie ich zu fahren habe. Gleichbleibend freundlich. Bar jeder Neugier. Und ohne irgendeinen Versuch zu unternehmen, mit mir über den Sinn meiner Absichten zu diskutieren.

Das ist nicht selbstverständlich – das ist wunderbar. In Berlin führt Verständnislosigkeit sofort und unausweichlich zu Grobheit, bestenfalls zu unwirscher Nachfrage: »Wieso das denn?« Wehe, man hat dann nicht eine knappe – und überzeugende! – Begründung parat. Wer Erklärungen wünscht, muss sich bei uns schon erklären.

Ganz anders in den USA. Niemals habe ich ein hilfsbereiteres Volk kennengelernt als deren Bewohner. Und niemals ein diskreteres. Wenn ich aus meinem Auto heraus einen Passanten nach dem Weg frage, dauert es – verlässlich – keine zwei Minuten, bevor der Fahrer eines anderen Wagens bremst und darauf hinweist, dass er über ein Navigationssystem verfügt und mir deshalb wohl eine zuverlässigere Hilfe sein kann als jeder Spaziergänger. Halte ich auf freier Strecke, dann stoppt fast unmittelbar danach jemand anders hinter mir und fragt mich, ob ich ein Problem habe. Der Kellner eines Restaurants hat kaum je eine Chance, mir zu erklären, was sich hinter dem seltsamen Namen eines regionalen Gerichts verbirgt. Irgendjemand an einem Nebentisch kommt ihm stets zuvor.

Aber diese Hilfsbereitschaft verbindet sich nicht mit Fragen nach meinem Woher und Wohin. Das Angebot der Hilfe ist auch keineswegs ein Versuch, ins Gespräch zu kommen. Wenn ich freundlich danke und sage, ich käme schon alleine zurecht, dann war's das. Dann zieht der barmherzige Samariter seines Weges. Das tut er übrigens wenig später auch, wenn ich die angebotene Hilfe annehme. Die Leute am Nebentisch sind gerne bereit, mir zu sagen, was ich erwarten darf, wenn ich eine bestimmte Speise bestelle. Damit beginnt und endet unsere Beziehung. Sie wollen keineswegs den Rest des Abends mit mir verbringen. Ist es das, was so viele meiner Landsleute meinen, wenn sie sagen, die oberflächliche Freundlichkeit der Amerikaner gehe ihnen auf die Nerven? Ich finde diese Art der Freundlichkeit nicht oberflächlich. Nur präzise.

Unmittelbar vor Beginn meiner mühseligen Suche nach einem Motel habe ich in einem kleinen Supermarkt ein Karten-Handy gekauft. Es war, niemanden wird es mehr überraschen, der einzige Laden im weiten Umkreis, und die beiden Verkäuferinnen hatten genug damit zu tun, die Kunden zu bedienen. In Deutschland besitze ich kein Handy. Zunächst hatte ich mir aus Faulheit keines angeschafft, später aus Trotz, und außerdem gefiel ich mir in der Rolle der Exzentrikerin ganz gut. Was bedeutet: Ich hatte keine Ahnung von den meisten Funktionen und wusste auch nicht, wie ich das Telefon in den USA überhaupt in Betrieb nehmen sollte. Technisches Verständnis ist nicht gerade meine Stärke. Die jüngere der beiden Verkäuferinnen ging mit mir zu einem Seitentisch und erklärte mir die Bedienung. Geduldig, freundlich, gelassen. Die ältere übernahm unterdessen ihre Arbeit mit. Am Schluss gab mir meine »Lehrerin« ihre eigene private Handynummer: »Wenn Sie nicht zurechtkommen, rufen Sie mich einfach an.« Das Ganze dauerte eine knappe Dreiviertelstunde. Trinkgeld wollte die Verkäuferin nicht annehmen. »Das müssen Sie wirklich nicht tun.«

Man sollte zurückhaltend damit sein, Umgangsformen und Verhaltensweisen im Alltag auf kollektive historische Erfahrungen zurückführen zu wollen. An solchen Analysen kann man sich leicht verheben. Aber in diesem Fall sei die Vermutung gewagt: Ich bin überzeugt, dass sich das Ausmaß und die Grenzen der nordamerikanischen Hilfsbereitschaft ohne die Geschichte der Pioniere nicht erklären lassen. Das Wissen, dass Fremde auf Unterstützung dringend, sogar existenziell angewiesen sein können – und dass man gelegentlich selbst ein Fremder ist –, ist in der Gesellschaft tief verwurzelt. Angenehm für eine Reisende.

Aber an diesem Herbsttag, der vor einer langen Fahrt in den Winter liegt, geht es nicht um Hilfsbedürftigkeit. Sondern darum, überhaupt erst einmal anzufangen mit dem, was man sich vorgenommen hat. Also die Geschichten aufzuspüren, die am Wegesrand liegen. Kühl und selbstbewusst hatte ich jedes Angebot aus dem Bekanntenkreis ausgeschlagen, mir Kontakte, Anlaufadressen und Gesprächspartner zu verschaffen. Das will ich ja nun gerade nicht: mir das Land aus der Perspektive derer erklären zu lassen, die sich mit denselben Leuten gut verstehen, mit denen auch ich mich gut verstehe. Ich möchte keine Kultur-Dolmetscher, seien sie noch so klug und sympathisch. Nicht mit den Ethnologen, sondern mit den Eingeborenen will ich reden.

Connecticut ist allerdings wohl nicht die beste Gegend, um damit anzufangen. Hier gibt es mehr Herrenhäuser, als es jemals Herren gegeben haben kann. Gepflegte Rasenflächen liegen vor strahlend weißen Häusern mit zierlichen Erkern, hohen Sprossenfenstern und grünen Fensterläden oder vor alten Villen aus Naturstein, verwinkelt und zugleich imposant. Hierher scheint es keine Neureichen zu ziehen, hier wohnt viel altes Geld. Und wenn das Geld so alt denn doch nicht ist – in Connecticut sind besonders große Summen mit Hedge-Fonds verdient worden –, dann soll es wenigstens so aussehen. Es ist nicht schwer sich vorzustellen, wie eines der säulengeschmückten Eingangsportale sich öffnet, während die elegant gekleideten Gäste einer Soiree die Freitreppe emporsteigen. Aber vorstellen muss man es sich eben. Zu sehen ist niemand. Das Einzige, was hier auf Kontakte zur Außenwelt hindeutet, sind die Briefkästen, die im Abstand von jeweils etwa 50 Metern die Straße säumen. Auch die kleinen Ortschaften wirken wie ausgestorben. Stolz künden Schilder am Ortseingang vom Jahr ihrer Gründung: 1713 Pomfret, 1697 Canterbury, 1686 Woodstock. Connecticut gehört zu den 13 Gründungsstaaten der USA und hat während des Kampfes um die Unabhängigkeit von Großbritannien die Kontinentalarmee mit Proviant versorgt. Hier müsste die historische Erinnerung nicht mit nachgespielten Schlachten oder anderen Kostümfesten wachgehalten werden – hier gehört sie ohnehin zum Alltag.

Aber womit vertreiben sich die Leute in diesen Dörfern die Zeit? Restaurants gibt es wenige, Diskotheken noch weniger, Kinos überhaupt keine. Was es gibt: Kirchen. Viele, viele Kirchen. An den meisten stehen Hinweisschilder auf sonntägliches Gemeindevergnügen. Roastbef-Dinner mit dem Pfarrer, Pasta-Dinner mit dem Pfarrer, Spaghetti-Dinner mit dem Pfarrer. Das wäre sicher interessant. Aber heute ist Mittwoch.

Wäre ich hier im Urlaub: Die sanft geschwungenen Hügel, die Wiesen mit den niedrigen Feldsteinmauern, die rot gefärbten Eichen und Ahornbäume, die leuchtend gelben Birken des beginnenden Indian Summer würden mich begeistern. Der späte September ist nicht grundlos eine besonders beliebte Reisezeit für diese Gegend. Aber ich bin nicht im Urlaub. Ich bin Journalistin, und ich bin hier, um zu recherchieren. Bloß wie? Erst jetzt fällt mir auf, wie lange es her ist, dass ich als Reporterin nach Gesprächspartnern gesucht habe, die mich nicht erwarteten und denen ich nicht im festen Rahmen einer klaren Rollenverteilung begegnet bin. Es liegen Welten zwischen der Berichterstattung von einem Parteitag oder auch aus einem Flüchtlingslager und dieser fruchtlosen Suche in einer satten, friedlichen Gegend, die sich selbst genug zu sein scheint.

Ziellos fahre ich umher und fühle mich wie eine Berufsanfängerin. Unsicher, ratlos. Plötzlich bin ich über die Grenze nach Rhode Island geraten, in den kleinsten Bundesstaat der USA, in den ich überhaupt nicht wollte. Aber nun bin ich halt mal da. Entschlossen betrete ich ein Lokal im Städtchen West-Greenwich. Sechs Männer sitzen mit dem Rücken zu mir an der Bar von »Venus Pizza«. Sie schweigen und starren auf einen der insgesamt vier im Raum verteilten Fernsehmonitore, auf denen ein offenbar spannendes Baseball-Spiel zu sehen ist. Ich kenne nicht mal die Regeln. Die einzige Frau außer mir, eine Mutter mit zwei übergewichtigen Kindern im Alter von etwa zehn und zwölf, verlässt das Lokal nach wenigen Minuten. Mein freundliches Lächeln wurde nicht erwidert. John Steinbeck klagte in Briefen von seiner Reise über Einsamkeit.

So wird das nicht gehen. Ich muss offensiver werden. Am nächsten Tag fahre ich zurück nach Connecticut, genauer: nach Branford, eine Kleinstadt am Meer östlich von New Haven. Malerisch und hübsch, aber ich will mich von den pittoresken Touristenattraktionen jetzt erst einmal fernhalten. Mein Motel liegt in einem kleinen Gewerbegebiet, in der Nähe von einem Herstellungsbetrieb für Fertigsoßen, einem Autohaus, einem Großhandel für Computerzubehör. Und unmittelbar neben einem Trailer-Park. Wie übersetzt man das? Im Lexikon steht »Wohnwagenabstellplatz«. Das ist falsch.

Man kann den Übersetzern keinen Vorwurf machen – es gibt in Deutschland nichts Vergleichbares. In einem Trailer-Park wie dem in Branford stehen vorwiegend »mobile« Wohnhäuser: Häuser auf Rädern, meist so groß wie ein normales Fertighaus, die von Sattelschleppern über die Autobahn zu ihrem Bestimmungsort gezogen werden. Als Steinbeck durch die USA reiste, waren diese Unterkünfte noch Neuheiten. Sie kamen schnell in Mode.

»Wenn ein Werk oder eine Fabrik schließt, sitzt man nicht mit dem unverkäuflichen Eigentum da«, zitiert Steinbeck einen Besitzer. »Angenommen, ein Familienvater hat einen Job und baut sich ein Haus, und dann wird er entlassen. Das Haus verliert rasch an Wert. Hat er jedoch ein Haus auf Rädern, dann mietet er sich einen Sattelschlepper und zieht woanders hin und hat nichts verloren. Vielleicht muss er das niemals tun, aber zu wissen, dass er es könnte, gibt ihm ein beruhigendes Gefühl.«

Möglich, dass einige Eigentümer der fahrbaren Heime das auch heute noch so empfinden. Aber im ganzen Land zeugen liebevoll angelegte Gärten um die Trailer mittlerweile eher vom Bedürfnis nach Beständigkeit. In manchen ländlichen Gegenden haben sie die traditionellen Farmhäuser schon weitgehend verdrängt. John Steinbeck fragte sich noch, ob die schnell und sprunghaft steigende Popularität des neuen Häusertyps ein Hinweis darauf sei, »dass die Amerikaner ein rastloses Volk sind, nie zufrieden mit dem Ort, den sie sich ausgesucht haben?« Inzwischen steht fest, dass die große Mehrheit der Trailer-Besitzer bei ihrer Kaufentscheidung von einem sehr viel nüchterneren Motiv geleitet wird. Ein Haus auf Rädern ist einfach billiger als ein anderes Eigenheim mit vergleichbar großer Wohnfläche und in vergleichbarer Lage.

Billiger: das kann immer noch sehr teuer sein. Zeitungsberichten zufolge ist im kalifornischen Malibu vor zwei Jahren ein Trailer für 1,4 Millionen Dollar verkauft worden – mit Marmorfußboden, offenem Kamin und Terrasse zum Meer hin. Die Monatsmiete für den Standplatz betrug 2 700 Dollar, inbegriffen war der Swimmingpool und ein Tennisplatz im Gemeinschaftsgarten.

Skurril. Deshalb hat die Redaktion von *USA Today* das ja auch für berichtenswert gehalten. Gemeinhin wird mit einem Trailer nicht die Idee von Luxus verbunden, sondern allenfalls der Gedanke an praktischen Komfort. Ein Hauch von sozialem Hochmut – und gelegentlich auch mehr als ein Hauch – ist oft spürbar, wenn Leute in festen Häusern über Trailer-Parks sprechen. Aber was denken und empfinden diejenigen, die selbst in solchen Parks wohnen? Um es herauszufinden, wird man sie fragen müssen. Es kostet mich ein wenig Selbstüberwindung, aber der Wunsch nach einem ausführlichen Gespräch ist inzwischen dringlich genug. Deshalb verlasse ich am frühen Nachmittag mein Motel und klingle am ersten Haus oben an der Straße. Ein alter Mann öffnet die Tür.

Überraschend herzlich werde ich begrüßt und hereingebeten, bevor ich auch nur die Zeit habe, mich vorzustellen und mein Anliegen vorzubringen. Ein Missverständnis, das sich erst im Wohnzimmer aufklärt: Der 84-jährige Harry Bruner hat mich irrtümlich für die Gemeindeschwester gehalten, die sich zur Krankenpflege bei seiner gleichaltrigen Lebensgefährtin angemeldet hatte. Wir alle lachen herzlich über den Irrtum, und Leute, mit denen man gemeinsam gelacht hat, wirft man nicht mehr so leicht aus der Wohnung.

Ohnehin macht das alte Paar den Eindruck, als sei ihm die Abwechslung meines Besuchs nicht unlieb. Nancy Pfeifer liegt auf dem Sofa, weil die Beine nicht mehr so recht wollen – aber der Kopf will durchaus. Lebendig und anschaulich kann sie erzählen, mit eleganten, ausdrucksvollen Handbewegungen unterstreicht sie das, was ihr wichtig ist. Ist diese Frau mit den tiefschwarzen Haaren und dem glatten Gesicht wirklich schon 84 Jahre alt? Ich hätte sie 15 Jahre jünger geschätzt, und ich sage ihr das auch. Sie lacht vergnügt, und ihr Freund betont stolz: »Bis heute muss sie ihr Haar nicht färben!« Da schaue ich dann doch ein wenig ungläubig, und sie richtet sich auf und ruft energisch, fast streng: »Keinen Tag habe ich es gefärbt. Keinen Tag!«

Nancy hieß früher Nadja. Sie stammt aus Russland und ist erst 1949 in die Vereinigten Staaten gekommen. Die neue Heimat war gut zu ihr. Sie fand schnell Arbeit in einem Restaurant, das sie später leitete. Hochzeit, zwei Kinder, ein schönes Haus in Maryland. Eine gesicherte Existenz. » Bevor ich in die USA kam, habe ich sieben Jahre in Deutschland gelebt.« Es ist erstaunlich, wie oft man einen solchen Satz hier hört. Bitburg, Frankfurt, Heidelberg: Vor allem Soldaten und deren Angehörige, aber auch viele Geschäftsleute und Studenten verschlägt es für einige Zeit zu uns. Fast alle erinnern sich begeistert an Weinfeste, an Berge, an Fachwerkhäuser und an Autobahnen ohne Tempolimit.

Eigentlich möchte ich jetzt nicht so dringend über Deutschland sprechen. Die USA interessieren mich mehr. Aber ich will auch nicht unhöflich sein. »Wie nett. Hat es Ihnen da gefallen?« Nancy Pfeifer schaut mich an. Ganz ruhig. Nicht unfreundlich, aber ohne zu lächeln. Es dauert lange – endlos lange –, bis ich begreife und zurückrechne. Sie war Zwangsarbeiterin. 1942 muss sie nach Deutschland gekommen sein, im Alter von 19 Jahren. So alt ist heute meine Tochter. Als Nancy merkt, dass ich endlich verstanden habe, beginnt sie zu erzählen.

Wie sie damals zum ersten Bauern kam, in die Nähe von Bayreuth. Wie ihr schlecht wurde – warum auch immer, Kreislauf, Migräne, irgendetwas – und wie sie sich hingelegt hat. Wie die Bauersleute sie schlafend gefunden haben. Die haben dann die Polizei gerufen. »Den Gendarmen«, sagt Nancy. Das Wort klingt wie aus einer Zeit, die schon sehr lange vergangen ist. Das macht es leichter, zuzuhören. Etwas leichter.

Der Gendarm habe sie ins Gesicht geschlagen. Und gesagt, am nächsten Morgen um sechs Uhr käme er zurück. Die ganze Nacht habe sie darüber nachgedacht, was das wohl bedeuten könne. Dann wusste sie es: Sie wurde in ein Auto verfrachtet und ins Gefängnis gebracht. Dunkel sei es da gewesen, sehr dunkel. Einen ganz kleinen Lichteinfall habe es gegeben, links oben in der Zelle. Nancy deutet in eine Ecke, von ihrem bequemen Sofa aus mit den vielen Kissen, über dem ein Öl-Stillleben und das Foto eines Birkenwaldes hängen. Plötzlich sieht man nur noch die Zelle, nicht mehr den behaglich eingerichteten Raum.

Wie lange sie im Gefängnis bleiben musste, weiß sie nicht mehr genau. Zwei oder drei Wochen. Dann habe ein anderer Bauer sie freigekauft. Freigekauft. Der und seine Familie seien nett gewesen. »Es war ein Zuhause.« Was soll man dazu jetzt sagen? Dass einem alles wirklich von Herzen leidtut? Ja, das sagt man. In Ermangelung angemessenerer Sätze. Sie lächelt wieder: »Es ist nicht Ihre Schuld.« Nein, das ist es nicht, und das weiß ich auch. Ich bin 1956 geboren. Aber es geht ja nicht nur um Schuld. Nicht einmal in erster Linie. Es gibt so viele Länder, in denen man als Deutsche bis auf den heutigen Tag begründeten Anlass zu der Sorge hat, auf Menschen zu treffen, an denen die eigenen Landsleute grauenvolle Verbrechen verübt haben. In Europa bin ich innerlich darauf vorbereitet, dass es zu solchen Begegnungen kommen kann. In den USA nicht, wie ich jetzt feststelle. Schon gar nicht beim ersten ausführlichen Gespräch, das ich hier führe. Das abstrakte Wissen, dass die Emigration nach Amerika oft eine Flucht vor Hunger oder Verfolgung war, wird plötzlich sehr konkret.

Hat Nancy Pfeifer je eine Entschädigung bekommen? Nein. Hat sie eine beantragt? Das weiß sie nicht so genau. Ihre Tochter kümmert sich um alle finanziellen Angelegenheiten. Hilfe suchend schaut sie ihren Freund an: »Habe ich eine Entschädigung beantragt?« Der hat keine Ahnung. »Ich muss mich vielleicht doch mal selber kümmern«, sagt sie unsicher. Zu spät. Die Frist, innerhalb derer sie einen Antrag hätte stellen können, ist im letzten Jahr abgelaufen. Ich wage nicht, der alten Frau das zu sagen.

Aber gottlob will sie jetzt auch nicht mehr über den Krieg reden, sondern endlich über den Trailer. Erkennbar stolz ist sie auf ihr mobiles Haus – ihr theoretisch mobiles Haus. Sie hat nicht die Absicht, jemals wieder umzuziehen. Seit zwei Jahren wohnt sie jetzt hier, und sie ist nach Branford gekommen, weil ihre Tochter da lebt. Das Eigenheim in Maryland war ihr nach dem Tod des Ehemannes zu groß geworden, und der Schwiegersohn verdient seinen Lebensunterhalt damit, mobile Häuser aufzustellen. So fügte sich eins zum anderen. Der Aufbau dauert übrigens ein paar Tage. Es ist schwieriger, als man denken sollte, die Räder so im Erdreich zu verankern, dass sie die Stabilität des Gebäudes nicht gefährden.

Das Haus bietet auf knapp einhundert Quadratmetern Wohnfläche überraschend viel Komfort. Zwei Schlafzimmer, zwei Bäder.

Eine perfekt eingerichtete Einbauküche. Im Wohnzimmer schwere Polstermöbel, dicke Teppiche, ein furnierter Eichenschreibtisch. Darüber hängt ein Hochzeitsbild der Tochter. Nancy Pfeifer kramt ein Foto von sich selbst als jungem Mädchen hervor. Schön war sie. Das hört sie gern, auch heute noch. Sie zeigt ein anderes Foto, auf dem ihr Cousin als lachender junger Mann zu sehen ist. Lebt er noch? Das weiß sie nicht. Sie hat keinen Kontakt mehr zur Familie in Russland, seit ihr Vater dort nach dem Krieg verhungert ist.

Sechs Wellensittiche wohnen auch im Trailer. Und der Hund Benny. »Ein Yorkshireterrier«, sagt Nancy fest. Sekundenbruchteile nachdem ihr Freund erklärt hat: »Ein Mischling.« Draußen auf der hölzernen Terrasse stehen Blumenkästen. Zwischen die Pflanzen sind bunt angemalte Keramik-Enten gesetzt worden.

Es ist eine gemütliche, kleinbürgerlich anmutende Idylle, die Nancy Pfeifer sich geschaffen hat. Harry Bruner ist bei ihr eingezogen, weil beide sich nach dem Tod ihrer Ehepartner einsam fühlten – aber sie schlafen, wie sie ausdrücklich und mehrfach betonen, in getrennten Zimmern. Kennengelernt hat sich das Paar in der Kirchengemeinde, wo er als Organist tätig ist. Wozu sonntägliche Spaghetti-Dinner mit dem Pfarrer doch gut sein können.

»Wir haben hier den besten Platz bekommen«, meint Harry Bruner. »Die anderen sind viel schlechter.« Ein Eckgrundstück, die größte Parzelle in diesem Wohnpark, auf dem insgesamt etwa 15 Häuser stehen. 365 Dollar Miete zahlt das Paar monatlich an den Grundeigentümer, 20 davon für den Hund. So viel, wie man in einem billigen Motel pro Nacht für ein Schoßtier entrichten muss. Ganz glücklich ist Bruner trotzdem nicht, ungeachtet des schönen Grundstücks. So ein Trailer sei »nicht recht solide«, nicht wie ein »richtiges Haus«. Das sieht seine Gefährtin anders. Die Nachbarn hier oben seien doch sehr nette Leute. »Da drüben zum Beispiel ein pensionierter Polizist.« Nur unten wolle sie nicht leben. Als sie noch besser habe laufen können, sei sie immer unten vorbeigegangen und habe gedacht: »Oh Gott, hoffentlich muss ich nie so wohnen.«

Oben und unten: Nur selten stimmt eine konkrete geografische

Lage so präzise mit der Symbolik überein, die mit diesen Begriffen verbunden ist. Am oberen Ende der Straße der ordentliche, bürgerliche Trailer-Park. Das Glück im Winkel. Zweihundert Meter weiter, am Ende eines steil abfallenden Hügels: Eine schmuddelige, verwahrloste Siedlung, die aussieht, als sei sie die letzte Station vor der Obdachlosigkeit.

Auf dem Schotterweg, der durch die Anlage führt, spreche ich drei junge Leute an. Nicht der Stolz von Nancy Pfeifer, sondern Misstrauen und spontane Abwehr sind die Reaktion, als ich erkläre, dass ich mit ihnen über das Leben im Trailer-Park reden möchte. Nur sehr zögernd willigen sie ein. Wir laufen vorbei an winzigen Parzellen, an Autowracks, an roh zusammengehauenen hölzernen Anbauten. An jedem Haus hängt eine Satellitenschüssel. Die meisten sind verrostet. Schließlich werde ich zu einer Sitzecke mit weißen Plastikstühlen, einem Tisch und einem überquellenden Aschenbecher auf den kleinen Vorplatz des Trailers gebeten, in dem die Tante des 20-jährigen Anthony wohnt. Sie solle sich nicht aufregen, erklärt der Neffe, und Fremde regten sie auf. Deshalb dürfe ich nicht ins Haus. Immer wieder bewegt sich während des Gesprächs der Vorhang hinter dem Fenster und wird kurz ein wenig zur Seite geschoben.

Die Tante sitzt im Rollstuhl und ist insgesamt bei schlechter Gesundheit. Anthony, ein auf verwegene Weise gut aussehender Junge mit Piratenkopftuch und kleinem silbernen Ohrring, lebt seit vier Jahren bei ihr. Im Alter von 14 wurde er von seiner Mutter zu Hause rausgeworfen, weil er deren Freund zusammengeschlagen hatte. Vorher sei er von diesem mehrfach verprügelt worden, sagt Anthony. Zunächst hatte er danach Unterschlupf bei seinen Großeltern in einem anderen Teil von Branford gefunden, aber da gefiel es ihm nicht. »Ich habe sowieso immer mit den Leuten hier abgehangen, da dachte ich, dass ich auch gleich hierherziehen kann.« Seine Mutter sieht das anders. »Sie sagt, sie wäre lieber obdachlos, als in einem Trailer-Park zu leben.« Offenbar eine ganz reizende Frau. Aber natürlich kennt man nur die eine Seite der Geschichte.

Anthony dominiert das Gespräch. Der 19-jährige Jeremy, der im

Alter von sechs Monaten zu seinen Großeltern hierher in den Trailer-Park gekommen ist, schaut ihn immer wieder an, bevor er antwortet. Die 21-jährige Amber schweigt. Das Mädchen sieht auf seltsame Weise alt aus und wirkt zugleich jünger, als sie ist. Die Haut ist unrein, die Haare hängen ungepflegt und strähnig herunter. In den Augen liegt eine abgestumpfte, gleichgültige Müdigkeit, die so allumfassend und tief zu sein scheint, dass man Amber kaum anschauen mag, um nicht selbst sofort müde und traurig zu werden. Sie wohne mit ihren Eltern hier. Sagt Anthony.

Die beiden Jungen sind wissbegierig: Ob es stimme, dass Jugendliche bei uns Alkohol trinken dürften? Und dass es bei uns in Deutschland keine Geschwindigkeitsbegrenzungen gebe? Plötzlich habe ich den Eindruck, aus einem anarchistischen Teenager-Paradies zu stammen. Ein merkwürdiges Gefühl. Als ich die Regeln etwas genauer erkläre, malt sich Enttäuschung auf den Gesichtern.

Gegenüber von dem Vorplatz, auf dem wir sitzen, liegt eine große, freie Wiese. »Da darf zehn Jahre niemand hin«, erklärt Anthony. »Weil der Boden mit irgendetwas verseucht worden ist.« Womit? Er zuckt die Schultern. »Keine Ahnung.« Anthony hasst das Leben hier. »Wissen Sie, wie die Leute uns nennen?«, fragt er mit schiefem Lächeln und beugt sich nach vorn: »Trailer-Müll.«

Er hätte eine Chance gehabt, hier herauszukommen. Anders als seine Freunde hat er einen High-School-Abschluss, und ihm war ein College-Stipendium in Aussicht gestellt worden, weil er ein sehr guter Ringer ist. »Nach nur einem Jahr Training der Viertbeste in Connecticut.« Aber dann wurde er mit Drogen erwischt. Nimmt er die immer noch? Anthony schweigt. Und grinst. Was nicht bedeutet, dass er seine Situation lustig findet: »Ich denke jeden Tag daran, dass ich es versaut habe«, sagt er leise.

Jetzt arbeiten er und Jeremy als Landschaftsgärtner: schwere, körperliche Arbeit für ungelernte Kräfte. Elf Dollar verdienen sie in der Stunde. Der Mindestlohn in Connecticut liegt bei 7,65 Dollar - höher als in den meisten anderen US-Bundesstaaten, aber hier sind eben auch die Lebenshaltungskosten höher als anderswo. Der Min-

destlohn wird nur selten bezahlt, vielfach an Teenager für Aushilfs-
jobs. Mit elf Dollar pro Stunde kann man keine großen Sprünge machen. Als ungelernte Arbeiter dürften die Jungen im Trailer-Park
festsitzen. Immerhin: sie arbeiten. Amber tut gar nichts. Was würde
sie denn gerne tun, wenn sie es sich aussuchen könnte? Ganz kurz
kommt plötzlich Leben in diese stumpfen Augen: »Nach Kalifornien
ziehen. Weit, weit weg.« Sie ist noch niemals dort gewesen, aber sie
stellt es sich wunderschön vor. Dann zuckt sie die Schultern und versinkt erneut in brütendes Schweigen.

Auch Anthony hat Träume. Er wünscht sich, in eine Organisation
für Kampfsportarten aufgenommen zu werden, um an nationalen
Wettkämpfen teilnehmen zu können. Demnächst will er anfangen,
dafür zu trainieren. Ganz bestimmt. »Und dann baue ich mir eine
Villa, die so groß ist wie die ganze Wiese hier.« Weit holt er mit den
Armen aus, über das ganze verseuchte Gebiet zeigend.

Ein sportlicher junger Mann mit Schulabschluss, der gerne den
sozialen Absprung schaffen möchte: Das sind genau die Leute, nach
denen Rekrutierungsstellen in den USA derzeit suchen. Hat Anthony schon mal daran gedacht, zum Militär zu gehen? Ja. Daran gedacht schon. Aber: »Haben Sie gehört? Da draußen findet ein Krieg
statt. Da muss ich nicht dabei sein.«

Anthony ist Kriegsgegner. Er findet, die USA sollten sich aus
Konflikten in anderen Teilen der Welt heraushalten und sämtliche
Nuklearwaffen abschaffen. Das zeugt nicht gerade von Herrschafts-
träumen und Allmachtsfantasien. Was bedeutet es den Jugendlichen
eigentlich, dass sie Bürger einer Weltmacht sind? Amber schweigt. Jeremy ist die Tatsache eher unbehaglich: »Das zieht zu viel Aufmerk-
samkeit auf uns. Das führt nur dazu, dass die Leute uns nicht mögen.«
Anthony sagt einen Satz, den ich im Verlauf dieser Reise noch oft
hören werde: »Ich bin stolz, Amerikaner zu sein.« Dann fügt er
hinzu: »Aber ich bin nicht stolz auf alles, was wir getan haben.« Was
er damit meint? Zum Beispiel den Abwurf der Atombomben auf Hi-
roshima und Nagasaki.

Ich stehe auf, um mich zu verabschieden. »Machen Sie sich nichts vor«, sagt Anthony unvermittelt. »Es dreht sich alles nur um Geld. Ausschließlich um Geld. Vielleicht ist das woanders nicht so. Aber hier in Connecticut schauen alle nur darauf. Und wenn du in einem Trailer-Park wohnst, dann wissen alle, dass du nicht reich bist.«

Reichtum ist ein magisches Wort, und die weitverbreitete Hoffnung auf einen Schatz hat schon vielen Menschen einen Geldsegen beschert. In den selteneren Fällen allerdings denjenigen, die dem Schatz nachjagten. Ein solides, großes Vermögen lässt sich vor allem damit aufbauen, dass man die Schatzsuche ermöglicht. Während des Goldrauschs konnte man es verlässlich zu Wohlstand bringen, wenn man den Goldgräbern die Ausrüstung verkaufte.

50 Meilen nordöstlich von Branford liegt Foxwoods. Mitten in einer malerischen Landschaft mit Ahornalleen und Bauernhöfen aus dem 18. Jahrhundert ist in der Ferne auf einmal ein gigantischer Hochhauskomplex mit einem riesigen Turm hinter dem Wald zu sehen. Foxwoods ist nach Angaben der Betreiber das größte Spielkasino der Welt.

Die Zahlen sind ein Rausch der Superlative. Auf über 30 000 Quadratmetern wird gespielt, es gibt mehr als 7000 Automaten, 400 Tische für 17 verschiedene Spiele, die größte Bingo-Halle weltweit, über 30 Restaurants, fast 1 500 Hotelzimmer. Durchschnittlich kommen angeblich jeden Tag über 40 000 Gäste hierher in der Hoffnung, ihr Glück zu machen – eine Zahl, die ich sofort glaube: Der erste Glücksfall besteht bereits am Vormittag um kurz vor zwölf darin, einen Platz im Parkhaus direkt unter dem Kasino zu finden. Es ist fast vollständig besetzt. An einem normalen Werktag.

Wer in Foxwoods übernachten will, sollte für seine Liquidität nicht auf Erfolg beim Black Jack angewiesen sein. Im Great Cedar Hotel kostet ein Zimmer wochentags mehr als 200, am Wochenende mehr als 300 Dollar. »Aber wir sind leider die nächsten zehn Tage ausgebucht«, sagt die Rezeptionistin bedauernd. Macht nichts. Bei diesen Preisen bin ich ohnehin nicht in Versuchung.

Die Ausrüster der modernen Goldgräber an den einarmigen Banditen sind die Indianer. Was man für eine – wenn auch unzureichende – Form später Gerechtigkeit halten kann. Die Pequot, die Foxwoods betreiben, wurden 1637 im ersten Indianerkrieg fast alle umgebracht oder versklavt, übrigens mit tatkräftiger Hilfe anderer Indianervölker, die mit ihnen verfeindet waren. Die weißen Siedler, die den Kampf gegen die Ureinwohner für einen heiligen Krieg gegen die Mächte der Finsternis hielten und Gott auf ihrer Seite wähnten, töteten mehrere tausend Gefangene. Andere wurden verkauft. Ein Dorf mit mehr als 500 Einwohnern am Mystic River wurde niedergebrannt, Flüchtende in die Flammen zurückgetrieben. Das Reservat mit den letzten Überlebenden, auf dem heute das Spielkasino steht, wurde bereits im 17. Jahrhundert gegründet. Jahrzehntelang wagte danach kein Indianervolk mehr die Auflehnung gegen die angelsächsischen Siedler.

1987 hat das Oberste Gericht der USA entschieden, die Teilsouveränität der Verwaltung von Reservaten erlaube dessen Bewohnern unter bestimmten Umständen, Kasinos zu eröffnen. Insgesamt gibt es inzwischen ungefähr 400 auf Indianerland, Tendenz steigend. 18,5 Milliarden Dollar haben sie im letzten Jahr eingenommen.

Einem solchen Geldsegen konnten – wen wundert´s – Finanzpolitiker nicht lange zuschauen. Sie wurden unruhig. Das ganze schöne Geschäft nur den Indianern überlassen? Was für eine Verschwendung. Ein Bundesstaat nach dem anderen lockerte in den Neunzigerjahren und zu Beginn dieses Jahrhunderts die Gesetze. Irgendeine Form des Glücksspiels ist inzwischen fast überall erlaubt. Längst ist die Zeit vorbei, wo man sich in die Wüste von Nevada begeben musste, um einen Roulettetisch zu finden. Aber die alte Lasterhölle Las Vegas, wo Spieltempel schon 1931 erbaut wurden, braucht dennoch nicht um ihre Umsätze zu bangen – die Amerikaner geben heute einfach mehr Geld in Kasinos aus als früher. 2006 etwa doppelt so viel wie zehn Jahre zuvor. Die Finanzpolitiker sind zufrieden: Mehr als 5,2 Milliarden Dollar spülen die Steuern der Glücksspielindustrie jährlich in die öffentlichen Kassen.

Den Gründervätern hätte das nicht gefallen. Die Puritaner sahen in jeder Form des Spiels einen Verstoß gegen die vorgeschriebene

Tugendhaftigkeit des Lebens, auch wenn es nur zum Vergnügen statt-fand und Geld dabei keine Rolle spielte. Heute noch halten viele evangelikale Christen das Glücksspiel für sündig. Die meisten Leute kümmert das offenbar inzwischen wenig. Angaben der industriellen Interessenvereinigung zufolge sind 82 Prozent der US-Amerikaner der Meinung, es sei Privatsache, ob jemand spiele oder nicht. Etwa jeder dritte Mann und 29 Prozent der Frauen in den Vereinigten Staaten haben 2006 ein Kasino besucht.

Man kann diese Angaben mit guten Gründen anzweifeln. Natür-lich erinnern Statistiken aus einer solchen Quelle an den alten, bösen Spott, Rauchen sei unschädlich, wie Dr. Marlboro kürzlich bewie-sen habe. Aber der Augenschein stützt die Zahlen. In den glitzern-den, flirrenden, fensterlosen Hallen von Foxwoods wird das Bild nicht von Spieljunkies mit rot geränderten Augen bestimmt, deren zitternde Hände es mit letzter Kraft gerade noch schaffen, den Hebel des einarmigen Banditen herunterzudrücken. Hier, wo Teppiche jeden Ton verschlucken außer dem elektronisch erzeugten Klappern von Münzen bei größeren Gewinnen – Verluste werden von den Au-tomaten meist lautlos einkassiert –, hier, wo es keine Uhren gibt und keine Zeit zu geben scheint: hier sitzt die amerikanische Mittel-klasse. Mehrheitlich weiß, jedoch auch asiatischen und afrikanischen Ursprungs. An diesem Werktag in Foxwoods ein wenig älter als der Landesdurchschnitt. Ordentlich, aber leger und nicht etwa festlich gekleidet. Nichts erinnert an Glanz und Elend von Dostojewskis Baden-Baden.

Die Kasinos in den USA stehen für die Demokratisierung des Rechts, jenen Kapitalisten das eigene Geld in den Rachen zu wer-fen, die nicht einmal so tun, als ob es ihnen um etwas anderes ginge als um eben dieses Geld. Kapitalisten: Damit sind nicht nur die in-dianischen Betreiber gemeint. Joint Ventures ermöglichen es auch anderen, sich ein Stück vom Kuchen abzuschneiden. Kasinos stehen außerdem für das demokratische Recht, zumindest den Versuch zu unternehmen, den Kapitalisten das eingesetzte Geld wieder abzuja-gen. Manchmal funktioniert das sogar.

»Ich habe vorhin da drüben den Jackpot geknackt«, wispert die Dame, die neben mir am Automaten sitzt. »Fünftausend Dollar!« Sie sieht nicht so aus, als werde eine solche Summe ihr Leben entscheidend verändern. Weder als Gewinn noch als Verlust. Aber das ändert nichts daran, dass heute ihr Tag ist. Sie kann ihr Glück einfach nicht für sich behalten, was sie allerdings nicht davon abhält, auch weiterhin konzentriert auf die Maschine vor sich zu schauen. Ich freue mich mit ihr. Ehrlich. Aber, um offen zu sein: Die Dame nervt. Ich habe gerade andere Sorgen.

Bleiben oder wechseln? Das Gerät, an dem ich Automatenpoker spiele, hat schon lange keinen nennenswerten Gewinn mehr ausgespuckt. Heißt das, ich muss nur noch ein ganz klein wenig länger ausharren, um endlich zu siegen? Oder sollte ich erkennen, dass ich den falschen Platz gewählt habe, meine Verluste abschreiben und nochmals von vorne beginnen? Ganz wie im realen Leben, wenn man einen Fehler begangen hat? Keine Ahnung. Aber gewinnen will ich. Betreten habe ich das Kasino, um mit Leuten zu reden. Dann habe ich erkannt, dass es dafür kaum einen schlechteren Ort gibt. Wenn sich irgendjemand gewiss nicht unterhalten will, dann ein Mann oder eine Frau, der oder die vor einem Spielautomaten sitzt. Den Blick starr auf den kleinen Bildschirm gerichtet, ganz allein mit sich und der Maschine. Nach einiger Zeit des ziellosen und ergebnislosen Wanderns bin ich keine Reporterin mehr. Sondern Teil der hier versammelten Gemeinschaft. Geld will ich herausholen. Geld, Geld. Und sonst gar nichts.

Insgesamt betrachtet habe ich Glück. Als ich zurückkehre zu meinem Auto, habe ich 16 Dollar am Automaten-Poker gewonnen. Keine bedeutende Summe. Aber ein großer Sieg. Mir gehen Nancy Pfeifer und Anthony nicht aus dem Kopf. Wären sie verführbar von den Verheißungen eines Kasinos? Spielen sie gelegentlich? Was täten sie mit einem Gewinn? Nancy, so denke ich, würde wenig an ihrer Lebensführung ändern. Ein beruhigender Gedanke. Anthony würde vermutlich auch wenig an seiner Lebensführung ändern, von einigen dramatischen Gesten einmal abgesehen. Ein trauriger Gedanke.

Ich werde niemals erfahren, ob ich richtig liege mit meinen Vermutungen. Am nächsten Tag fahre ich weiter nach Massachusetts.

Von einem reichen Land in ein anderes reiches Land. Massachusetts ist noch ein bisschen dichter besiedelt als Connecticut, und die Leute hier verdienen fast ebenso gut. Insgesamt ist in den Neuengland-Staaten die Arbeitslosigkeit niedriger und die Einkommen sind höher als im nationalen Durchschnitt. In weiten Teilen von Neuengland wird von der Oberschicht ein Akzent gesprochen, der im Rest der USA als elitär verstanden wird – und die Elite hat gegen diese Interpretation nichts einzuwenden. Es gibt auch hier Problemgebiete. Der Niedergang der verarbeitenden Industrie hat dazu geführt, dass Hartford in Connecticut und Providence in Rhode Island mittlerweile zu den ärmsten Städten der USA gehören. Aber die Gesamtstatistik ist zu gut, als dass solche Schönheitsflecken sie verderben könnten.

Was andernorts auf der Welt gilt, gilt auch hier: je wohlhabender ein Land oder eine Region ist, desto liberaler ist die Bevölkerung. Kalender mit bösen Schnappschüssen von Präsident George W. Bush und Schlüsselanhänger mit einem batteriebetriebenen Countdown bis zum Ende seiner Amtszeit gehören zum festen Sortiment von Buchhandlungen und Andenkenläden. Die berühmtesten Universitäten der Vereinigten Staaten – Harvard und Yale – liegen in Neuengland. Massachusetts ist im Herbst 2007 der einzige Bundesstaat der USA, in dem die gleichgeschlechtliche Ehe erlaubt ist und auch als Ehe bezeichnet wird. Die Kennedy-Brüder sind hier geboren. Der zum Zeitpunkt meiner Reise 75-jährige Edward Kennedy, jüngster von ihnen und der letzte Überlebende, vertritt den Staat bis heute im US-Senat.

Die Region gilt als die Wiege der USA. Ob diese Deutung der Geschichte stimmt – darüber lässt sich streiten. Zumindest ist diese historische Interpretation, wie ich Monate später in Virginia lernen werde, ebenso kleidsam wie verkürzt. Dort hatten abenteuerlustige Männer nämlich, schon Jahre bevor die Mayflower in See stach, eine Siedlung gegründet. In kommerziellem Auftrag.

Ungeachtet dessen ist die Gründungslegende der Vereinigten Staaten älter als die Gründung selbst und zugleich bis heute lebendig. Wer seine Vorfahren bis an Bord der Mayflower zurückverfolgen kann, darf sich zum republikanischen Hochadel zählen. Selbst dann, wenn der Urahn nur Schiffsjunge gewesen ist. Und zwar deshalb, weil viele Passagiere des Segelschiffs aus Angst vor religiöser Verfolgung – kleidsamer ausgedrückt: auf der Suche nach Freiheit – den Schritt wagten, in die Neue Welt aufzubrechen. Dass die freiheitsdurstigen Pioniere auf der Mayflower so freiheitsdurstig nicht mehr waren, als sie selbst das Sagen hatten, dass sie in ihrer religiösen Intoleranz gegenüber Andersgläubigen jenen nicht nachstanden, von denen sie selbst verfolgt worden waren – das steht auf einem anderen Blatt.

Es lassen sich auch andere gute Gründe für die historische Interpretation finden, der zufolge die USA in Neuengland geboren wurden. Nach einem langwierigen Streit mit dem Mutterland über Zölle und Steuern wurden in Boston am 16. Dezember 1773 die Teeladungen von drei Schiffen einer englischen Handelsgesellschaft ins Hafenbecken der Stadt geworfen. Die Boston Tea Party gilt als Initialzündung für den Krieg mit England, der mit der Unabhängigkeit der Vereinigten Staaten endete.

Dieser Krieg ist eine Erfolgsgeschichte, wie ja insgesamt die Gründung der USA als Erfolg gilt und folglich der Stoff ist, aus dem Legenden gestrickt werden. Die Sehnsucht ist groß nach dem, was hier unter der »guten alten Zeit« verstanden wird. In Plymouth, dessen Innenstadt wie eine überdimensional große Puppenstube wirkt und an dessen Hafen eine naturgetreue Nachbildung der Mayflower liegt – die Mayflower II –, sind nur noch wenige Hotelzimmer zu bekommen. Wegen der Festlichkeiten zum 50. Jahrestag der Ankerung von Mayflower II kosten die ungefähr das Vierfache dessen, was ich sonst für eine komfortable Unterkunft aufwenden muss.

Pauschalreisen an die Stätten des kulturellen und geistigen Erbes der USA sind beliebt. Zeitgleich mit mir kommt eine Busladung voll vergnügter Rentner in dem einzigen erschwinglichen Motel der Umgebung an, etwa 30 Kilometer von Plymouth entfernt. Sie haben eine »Heritage Tour« gebucht, eine Reise zum kulturellen Erbe, und sie haben dabei erkennbar eine nette Zeit. Bin ich in Deutschland immer nur an den falschen Orten unterwegs – oder gibt es hier in den USA wirklich viel mehr reiselustige, neugierige und fröhliche alte Menschen als bei uns? Ich werde mich das nicht zum letzten Mal fragen.

Mit der historischen Wahrheit wird es bei den Reisen in die Vergangenheit allerdings nicht immer so genau genommen. Beispiel: »Plymouth Rock«. Eine der größten Attraktionen des Ortes, in dessen Nähe sich die Passagiere der Mayflower dauerhaft niederließen. Angeblich ist dieser Findling der Platz, an dem die Pilger 1620 erstmals ihren Fuß auf den Boden des amerikanischen Festlandes gesetzt haben. Also: gewissermaßen erstmals. Unumstritten ist nämlich, dass die Mayflower zunächst einmal an der äußersten Spitze von Cape Cod landete, einer Halbinsel, die heute vor allem als luxuriöses Ferienressort bekannt ist. Diese Gegend begeisterte die Passagiere jedoch aus verschiedenen Gründen nicht, weshalb sie eben zu der Bucht weitersegelten, an der heute Plymouth liegt.

Zeitgenössische Berichte der Pilger über den Findling gibt es nicht. Erst 1741 behauptete ein damals 94-jähriger Kirchenältester, sein Vater habe ihm diesen Felsen als Ort der Landung gezeigt. Der Vater war allerdings selbst nicht an Bord der Mayflower gewesen, sondern erst einige Jahre später in der Neuen Welt angekommen. Der Stein wurde dann zunächst einmal ins Zentrum von Plymouth gebracht – jedenfalls die eine Hälfte, denn er brach beim Transportversuch in zwei Teile. Später wurde er noch einige Male versetzt und allmählich immer kleiner und kleiner. Eine Folge des Beutehungers von Souvenirjägern. Angeblich hat der Stein heute nur noch etwa ein Drittel seiner ursprünglichen Größe. Um diese Reste besser bewachen zu können, wurde »Plymouth Rock« 1921 wieder an seinen ursprünglichen Fundort gebracht. Die Authentizität tritt also weit hinter die Symbolik zurück. Was die fast eine Million Besucher, die jährlich ehrfürchtig vor den Resten des Felsens stehen, wenig zu kümmern scheint. Geschichte: ein Spiel.

Überall. Auch bei uns in Deutschland gibt es Historienspektakel und Kostümfeste. Aber hier scheint sich im Herbst fast die gesamte Kleinstadt- und Landbevölkerung jedes Wochenende aufzumachen, um in die Rolle der Ahnen zu schlüpfen. Das Angebot ist riesig. Eines der mittelalterlichen Volksfeste – King Richard's Faire – findet alljährlich im Städtchen Carver statt. Mit Ritterkämpfen, Gauklern, Minnesängern und Schauspielern. Erwachsene zahlen 25 Dollar Eintritt, Kinder 14. Und das ist erst der Anfang. Drinnen wird es dann richtig teuer. Zwei Dollar kostet es, wenn man einem Kleinkind den viermaligen Versuch ermöglichen will, eine niedrige Strickleiter hochzuklettern. Man kann sich auch die Zukunft vorhersagen lassen. Für 30 Dollar. Da muss man's schon ziemlich dringend wissen wollen. Elfenflügel, Blumenkränze fürs Haar, Schwerter und Ritterrüstungen werden feilgeboten. Messerwerfen, Pfeilewerfen, Bogenschießen – alles kostet. Die Folge ist der übliche Familienstress: »Ich bin hier wegen der Shows und nicht wegen irgendwelcher verdammter Spiele. Weiter jetzt!«

Um sich über Anfahrtsweg, besondere Attraktionen und Öffnungszeiten vorab zu informieren, ist das Internet bekanntlich eine praktische Sache. Manchmal finden sich bei der Gelegenheit auch andere interessante Geschichten. Ein jüdischer Familienvater berichtet im Netz, ihm und seiner Familie sei die Bitte abgeschlagen worden, koscheres Essen mit auf das Gelände von King Richard's Faire zu bringen – trotz des Hinweises, dass sie aus religiösen Gründen die zum Verkauf angebotenen Speisen nicht essen dürften. Begründung der Veranstalter: Falls während des Essens etwas passiere, könnten sie haftbar gemacht werden. Überall würden Spielzeugwaffen verkauft, entrüstet sich der Vater, »aber der Jahrmarkt kann nicht das Risiko eingehen, dass ich an meinem Corned Beef ersticke?« Es gehe wohl einfach darum, den Besuchern so viel Geld wie irgend möglich aus der Tasche zu ziehen.

Vermutlich. Aber dennoch drängen sich Tausende auf dem Gelände, fest entschlossen, sich den Spaß durch nichts und niemanden verderben zu lassen. Historienspiele sind ein starker Magnet – solange sie einen bestimmten Ausschnitt der Geschichte beleuchten. Indianerkriege spielen hier in Massachusetts seitens der Unterhaltungsindustrie eine so geringe Rolle, dass man annehmen könnte, es hätten gar keine stattgefunden. Als seien die Indianer nach vielen Jahren friedlichen Zusammenlebens mit den Siedlern zum wechselseitigen Nutzen freiwillig in die Reservate gezogen. Diese Annahme wäre falsch.

Der Aufstand zahlreicher Indianervölker im südlichen Neuengland gegen die Expansion der englischen Kolonisten 1675, der ein Jahr später mit einer Niederlage endete, gehört zu den blutigsten Auseinandersetzungen zwischen Ureinwohnern und Neuankömmlingen in Nordamerika. Zwar hatten auch die Siedler hohe Verluste erlitten – 13 Städte waren niedergebrannt worden und die Kolonien brauchten lange, um sich von den wirtschaftlichen Folgen des Krieges zu erholen –, aber die Konsequenzen für die Indianer waren sehr viel dramatischer: Ihre traditionelle Lebensweise war für immer zerstört. Die Bedingungen des Friedensvertrages kamen einer völligen Unterwerfung gleich. Nie wieder würden die Indianer dieser Region etwas anderes sein als Außenseiter in ihrer eigenen Heimat.

Die Nostalgie der Zeitgenossen von heute, der träumerische Blick zurück in die Vergangenheit, entzündet sich hier nicht an diesem Teil der Geschichte. Anders übrigens, wie ich noch feststellen werde, als beispielsweise im Mittleren Westen der USA. Vielleicht hängt es mit der liberalen Tradition von Neuengland zusammen, dass man sich nicht so gerne an Kriege und Menschenrechtsverletzungen erinnert, an denen die Vorfahren beteiligt waren. Wahrscheinlicher aber ist etwas anderes. Es waren ja nicht unbedingt die kämpferischen Abenteurer, die sich in Neuengland niedergelassen haben. Jene zog es in den unerforschten, aufregenden Westen. Die Einwanderung an der Ostküste wurde hingegen oft gerade von dem Wunsch beflügelt, endlich ein geruhsames Leben ohne Angst vor Not und Verfolgung führen zu können. Das merkt man der Region bis heute an.

Noch eine andere Möglichkeit der Interpretation gibt es: Es ist möglich, dass der historische Rückblick sich immer nur auf ein einziges Feld konzentrieren kann. Dass man sich also entweder der Indianerkriege oder der Flucht aus Europa oder des christlichen Missionsgedankens oder des Bürgerkrieges erinnern kann. Weil zwei – oder gar noch mehr – zentrale Themen die Nachgeborenen überfordern würden. Also uns.

Wer nach einer Bestätigung für diese letzte These sucht, hat in Neuengland einige Gelegenheiten, um fündig zu werden. Ein paar Kilometer von Carver und den Ritterspielen entfernt findet das traditionelle Moosbeeren-Fest in Edaville statt. Unter dem Motto: »Wo die guten Zeiten weitergehen.« An einem Weiher steht ein Karussell mit großen Holzpferden, das aussieht, als sei es Ende des 19. Jahrhunderts gebaut worden. Mit einer alten Bimmelbahn kann man den Schwanenteich umrunden, auf dem allerdings leider keine Schwäne zu sehen sind. Selbst gekochte Marmelade, ausgehöhlte, gruselige Halloween-Kürbisse und Rosenstöcke werden hier verkauft.

Idylle hat in diesem beschaulichen Teil der Welt viele Erscheinungsformen. Gelegentlich sogar schrille. Ebenso wie die Sehnsucht nach einem anderen, besseren Leben. Ganz im Norden der Halbinsel Cape Cod, dort wo die Mayflower zuerst Anker geworfen hat, liegt das Städtchen Provincetown. Bis in die Fünfzigerjahre hinein war es ein beschauliches Fischerdorf, das allerdings schon Ende des 19. Jahrhunderts viele Künstler und Schriftsteller anzog. Die schöne Lage ließ es außerdem zu einem beliebten Ziel für Sommerfrischler werden.

Edward Hopper hat hier gemalt, der Dramatiker Eugene O´Neill gründete ein Theater, der Schriftsteller Norman Mailer lebte in der Stadt bis zu seinem Tod. Die Bohème bestimmte das geistige Klima. In· den Sechzigerjahren kamen naturverbundene Hippies, die hier nach neuen Lebensformen suchten. Homosexuelle fanden in Provincetown schon zu einem Zeitpunkt eine tolerante Umgebung vor, zu dem sie früher andernorts Gefängnis und vollständige gesellschaftliche Ächtung zu gewärtigen hatten.

In dem Maße, in dem die Schwulenbewegung an Selbstbewusstsein gewann, veränderte sich auch das Leben des alten Fischerdorfes. In den Siebzigerjahren des letzten Jahrhunderts wurde der Geheimtipp zum Programm: Mehr und mehr Homosexuelle beiderlei Geschlechts zogen nach Provincetown. 1978 schlossen sich Geschäftsleute mit dem Ziel zusammen, den schwulen Tourismus zu fördern. Sie waren überaus erfolgreich. Heute gehören 200 Unternehmer dieser Vereinigung an. In den Sommermonaten schwillt die Stadt, die im Winter nicht einmal 4000 Einwohner hat, auf mehr als 60000 Besucher an. Bei Weitem nicht alle derjenigen, die hier Wale vor der Küste beobachten, in den Dünen lagern, im Atlantik baden oder Krebse in einem der zahlreichen Fischrestaurants genießen, sind homosexuell. Viele Heterosexuelle fühlen sich ebenfalls in der weltoffenen und zugleich ländlichen Umgebung wohl, in der ein freier Geist zu regieren scheint.

Provincetown ist mir sofort eigenartig vertraut. Obwohl ich hier niemanden kenne, fühle ich mich zu Hause. Die Jahre scheinen von mir abzufallen. Für dieses Gefühl gibt es Gründe: Im kleinen Zentrum um die Commercial Street scheint die Zeit meiner Jugend wie in Bernstein eingekapselt zu sein.

In vielen Geschäften wird Kleidung angeboten, die der Mode der Siebzigerjahre entspricht. Die Buchhandlungen gehören nicht zu den großen Ketten, in denen auf riesigen Stapeln die ewig gleichen Bestseller angeboten werden, sondern es sind kleine, unabhängige Läden mit einem sorgfältig ausgewählten Sortiment, in dem es Spaß macht zu stöbern. Politische Bekenntnisse in Form von Fahnen in Regenbogenfarben und Plakaten, auf denen zum Abzug der US-Truppen aus dem Irak aufgefordert wird, gehören ganz selbstverständlich zum Straßenbild. Das erinnert mich an die Zeit, in der in Westdeutschland ein Autoaufkleber als Zeichen des Protests gegen Atomenergie nicht nur eine Meinung zu einer bestimmten Sachfrage, sondern zugleich Zustimmung zu einer umfassenden Weltanschauung signalisierte.

Wo es keine verschiedenen Generationen gibt, da spielt auch Alter keine Rolle. Jetzt, wo die meisten Sommergäste abgereist sind und

Provincetown ziemlich leer ist, begegnet man auf der Straße, in Restaurants und in Geschäften fast ausschließlich denen, die es geschafft haben, sich hier einzurichten. Die angekommen sind. Von der rebellischen Aufbruchstimmung, die einst diese Stadt berühmt gemacht hat, ist nichts mehr zu spüren. Stattdessen: spätes Mittelalter.

Rene Leblanc zum Beispiel. Der 58-Jährige besitzt einen Laden in der besten Gegend der Stadt mit Designerschalen, ungewöhnlich geformten Halsketten und Ohrringen, Kästchen aus edlen Hölzern, Kristallvasen. Vieles hat er aus Europa importiert. Der Sohn französischer Einwanderer hat es zu etwas gebracht im Leben – und er wollte dieses Leben immer unbedingt in Provincetown verbringen. Als 17-Jähriger war er in den Sommerferien zum ersten Mal hierhergekommen. »Damals mussten in den Schwulentreffs immer auch Frauen auf der Tanzfläche sein, für den Fall, dass die Polizei kam«, erzählt er. »Es war nicht erlaubt, dass Männer alleine miteinander tanzten.« Dennoch liebte der Junge die Atmosphäre der kleinen Hafenstadt. Er fühlte sich erstmals unter Gleichgesinnten nach einer Kindheit in der von ihm als spießig und engstirnig empfundenen Industriestadt Hartford.

1980 wagte Rene Leblanc den Sprung und zog ganz nach Provincetown. »Ich musste damals drei Jobs machen, um mir das Leben hier leisten zu können. Morgens habe ich in einem Motel die Zimmer sauber gemacht, tagsüber als Friseur gearbeitet und abends dann noch als Verkäufer. Aber wenn du es überhaupt geschafft hast, dich über Wasser zu halten, dann konntest du damals auch noch eine Nische finden.« Heute beschäftigt er selbst Aushilfskräfte. Dennoch spricht er sehnsüchtig über die alten Zeiten: »Es war eine ganz andere Szene damals. Früher saßen Rechtsanwälte mit Tellerwäschern oder Klempnern gemeinsam an einem Tisch. Das gibt es heute nicht mehr. Vorbei.« Warum? Er sagt nur ein Wort: »Geld.« Die Leute, die sich hier in den letzten Jahren ein Ferienhaus oder auch nur eine Zweitwohnung gekauft hätten, die seien reich. »Wirklich reich.« Inzwischen gebe es hier genau dieselben sozialen Schranken wie anderswo auch.

Vielleicht ist das so. Vielleicht ist die Entwicklung aber auch einfach unvermeidlich, wenn die Zugehörigkeit zu einer Minderheit nicht mehr zusammenschweißt, weil die Minderheit selbst zur Mehrheit geworden ist. Falls wieder mehr junge Leute hierherkämen – würde sich die Stimmung dann nicht erneut verändern? Rene schüttelt den Kopf und lächelt wehmütig: »Sie kommen nicht. Sie können es sich nicht leisten.« Jüngere Schwule kämen mal für ein Wochenende oder höchstens für eine Woche, aber mehr sei einfach nicht drin. »Die Stadtgemeinschaft bekommt allmählich graue Haare.«

Die Preise sind explodiert in den letzten Jahren. 1990 zahlte Rene Leblanc für einen etwas kleineren Laden als seinen jetzigen in derselben Straße noch 15000 Dollar Miete jährlich – heute zahlt er 60000. Das Reihenhaus, das er gemeinsam mit seinem langjährigen Freund bewohnt, liegt weit außerhalb des Zentrums auf der anderen Seite der Inselhauptstraße. Vor sieben Jahren hat er den Neubau mit drei Schlafzimmern für 325000 Dollar gekauft. Vor einem Jahr ließ er das Haus schätzen: 490000 Dollar. Inzwischen sind die Preise zwar wegen der Immobilienkrise in den Vereinigten Staaten wieder etwas gefallen – aber für Durchschnittsverdiener immer noch viel zu hoch. 2006 kostete ein Einfamilienhaus in einer US-Stadt nach Angaben des nationalen Maklerverbandes im landesweiten Mittel etwa 220000 Dollar. Auch im Osten des Landes, der traditionell immer etwas teurer ist, waren es lediglich 280000 Dollar.

Provincetown ist eine gute Adresse, und es ist eine nette Vorstellung, hier leben zu dürfen, wenn man nicht mehr arbeiten muss. Deshalb planen viele wohlhabende Leute, hier ihren Lebensabend zu verbringen. Sie kaufen im Alter von 35 oder 40 Jahren ein Haus oder eine Wohnung, vermieten die Immobilie während der Sommermonate, zahlen damit ihre Hypothek ab und lassen sie den Rest des Jahres leer stehen. Die Folge: »Es herrscht dramatische Wohnungsnot für Leute, die dauerhaft hier leben wollen. Ich konnte mir mein Reihenhaus leisten, weil ich mir früher ein anderes Haus gekauft und dann später – teurer – verkauft habe, als die Preise immer noch erschwinglich waren«, erzählt der gelernte Friseur. »Heute hätte jemand mit meinem sozialen Hintergrund keine Chance mehr, sich hier niederzulassen.«

Eine ironische Wendung in der Geschichte von Provincetown. Leute wie Rene Leblanc sind es ja gerade, die das Gesicht der Stadt prägen. Er ist interessiert, witzig, großzügig. »Nein, die nächste Runde geht ganz sicher auf mich.« Es macht Spaß, mit ihm zu reden – und er hat Lust auf das, was Fremde ihm berichten können. Rene weiß viel von der Welt, obwohl er nie im Ausland gelebt hat. Man ahnt, warum: Ab und zu dreht er die Interviewsituation um. Was das eigentlich genau für ein Buch werden solle? Welches Bild die Deutschen von den Amerikanern denn so hätten? Ob George W. Bush dem Image der USA sehr geschadet habe? Er fragt gar nicht, was ich vom US-Präsidenten halte. Er setzt ganz einfach voraus, dass ich ihn genauso inkompetent und gefährlich finde wie er.

Jemand wie Rene Leblanc ist ein Glückstreffer für eine Reporterin. Nicht nur deshalb, weil er offen Auskunft gibt, sondern vor allem deshalb, weil er ihre Sache zu seiner eigenen macht und selbst ein Interesse daran entwickelt, dass der kleine Ausschnitt Provincetown in dem riesigen Bild USA möglichst umfassend und zutreffend beschrieben wird. Er weiß, wer wichtig ist in diesem Städtchen, und er ist gerne bereit, Kontakte zu vermitteln. »Mit Mary-Jo muss man reden. Unbedingt.«

Als ich Mary-Jo Avellar in ihrem Büro treffe, komme ich mir vor, als sei ich plötzlich in den Film *Local Hero* versetzt worden. Der spielt in einem schottischen Dörfchen und eine der Hauptfiguren hat vom Hotelbesitzer bis zum Rechtsanwalt nahezu alle wichtigen Funktionen gleichzeitig inne, die es in dem Ort gibt. In manchen Teilen der Welt ist das offenbar keine nette Filmpointe, sondern ein Abbild der Realität.

Am Vorabend hatte Mary-Jo mich als Empfangsdame im Restaurant platziert. Heute Abend wird sie als gewähltes Mitglied an einer Sitzung des Stadrats teilnehmen. Jetzt sitzt mir die energische, geschäftsmäßig-sachliche Frau als Immobilienmaklerin gegenüber. Ein kleines Schild weist darauf hin, dass sie auch noch als Notarin arbeitet. »Das ist aber eine kompliziertere Aufgabe als bei Ihnen in Deutschland«, sagt sie. Gut informiert ist sie auch noch.

Mary-Jo Avellar stammt aus einer portugiesischen Familie, die seit der Einwanderung nach Provincetown im 19. Jahrhundert hier lebt. Sie liebt die Stadt, sie liebt die Atmosphäre hier und sie lässt auf ihre Heimat nichts kommen. »Es stimmt, dass man in Iowa ein Herrenhaus kaufen kann für den Preis eines Apartments in Provincetown. Aber dann muss man auch in Iowa leben.« Provincetown sei schließlich nur drei Meilen lang und zwei Meilen breit und überaus attraktiv. Da sei es kein Wunder, dass die Nachfrage das Angebot übersteige.

Schon wahr, die Alteingesessenen zögen allmählich weg. »Traurig. Aber als meine portugiesischen Vorfahren hier ankamen, war die Gegend fest in der Hand der Yankees. Die fühlten sich von meinen Ahnen sicher auch bedroht. So ist halt der Lauf der Welt. Man kann nicht immer nur zurückschauen.« Pause. »Solange es Kinder gibt.« Man gewinnt nicht den Eindruck, als sei die Pause um des Effektes willen gemacht worden – eher so, als sei ihr etwas herausgerutscht, was sie eigentlich nicht sagen wollte. Denn das ist eines der Probleme von Provincetown. Es gibt nicht mehr viele Kinder hier.

Man kann das statistisch belegen: Nur in neun Prozent der Haushalte leben Kinder oder Jugendliche unter 18 Jahren. Man kann es auch spüren: »Meine Stieftochter und ihre Familie mussten die Stadt verlassen. Als die Kinder kamen, wurde das Haus zu klein, und ein größeres konnten sie sich nicht leisten.« Sie zogen nach Eastham, einem etwas südlicher gelegenen Ort auf der Halbinsel. Dort leben Kinder in 21,9 Prozent der Haushalte. »Ich habe meinen High-School-Abschluss mit 52 anderen Schülern gemacht«, erzählt Mary-Jo Avellar. »Heute besteht ein Abschlussjahrgang hier aus höchstens 25 Jugendlichen.« Manchmal stimmt die Statistik tatsächlich vollständig mit den eigenen Erfahrungen überein.

Hundeprodukte hätten hier Konjunktur, sagt Mary-Jo. Es gebe exklusive Hundekekse, modische Leinen, sogar Kinderwagen für Hunde. Derzeit werde für einen Hundepark gesammelt, wo kein

Leinenzwang herrschen soll. Sie liebe Hunde selber sehr, betont die 61-Jährige und zeigt auf das riesige, freundliche Untier zu ihren Füßen, aber einiges fände sie denn doch übertrieben. »Was sagt es über eine Gemeinschaft aus, wenn es dort keine Kinder mehr gibt?«

Man würde Mary-Jo Avellar völlig missverstehen, wollte man ihr unterstellen, dass sie die Entwicklung der Stadt missbillige. Im Gegenteil. »Ich will nirgendwo wohnen, wo Herr und Frau Jedermann wohnen. Ich will nicht an einem Ort wohnen, wo alle so sind wie ich.« Aber die ältere Dame ist nicht ganz sicher, dass es später einmal nach ihrem Willen gehen wird, wenn sie und ihr Mann eine altersgerechte Wohnung brauchen. »Für den Wert unseres Hauses könnten wir etwas ganz Tolles in Maine oder New Hampshire kaufen. Ob wir uns jedoch etwas Akzeptables hier in Provincetown leisten können, müssen wir abwarten.« Etwa 70 Einfamilienhäuser seien gegenwärtig auf dem Markt, der Durchschnittspreis liege bei 700 000 Dollar. Das teuerste koste 5,2 Millionen. Außerdem gebe es noch eines für 4,7 Millionen. »Nett, vier Schlafzimmer, drei Bäder. Ursprünglich wollten die Eigentümer sieben Millionen.«

Auch Mary-Jo kennt Leute, mit denen ich ihrer Meinung nach reden sollte. Vor allem mit ihrem Mann, dem stellvertretenden Hafenmeister, dem bis zum Jahr 2000 die traditionsreiche Lokalzeitung *Advocate* gehörte. Nach dem Verkauf an die Konkurrenz wurde sie eingestellt. Mary-Jo versucht, die Bitterkeit aus ihrer Stimme zu verbannen. Ganz gelingt es ihr nicht, aber sie fängt sich schnell: ich sollte außerdem ihre Schwester treffen, eine 60-jährige Lehrerin, die gerade pensioniert worden sei. Die wisse alles über diese Stadt.

Susan Avellar holt mich im Büro von Mary-Jo ab und führt mich ein paar hundert Meter weiter zu einem kleinen, hölzernen Haus. Es ist ein so warmer Tag, dass wir noch auf der Terrasse sitzen können – unmittelbar am Meer. »Früher war das der Holzschuppen meines Großonkels«, sagt sie. »Dann hat mein Cousin es zum Cottage umgebaut und vermietet es an Sommergäste, wenn er es nicht selbst nutzt.« Gerade sei er in Florida, wo er den Winter verbringe. »Deshalb steht es leer.«

»Ich erzähle Ihnen einfach mal etwas über die Gebäude, die Sie von hier aus sehen können. Dann bekommen Sie das beste Bild. Im Erdgeschoss des großen Hauses, das hier auf dem Grundstück hinter dem Ferienhaus steht, wohnt die 70-jährige Schwester meines Cousins. Sie ist geistig leicht behindert, lebt aber allein. Das ist für uns ein ständiger Grund zur Sorge. Der erste Stock ist an einen Künstler vermietet, der fast nie da ist. Die Mieter im zweiten Stock kommen im Winter auch nicht.« Susan steht auf und tritt an den Rand der Terrasse: »Die Häuser hier am Strand sind jetzt alle leer. Immerhin: Das da drüben auf der anderen Straßenseite neben dem Parkplatz ist ganzjährig bewohnt.« Sie geht zur Rückseite und winkt mich heran: »Das Haus hier gegenüber steht seit Jahren leer. Es gehört einer reichen Frau, die es sich leisten kann. Und in dem Apartmenthaus daneben wird von sieben Wohnungen nur eine auch im Winter genutzt.«

Man sollte sich ein Paradies nie zu genau anschauen. Es verliert dann viel von seinem Charme. Denn eine Entwicklung wie die in Provincetown hat Folgen – weitreichende, bedrohliche sogar, wie Susan Avellar erzählt. »Die Leute hier wachen langsam auf und fragen sich: Moment mal, wo wohnen eigentlich die Mitglieder unserer Freiwilligen Feuerwehr? Und wer schützt unseren Besitz vor Einbruch?«

Es gibt gute Gründe, sich das zu fragen. Vor drei Jahren ist in Provincetown die katholische Kirche St. Peter abgebrannt. Ausgerechnet unmittelbar nach einem Schneesturm. Die Feuerwehr aus dem Nachbarort Truro kam nicht durch. »Sie mussten einen Umweg fahren wegen einer vier Meter hohen Schneeverwehung auf der Schnellstraße. Keinen weiten Umweg. Weit genug jedoch, wenn man ein Feuer bekämpfen soll.« Wahrscheinlich wäre die Kirche ohnehin nicht mehr zu retten gewesen, räumt Susan ein. Aber plötzlich sei der Bevölkerung hier bewusst geworden, dass die steigenden Immobilienpreise nicht nur ein individuelles Problem jedes Einzelnen seien, sondern die Grundversorgung der Stadt gefährdeten. Der komissarische Polizeichef von Provincetown wohnt in Truro. Einige Feuerwehrleute auch.

Es geht nicht nur um existenzielle Situationen. Es geht auch um Alltag. Susan Avellar hat Angst vor einer Schließung der örtlichen Schule. In diesem Jahr sind in der Abschlussklasse der High School gerade noch 16 Absolventen. Das bedeutet allerdings auch: die individuelle Betreuung der einzelnen Schüler ist optimal. »In einer so kleinen Schule werden alle irgendwann zur Familie.« Eigentlich genau das, was sich alle Eltern für ihre Kinder wünschen. Aber trotzdem werden nur wenige aus anderen Orten nach Provincetown geschickt, obwohl gesetzlich diese Wahlfreiheit besteht.

»Viele Eltern wollen unter keinen Umständen, dass ihre Kinder sehen, wie sich zwei Männer auf der Straße umarmen. Aber bei den großen Paraden, wo nun wirklich gewagte Kostüme zu sehen sind, da sind die Straßen gestopft voll mit Familien. Was natürlich bedeutet, dass die Kinder solche Paraden mit dem normalen Alltag von Schwulen verwechseln.« Diese Doppelmoral macht Susan Avellar rasend.

Falls das überhaupt möglich ist, dann ist sie noch stärker mit Provincetown verwachsen als ihre Schwester: »Ich bin so sehr Teil dieser Community wie der Hafen und das Pilgerdenkmal.« Aber sie ist niemand, den Liebe blind macht. Im Gegenteil – ihr Blick wird dadurch noch geschärft. Über die Beziehungen zwischen Alteingesessenen und Neuankömmlingen spricht sie nüchtern, mit einem kleinen Anflug von Ironie.

Ganz so sonnig seien die Beziehungen nicht, wie beide Seiten immer behaupteten. Das habe ganz praktische Gründe. »Als Cousin Joe, dem dieses Haus gehört, in den Siebzigern nach seiner ersten Scheidung hierher zurückkam, war er ekstatisch: ›Schaut auf diese Freiheit!‹, hat er immer gesagt. « Susan kichert. »Jetzt ist er ein Rentner, kommt höchstens einen Monat im Jahr her und beschwert sich, dass die Schwulen hier alles übernommen hätten. Die Restaurants hätten zu lange geöffnet und man könne nicht schlafen.«

Am Abend berichtet mir Duane Steele von Konflikten, die sehr viel ernster sind. Der Ehemann von Mary-Jo erzählt, er sei gezwungen worden, seine traditionsreiche Zeitung *Advocate* im 131. Jahr ihrer Gründung zu verkaufen. Die Käuferin sei eine reiche Erbin, die gerne für ihn hätte Artikel schreiben wollen. Als er ablehnte – »nicht druckbar!« –, habe sie aus Rache ihre eigene Zeitung *Banner* gegründet und ihn mit Dumpingpreisen in die Knie gezwungen. »Meine Zeitung war die letzte Institution in Provincetown, die nicht homosexuell geleitet wurde. Ich glaube, sie schuldete es sich als Lesbe, mich kaputt zu machen.« Der *Advocate* wurde inzwischen eingestellt. »Sie haben ihn gekillt.« Haben. Plural.

Ob diese Darstellung zutrifft oder ob alles ganz anders war, lässt sich für mich nicht überprüfen. Es gibt Grenzen der Recherche, wenn man auf der Durchreise ist. Aber kein Zweifel besteht daran, dass dieser 68-jährige Mann, der hier nachts mutterseelenalleine sitzt und als stellvertretender Hafenmeister die Einhaltung der Fischerei-Vorschriften überwachen muss, tief gekränkt ist. »Früher waren wir mal ein Powerpaar: Mary-Jo eine einflussreiche Lokalpolitikerin, ich der Zeitungsverleger. Damals schlug uns heftige Opposition entgegen, aber es gab auch viele Leute, die unsere Freunde sein wollten. Wir hatten so eine Aura um uns – größer als das Leben.« Es ist bedrückend, ihm zuzuhören. Weil hier offenbar ein Lebenswerk in Scherben gegangen ist und weil derjenige, dem das widerfahren ist, die Schuld dafür nicht nur einer einzelnen Person, sondern außerdem ihrer Zugehörigkeit zu einer bestimmten Gruppe zuweist. Das kennt man auch von anderen Orten auf der Welt.

Aber vielleicht hat die Bevölkerung von Provincetown in einigen Jahren ganz andere Sorgen. Ein Ladeninhaber, der hier seit sieben Jahren ein Spielegeschäft führt, möchte demnächst wegziehen. »Ich nehme die Warnung vor der globalen Erwärmung ernst,« sagt der 55-Jährige. »Ich will nicht hier sein, wenn die Stadt in 25 Jahren im Meer versinkt.« Außer ihn scheint das niemanden zu bekümmern. Warum ist das seiner Meinung nach so? Er zuckt die Schultern: »Die Leute verdrängen die Realität. Immer und überall.«

Am nächsten Morgen breche ich auf. Die Fahrt zurück über Cape Cod entlang der landschaftlich besonders schönen Nebenstraße 6a führt durch kleine Dörfer, in denen ungezählte Häuser unter Denk-

malschutz stehen. Kleine, individuelle Hotels, viele Antiquitätenläden und edle Restaurants weisen auf die soziale Schicht hin, die hier
Urlaub macht. Das gehobene Bürgertum. Ich kann mir lebhaft vorstellen, dass viele Bewohner der Halbinsel die Entwicklung in Provincetown in den letzten Jahrzehnten misstrauisch und voller Widerwillen verfolgt haben, und ich merke, wie gut es mir gefällt, dass
diese gediegene, etwas behäbige Selbstzufriedenheit, die diese Orte
hier ausstrahlen, wenigstens ein bisschen durcheinandergeschüttelt
wurde. Mag Provincetown auch noch so viele Probleme haben.

Das ist überheblich von mir. Es sagt mehr über meine eigenen
Vorurteile aus als über die Wirklichkeit. Ich weiß doch gar nicht, wie
es hinter dieser gefälligen Kulisse aussieht – ich habe mich ja nur in
Provincetown umgesehen. Auf dieser Reise lerne ich fast ebenso viel
Neues über meinen Beruf wie über die USA.

Gewiss, ich hatte schon vorher gewusst, dass wir Journalisten
immer nur einen kleinen Ausschnitt der Realität zeigen und dass
»objektive« Berichterstattung deshalb stets eine Chimäre bleiben
muss. Da Nachrichten und ihre Bedeutung immer auch etwas mit
kollektiven Werten, Klischees und Machtverhältnissen zu tun haben,
verständigen sich Medien ohne irgendwelche Absprachen regelmä
ßig darauf, dass die Ermordung eines Kleinkindes einen größeren
Nachrichtenwert hat als die Ermordung eines Obdachlosen und dass
ein Flugzeugabsturz in der westlichen Welt aufsehenerregender ist als
einer in Afrika, auch dann, wenn die afrikanische Gesellschaft eine
bessere Sicherheitsstatistik vorweisen kann als die westliche (Ja, das
gibt es.). Diese – von persönlichen Ansichten unabhängige - Setzung von Prioritäten nennt man professionell, und sie ermöglicht
Journalisten die Illusion, dass, wenn schon keine Objektivität, dann
doch wenigstens eine Annäherung an objektive Berichterstattung
und Analyse möglich ist.

Das gnädige Trugbild des eigenen Berufs löst sich in Luft auf,
wenn man ohne konkreten Rechercheauftrag ganz alleine unterwegs ist. Eine ungewohnte Situation. Das Problem beginnt bereits
mit der Auswahl der Orte und Gesprächspartner. Nicht Truro, son-

dern Provincetown: Schon diese Entscheidung definiert den Bildausschnitt. Will man die deutsche Bundeskanzlerin interviewen, dann muss man sich über Alternativen keine Gedanken machen – es gibt schließlich nur eine. Aber warum gehe ich in Massachusetts zu dieser Veranstaltung und zu jener nicht, warum führe ich lieber morgens als abends ein Gespräch, wie viel hat meine eigene Biografie mit der Frage zu tun, mit wem ich überhaupt ins Gespräch komme? Den größten Einfluss haben wahrscheinlich Faktoren, deren ich mir selbst gar nicht bewusst bin.

Wäre ich nicht eine Frau, sondern ein Mann, wäre ich nicht politische Korrespondentin, sondern ein Kulturjournalist, käme ich nicht aus Deutschland, sondern aus Indien: ich sähe ein anderes Amerika. John Steinbeck erzählte, wie er auf einem Rückflug aus Prag den bekannten Journalisten Joseph Alsop traf, der »mit wohlunterrichteten Leuten, mit Amtspersonen und Botschaftern« geredet habe, während er sich in seiner »liederlichen Art mit Schauspielern, Zigeunern und Vagabunden« herumgetrieben habe. »Sein Prag stand in keiner Beziehung zu dem, was ich gesehen und gehört hatte. Es war einfach nicht derselbe Ort, und doch waren wir beide ehrlich, keiner von uns war ein Lügner, beide waren wir nach allen Maßstäben ziemlich gute Beobachter, aber wir brachten zwei Städte mit nach Hause, zwei Wahrheiten.« Während seiner Rundreise entlang der Grenzen der USA sei er deshalb oft von Zweifeln begleitet worden: »Was ich hier niederschreibe, ist so lange wahr, bis ein anderer dieselbe Strecke fährt und die Welt nach seinen Vorstellungen neu arrangiert.«

Das ist kein Versuch der Entlastung. Die Einsicht, dass Subjektivität unvermeidlich ist, ist keine Entschuldigung für Fehleinschätzungen. Aber diese Einsicht – dass man nämlich immer auch selbst ein Teil der Geschichte ist, die man schreibt - wirft ein grelles Licht auf die engen Grenzen unserer Erkenntnismöglichkeiten. Jede Entscheidung für einen Ort oder ein Gespräch ist zugleich eine Entscheidung gegen eine unübersehbar große Zahl anderer und damit zugleich verpasster Möglichkeiten. Genau wie im normalen Leben.

Aber anders als im normalen Leben weiß ich bei dieser Reise ganz genau, wie viel – oder besser: wie wenig – Zeit ich zur Verfügung habe und dass ich nicht zurückkehren werde in eine Region, die ich verlassen habe. Manchmal deprimiert mich das, manchmal verunsichert es mich. Gleichgültig lässt es mich nie.

John Steinbeck ist übrigens nicht nach Provincetown gefahren. Er hätte keinen Grund dazu gehabt: die einschneidenden Veränderungen des ehemaligen Fischerdorfes begannen erst Jahre nach seiner Reise. Steinbeck fuhr ohne den Umweg über Cape Cod direkt in den Norden, hinauf nach Maine. Dort will ich heute auch noch hin.

Unterwegs sehe ich an vielen Autos bunte Aufkleber in Form von Schleifen, die meisten gelb, manche auch blau, grün oder weiß. »Support our troops!« liest man darauf oft: »Unterstützt unsere Truppen!« Das dürfe ich nicht mit einer Unterstützung für den Irakkrieg verwechseln, belehrt mich ein älterer Mann, der in einem Andenkenladen diese Aufkleber verkauft. Manchmal solle zwar genau das damit betont werden, es könne aber auch das Gegenteil bedeuten: dass nämlich die Soldaten nicht im Irak verheizt werden sollten. Die Schleifen drückten zunächst nichts anderes aus als den Wunsch nach einer sicheren Heimkehr. Dass der Mann recht hat, beweist ein Transparent, das quer über eine Brücke gespannt ist: »Support our troops – bring them home now!« – »Unterstützt unsere Truppen – bringt sie sofort nach Hause!«

Die Gegnerinnen und Gegner dieses Krieges wollen den Fehler nicht wiederholen, den vor etwa vier Jahrzehnten große Teile der damaligen Protestgeneration gemacht haben: Befehlsempfänger für Fehlentscheidungen gewählter Politiker verantwortlich zu machen. In North Dakota wird mir später die 81-jährige Judy Curd erzählen, dass ihr Sohn angespuckt wurde, als er aus dem Vietnamkrieg zurückkam. Ihre Empörung und ihre Trauer darüber sind bis heute spürbar. Ein Heimkehrer aus dem Irak müsste jetzt nicht mehr befürchten, dass ihm Vergleichbares widerfahren könnte.

Die Scham darüber sitzt gerade bei Kriegsgegnern tief, dass traumatisierte, zerschossene Veteranen des Vietnamkrieges auch von jenen im Stich gelassen wurden, die für andere Bevölkerungsgruppen – alleinerziehende Mütter, Kinder armer Familien, chronisch Kranke - staatliche Hilfen einfordern. Keine einzige der Schleifen an den Autos, die Solidarität mit den Soldaten bekunden, dürfte sich George W. Bush ans Revers heften, ohne in jedem Einzelfall genau nachzufragen, ob damit auch Zustimmung zu seiner Politik gemeint ist. Zumindest: mitgemeint ist.

Nichts anderes hat den Ruf des derzeitigen US-Präsidenten so gründlich ruiniert wie der Krieg gegen den Irak. Wer diesen Krieg nicht von Anfang an abgelehnt hat – und das war nur eine kleine Minderheit –, der lehnt ihn jetzt ab. Wer auch das nicht tut, findet zumindest, dass von der US-Regierung schwere strategische Fehler gemacht wurden. Die Übereinstimmung in dieser Frage ist so groß, dass es während meiner Reise im Herbst 2007 so aussieht, als ob die Opposition diese Fehler nicht einmal im Präsidentschaftswahlkampf wird nutzen können. Nicht nur deshalb, weil führende Demokraten den Feldzug ursprünglich auch gutgeheißen hatten. Sondern vor allem deshalb, weil Republikaner sich in ihrer Kritik inzwischen nur noch schwer überholen lassen.

Der überraschende Siegeszug des 71-jährigen John McCain zu Beginn des Jahres 2008 steht dazu nur begrenzt im Widerspruch: Ja, er meint, dass die US-Truppen notfalls auch noch hundert Jahre im Irak verbleiben müssen. Aber er kann sich diese Position nur leisten, weil er einer der ersten war, der taktische Fehler des Feldzuges öffentlich kritisiert hat.

Es ist sehr fraglich, ob Nordamerikaner und Europäer einander verstehen, wenn sie über Legitimität und Sinn von militärischen Interventionen diskutieren. Bei keinem anderen Thema habe ich so sehr wie bei diesem den Eindruck gewonnen, dass wir nicht dasselbe meinen, wenn wir dasselbe sagen. Seit dem Bürgerkrieg, der ja bereits in der Mitte des 19. Jahrhunderts stattgefunden hat, haben Nordamerikaner niemals mehr erfahren müssen, was Krieg auf eigenem Territorium bedeutet. Ich finde, dass dies auch in den Autoaufklebern und in dem Transparent auf der Brücke zum Ausdruck kommt.

Wenn die Haltung zum Irakkrieg nämlich auf die Frage reduziert wird, was dieser Krieg für die US-Soldaten bedeutet, dann wird die Bevölkerung des Kriegsgebiets – obwohl sicherlich ungewollt – zu einer nicht mehr identifizierbaren anonymen Masse von Statisten degradiert. Ich habe mit Susan Avellar lange auf der Terrasse des Holzhauses gesessen und wir haben noch über viele andere Themen gesprochen als über die Entwicklung von Provincetown. Auch über Krieg und Frieden.

Sie sei immer sehr froh gewesen, Amerikanerin zu sein, sagte Susan. Die Meinungsfreiheit und die Rechtssicherheit in ihrem Land bedeuteten ihr viel. Sie war eine Gegnerin des Vietnamkrieges, sie war von Anfang an eine Gegnerin des Angriffs auf den Irak. Aber sie findet, dass militärische Stärke eine notwendige Voraussetzung dafür sei, die demokratischen Errungenschaften verteidigen zu können. »Ich verstehe, was wir in Afghanistan tun.«

Da ist sie mir weit voraus. Ich verstehe es nicht. Ganz unabhängig von der Frage, ob man Krieg für ein legitimes Mittel der Politik hält: Es scheint doch ganz einfach nicht zu funktionieren. Die Ziele, die in Afghanistan erreicht werden sollten, werden nicht erreicht. Von Frieden ist dieses Land weit entfernt.

Bei NATO-Angriffen werden immer wieder auch Zivilisten getötet, was neue Hassgefühle gegen die USA schürt. Teile Pakistans sind für islamische Fundamentalisten ein relativ sicheres Rückzugsgebiet. Die Ereignisse in Afghanistan haben dieses Nachbarland in den letzten Jahren destabilisiert und den Einfluss der Islamisten auf die Gesellschaft wachsen lassen. Das ist gerade im Hinblick auf eine Atommacht eine verstörende Entwicklung. Fürchtet Susan nicht, dass durch die militärischen Angriffe ausgerechnet jene Kräfte gestärkt werden, die man zu schwächen wünscht?

Susan schüttelt auf diese Einwände hin nur den Kopf. Und erzählt von der Schockstarre, in die Provincetown am 11. September gefallen sei: »In der ganzen Stadt war kein einziger Laut zu hören.«

In ungezählten Kommentaren, Reportagen und Analysen habe ich gelesen, dass niemand die Tiefe der Erschütterung über die Anschläge auf das World Trade Center und das Pentagon jemals ganz wird nachvollziehen können, der nicht aus den USA stammt. Ich habe das intellektuell immer nachvollziehen können. Aber hier auf der Terrasse am Ufer des Atlantiks spüre ich zum ersten Mal auch emotional, dass es stimmt. Diese 60-jährige Demokratin, die ihr Leben lang Kriegsgegnerin gewesen ist, die für die Beachtung der Menschenrechte eintritt und für eine liberale Gesellschaft: sie ist nicht erreichbar für Argumente. Sie will sie nicht einmal widerlegen – sie will sie gar nicht erst hören. Zu tief sitzt das Entsetzen über den Angriff auf eine für unverwundbar gehaltene Heimat. Auch heute noch, sechs Jahre später.

Man kann das falsch finden. Man kann es ärgerlich, auch gefährlich finden. Man kann es ungerecht finden angesichts von Millionen von Gewaltopfern in anderen Staaten, von deren Regierungen und Bevölkerungen dennoch ein rationales Verhalten verlangt wird. Man kann es sogar unbegreiflich finden. Aber man kann dagegen nicht argumentieren – gegen Gefühle lässt sich nicht argumentieren. Sie müssen als gegeben hingenommen und berücksichtigt werden, gerade dann, wenn man in irgendeiner Frage einen Kurswechsel wünscht. Darin unterscheiden sich Beziehungen zwischen Ländern nicht von Beziehungen zwischen einzelnen Menschen.

Ungeachtet dieser Einsicht und obwohl auch ich finde, dass man Soldaten nicht für eine verfehlte Politik verantwortlich machen darf, berührt mich die Fülle der demonstrativen Solidaritätsbekundungen mit der Armee doch eigenartig. Sie waren in Deutschland aus vielen, auch historischen Gründen bis heute schwer vorstellbar. Trotz unserer Beteiligung an mehreren Kriegen nach dem Ende der bipolaren Welt. Fast 400 Kilometer sind es nach Freeport in Maine, das ich heute noch erreichen will, und es ist eine ziemlich langweilige Fahrt. Da ich mir in Connecticut und Massachusetts viel Zeit gelassen habe, nehme ich nämlich jetzt die Autobahn, um ein bisschen voranzukommen.

»Wenn wir diese Schnellstraßen einmal quer durch das ganze Land haben werden, wie es früher oder später der Fall sein wird und sein muss, dann wird man von New York nach Kalifornien fahren können, ohne auch nur das Geringste zu sehen«, schrieb John Steinbeck vor fast einem halben Jahrhundert. So weit ist es längst gekommen. In den Fünfziger Jahren wurden die ersten Interstates – Autobahnen – in den USA gebaut, übrigens auch als Teil des nationalen Verteidigungsplans der Vereinigten Staaten. Der damalige Präsident Dwight D. Eisenhower, der als General im Zweiten Weltkrieg von den deutschen Autobahnen und ihrem militärischen Nutzwert beeindruckt war, gilt als Vater des Straßennetzes. Selbstverständlich würde der Verkehr ohne diese neuen Achsen inzwischen vollständig zusammenbrechen. Aber ich nehme mir vor, sie künftig so selten wie möglich zu benutzen. Man sieht eben wirklich wenig.

In Freeport wird es dann spannend. Ich möchte zum Hafen, um einen Hummerfischer zu finden, mit dem ich reden kann. Der Hummer aus Maine gilt als der beste der Welt – aus meiner, allerdings begrenzten, Erfahrung heraus, kann ich nur sagen: er ist es! –, aber ich weiß gar nichts über die Lebensbedingungen der Fischer. Das lässt sich ja ändern. Wenn man erst einmal zum Hafen gefunden hat.

Steinbeck wurde von einem Mann aus Maine geraten, niemals einen Einheimischen nach dem Weg zu fragen. Der habe gesagt: »Wir finden es irgendwie lustig, die Leute in die Irre zu schicken, und dabei lächeln wir nicht, aber wir lachen innerlich. Das ist unsere Natur.« Bisher habe ich das für eine nette Anekdote gehalten. Inzwischen weiß ich: Es war ein guter Rat. Ich gehöre ohnehin zu den Leuten, die sich in einer Telefonzelle verfahren können – sich darin zu verlaufen, schaffen viele, fürs Verfahren braucht man besondere Gene –, aber die Bewohner von Maine würden bei ihrem Regionalsport sicher auch mit größeren Herausforderungen fertig, als ich eine bin.

Eigentlich werde ich durchaus misstrauisch, als ein aufrecht und solide wirkender Bürger mir sagt, ich solle vor dem Indianer rechts abbiegen. Aber als dann wenig später tatsächlich ein überdimensional großer Holzindianer auftaucht, bin ich beruhigt und folge den

Anweisungen. Das hätte ich nicht tun sollen. Viele Kilometer weiter schickt mich ein anderer Bürger unbewegten Gesichts zurück – zu Recht –, erwähnt aber nicht, dass ich zum Hafen irgendwann links abbiegen muss. Als ich wieder bei dem Indianer angekommen bin, schenkt mir ein mitfühlendes Ehepaar eine Touristenkarte von Freeport. Offenbar stammen auch die Zeichner dieser Karte aus Maine. Nicht einmal Kolumbus hätte damit den Hafen erreicht. Na gut, der sowieso nicht. Der glaubte ja bis an sein Lebensende, er habe Indien gefunden.

Wahrscheinlich ist das alles Unfug, wahrscheinlich stimmten sowohl alle Anweisungen als auch die Karte und ich war nur unfähig, ihnen zu folgen. Aber mich tröstet der Gedanke, dass es nicht an mir, sondern an den Einwohnern von Maine gelegen hat. Irgendwann bin ich dann doch am Hafen. Und Kirk Olsen ist bereit, mich am nächsten Tag in Buck´s naked BBQ zu treffen.

Der 39-Jährige ist gut aussehend und muskulös. Er wirkt fröhlich, selbstbewusst und ein bisschen oberflächlich. Am Nachbartisch in »Buck´s nacktem Grillfest« sitzt sein jüngerer Bruder Mark mit seiner Freundin und einem Freund. Die Stimmung ist gelöst, von Zeit zu Zeit wird hin und her geblödelt: »Oh, ein Interview. Wirst du jetzt berühmt?«, frotzelt Mark. »Nein«, antwortet Kirk. »Das ist nur eine deutsche Journalistin.« Nur. Was für eine aufbauende Bemerkung. Alle lachen.

Kirk und Mark sind beide Hummerfischer. Dem Großvater, einem dänischen Seekapitän, hätte das wahrscheinlich gefallen. Dem Vater gefiel die Berufswahl nicht. Er hätte es lieber gesehen, wenn die Söhne in die Fabrik gegangen wären. So wie er es getan hat. Da bekommt man regelmäßig seinen Lohn und ist krankenversichert. Aber als Kirk zwölf Jahre alt war, wurde die Firma, in der sein Vater arbeitete, verkauft – und alle Angestellten wurden entlassen. Danach musste er sich als Vertreter für Kanalisationsrohre durchschlagen. »Er hat nicht viel darüber geredet«, sagt Kirk Olsen und wirkt plötzlich gar nicht mehr lustig und oberflächlich. Sondern sehr ernst. »Aber es war einfach zu spüren, dass er Angst hatte. Die ganze Sicherheit war weg.«

Angst hat der Vater immer noch – jetzt um seine Söhne. »Es ist ein gefährlicher Beruf, vor allem im Winter«, erklärt Kirk. »Die Wellen sind hoch und das Wasser ist so kalt, dass man darin höchstens drei oder vier Minuten überleben kann. Wegen des Schocks und wegen des Gewichts der Kleidung.« Der Hummerfischer hat Schutzanzüge an Bord, die er und sein Kollege anlegen, aber nur, wenn das Boot beschädigt ist. Sonst würden sie bei der Arbeit behindern.

Es ist ein hartes Brot. Vier Dollar werden derzeit für das Pfund Hummer von Großhändlern und Restaurants gezahlt. Kirk Olsen holt durchschnittlich 400 Pfund Hummer am Tag aus dem Meer, das ist eine Menge. Aber die Nebenkosten sind hoch: »600 Dollar kostet es mich jedes Mal, wenn ich rausfahre.« Der Köderfisch für die Fallen ist teuer, auch das Benzin. Der Angestellte, mit dem Kirk zusammen aufs Meer hinausfährt, bekommt im Sommer 150 Dollar am Tag, im Winter 200. Außerdem müssen die Raten für das zwölf Meter lange Boot, das er vor fünf Jahren für 70 000 Dollar gekauft hat, bezahlt werden. Etwa 45 000 Dollar bleiben ihm als Jahresverdienst übrig, schätzt der Fischer.

Das ist mehr als der Durchschnittsverdienst in Maine, der derzeit bei 30 000 Dollar liegt. Aber Luxus kann man sich davon nicht leisten. Hier oben im äußersten Nordosten der USA herrscht nicht derselbe Reichtum wie in den anderen Neuengland-Staaten. Maine ist der am dünnsten besiedelte Staat östlich des Mississippi, seine Fläche ist zu 90 Prozent von Wald bedeckt. Im nationalen Vergleich der Einkommen liegt Maine auf Platz 29. Unteres Mittelfeld.

Immerhin: Kirk Olsen muss sich nicht um eine Krankenversicherung kümmern, die läuft über seine Frau, die bei einer Versicherungsfirma arbeitet. Aber es gibt für ihn auch kaum Möglichkeiten, sein Einkommen zu steigern. Um ein Überfischen zu verhindern, darf ein Hummerfischer in Maine seit einigen Jahren nur noch höchstens 800 Fallen haben. Die Hälfte davon überprüft Kirk Olsen täglich auf einen Fang, indem er die Falle jeweils mit einem langen Seil aus dem Meer holt. Ein Knochenjob.

Früher hatte er schon mal 1 100 Fallen, deshalb bedeutete die neue Regelung für ihn einen Verlust. Aber er hält sie dennoch für richtig. Zu groß ist seine Sorge, dass es eines Tages gar keine Hummer mehr gibt: »Der Typ in New Jersey, von dem ich mein Boot gekauft habe, hat mir erzählt, dass er nichts mehr fängt.« In den südlichen Staaten sei die Bevölkerungsdichte sehr hoch, und die ins Meer geleiteten Abwässer seien mit Chemikalien verunreinigt. »Er sagte, in dem Wasser sei so viel Chemie, dass auf den Bojen nicht mal mehr Algen sind, und die sind nun wirklich anspruchslos.«

Halten sich denn die Kanadier auch an dieselben Vorschriften wie die Fischer in Maine? Sonst nützen diese Vorschriften ja nicht viel. Kirk Olsen lächelt maliziös. Dann fragt er seinen Bruder. »Darauf warten wir noch«, meint der trocken. »Na ja, das Problem ist eigentlich nicht, dass sich kanadische Kollegen nicht an die Gesetze halten«, erklärt Kirk schließlich. »Sie haben einfach andere Gesetze. Nicht weniger strenge, sondern andere. Sie erlauben das Fischen zum Beispiel nur während einer bestimmten Saison, ich kann das ganze Jahr fischen. Dafür dürfen die Kanadier aber manchmal mit riesigen Netzen fischen, das dürfen wiederum wir nicht.« Heben sich die ganzen Schutzgesetze dann nicht gegenseitig auf? Kirk Olsen zuckt die Achseln. »Schon. Die Regierungen müssten sich halt endlich einigen. Aber sie schaffen es nicht.«

Der Hummerfischer hält nicht viel von Regierungen und überhaupt von Politikern. »Politik erinnert mich an eine Seifenoper. Ich hasse Seifenopern.« Wahrscheinlich dürfe er sich über nichts beklagen, weil er meist ja nicht einmal zur Wahl gehe. »Ich will davon einfach nicht belästigt werden. Es gibt so viele Dinge, mit denen ich meine Zeit lieber verbringe als mit politischen Streitereien. Mit meiner kleinen Tochter spielen, die ist jetzt zwei. Oder auf die Jagd gehen. Überhaupt alles, was man draußen im Freien machen kann.«

Kirk Olsen schweigt. Etwas scheint in ihm zu arbeiten. Dann gibt er sich einen Ruck und erzählt, dass seine Eltern geschieden seien. Seine jüngere Schwester sei im Alter von 19 von einem betrunkenen Autofahrer getötet worden. Beide Ereignisse hätten ihn geprägt.

Er könne Zank und Streit und Diskussionen und Drama einfach überhaupt nicht mehr ertragen. »Ich habe das satt. Ich will ein Leben ohne Komplikationen – und ohne Konflikte.« Ein Leben ohne Komplikationen und Konflikte: Ja, das ist es. Dieser Wunsch des Sohnes von dänischen Einwanderern ist wohl auch die Sehnsucht gewesen, die einst die Vorfahren der heutigen Bewohner von Neuengland in die Neue Welt gebracht hat. Vieles haben sie hier bekommen und erreicht. Aber ein Leben ohne Komplikationen und Konflikte? Das nicht.

Zweites Kapitel
Goldene Vergangenheit und
die Angst vor dem Untergang

Philemon und Baucis heißen im 21. Jahrhundert Rita Huber und Dan Clark, sitzen vor ihrem Motelzimmer in dem kleinen Ort Palatine Bridge, schauen in der Abenddämmerung über den Fluss Mohawk und trinken eine Flasche Rotwein. In dieser entspannt wirkenden Zweisamkeit haben sie durchaus noch Platz für einen Gast. Ich sei aber weit weg von zu Hause, ruft mir Rita zu und deutet auf das Virginia-Nummernschild meines Leihwagens. Ob ich nicht auch Lust auf ein Glas Wein hätte? Und ob.

Auf der Fahrt hierher in den Bundesstaat New York hatte Neuengland mit einer berauschenden Herbstfärbung noch einmal gezeigt, wie schön es ist. In der Nähe von Freeport hielt ich an einem Antiquitätengeschäft an, das eher ein kleiner Trödelladen war. Die Tür stand weit offen, das Radio lief. Niemand war zu sehen. Nichts wirklich Wertvolles befand sich im Verkaufsraum, aber es gab doch zahlreiche Hinweise auf die Existenz einer gediegenen bürgerlichen Gesellschaft, die hierherträgt, was nicht mehr gebraucht wird. Alte gebundene Kinderbücher. Kristallgläser. Einzelteile eines Silberbestecks. Vor der Tür standen viele Gartenmöbel. In einem der Regale entdeckte ich das alte Küchengeschirr meiner Großmutter. Ich drehte den Teller herum: Tatsächlich, aus Deutschland. Die USA sind eben ein Einwandererland.

Flohmärkte und Trödelläden verraten viel über das soziale Niveau einer Gesellschaft. Was gilt als bewahrenswert, was wird einfach weggeworfen, was hat einen Wiederverkaufswert? In manchen Gegenden von Brandenburg gibt es Flohmärkte, auf denen vor allem alte, abgetragene Kinderkleidung und gebrauchte Videokassetten zu finden sind. Keine Schätze vom Dachboden der Großtante. Das Angebot an diesen Verkaufsständen zeugt beredt von der Abwanderung des gehobenen Bürgertums aus der DDR, meist lange vor dem Fall der Mauer. Der Trödelladen in Maine erzählt von Wohlstand und Geborgenheit.

Nicht nur wegen des Warensortiments. Etwa zehn Minuten habe ich mich in dem Geschäft aufgehalten und zwischendurch auch mal draußen nach dem Händler gesucht. Vergeblich. Er war einfach nicht da. Schließlich fuhr ich weg. Ich hätte auch die Kasse mitnehmen können. Der Nordosten der Vereinigten Staaten ist die Region mit der niedrigsten Kriminalitätsrate des Landes, da erwartet man vielleicht auch von der Laufkundschaft keine kriminelle Energie.

In New York wird das Klima rauer. Wenn der Staat unabhängig wäre, dann läge er im Hinblick auf seine Wirtschaftskraft weltweit hinter Südkorea an 16. Stelle. Er hat das drittgrößte Bruttoinlandsprodukt der USA nach Texas und Kalifornien, die Bevölkerung verfügt über ein durchschnittliches Jahreseinkommen von über 50 000 Dollar. Platz fünf in der nationalen Rangliste. So weit die Statistik. Die Realität ist weniger eindeutig – und weniger erfreulich.

»Deprimierend«, finden Rita Huber und Dan Clark die Gegend, und ich verstehe, was sie meinen. Die Statistik wird natürlich von der reichen, gewaltigen Stadt New York aufgehübscht. Aber hier oben im Norden des Bundesstaates sind die Häuser ärmlicher als in Neuengland. Nicht mehr Herrensitze prägen die Szenerie, stattdessen Gebäude, von denen Farbe und Putz abblättert. Manche Häuser sind verrammelt, Fenster und Türen zugenagelt. Einige sind in sich zusammengestürzt: Ruinen der Moderne. Gelegentlich steht ein optimistisch wirkendes Schild an der Straße: »Zu verkaufen«. Bei anderen Häusern hat man das Gefühl, dass die Eigentümer selbst diese Hoffnung längst aufgegeben haben. Immer wieder kommt man an einer stillgelegten Fabrik vorbei. Unterwegs bin ich durch die Stadt Amsterdam gekommen, die früher Sitz mehrerer Teppichfirmen war, aber die sind schon lange fortgezogen. Das einst gewiss glitzernde, monumentale Einkaufszentrum am Fluss ist geschlossen. Nur die Ruhmeshalle für professionelle Wrestler kann man noch besichtigen. Sie sieht von außen wenig einladend aus.

»In Buffalo ist die Lage noch viel schlimmer«, sagt Rita. »Die Leute verlassen die Stadt und die ganze Gegend. Sie gehen dahin, wo das Geld ist und wo es Arbeit gibt.« Buffalo ist die Stadt, aus der das Ehepaar stammt, etwa 380 Kilometer von Palatine Bridge entfernt, in unmittelbarer Nähe der Niagarafälle. Als John Steinbeck durchs Land fuhr, lebten dort noch mehr als 530 000 Einwohner. Heute sind es nicht einmal mehr 300 000. Vom Niedergang der Schwerindustrie, der in den Fünfzigerjahren begann, hat sich der größte Teil dieses ersten Industriegebietes der USA entlang der Großen Seen niemals erholt. Bis heute wird die Region abfällig Rostgürtel genannt.

»Die Steuern sind zu hoch«, sagt Dan Clark. »Ich glaube, die Steuern in New York sind die höchsten in den ganzen USA.« Da sei es kein Wunder, dass die Unternehmer abwanderten. Die Klage über zu hohe Steuern klingt vertraut in meinen Ohren – nicht nur weil sie in Deutschland seit Jahren fast jeden Wahlkampf beherrscht. Auch hier in den USA reagieren Gesprächspartner auf das Wort Steuern immer wieder so, als handele es sich dabei um eine Art legalen Raubüberfalls.

Selbst der Hummerfischer Kirk Olsen, der sich ja nicht für Politik interessieren will, bekam bei diesem Thema rote Backen. Vor 35 Jahren habe sein Vater ein Stück Land für damals ungefähr 35 000 Dollar gekauft, erzählte er. »Nun erhöht die Stadt einfach jedes Jahr die Grundsteuer, auf inzwischen 24 500 Dollar.« Das Grundstück des Vaters sei inzwischen, wie er schätzte, ungefähr 1,3 Millionen Dollar wert. Eine eindrucksvolle Summe – zumal für jemanden, der es jahrelang nur knapp geschafft hat, die Familie über Wasser zu halten. Aber dass diese Wertsteigerung mit einer kontinuierlichen Verbesserung der Infrastruktur zusammenhängt, die aus öffentlichen Mitteln finanziert wird, wollte Kirk Olsen nicht gelten lassen: »Die Grundsteuer ist einfach unfair.«

Auch Rita und Dan sehen in Steuern vor allem einen Hemmschuh der wirtschaftlichen Entwicklung. Dabei könnte man auch eine ganz andere Rechnung aufmachen. In den USA fließen kaum öffentliche Mittel in die Industrieförderung: nur 0,2 Prozent des Staatshaushalts. In Deutschland sind es immerhin 14 Prozent. Der feste Glaube, der Markt alleine werde es schon richten und sowohl Steuern als auch staatliche Wirtschaftspolitik stünden im Widerspruch zum Ideal der Freiheit, lässt Unternehmer wie deren Angestellte eben ziemlich allein, wenn die ausländische Konkurrenz günstigere Produktionsbedingungen bietet.

Das Ehepaar aus Buffalo hält derlei Überlegungen für Unfug. Sie sind überzeugte Republikaner und glauben unbeirrt an den völlig freien Markt. Immerhin hat sich in den letzten Jahren die Lage in ihrer Heimatstadt endlich etwas verbessert. In den Bereichen der Genforschung, der Bioinformatik und im Gesundheitswesen sind neue Arbeitsplätze entstanden. Seit einigen Monaten liegt die Arbeitslosigkeit unter dem Durchschnitt des Bundesstaates – erstmals seit Jahrzehnten. Und ohnehin bekümmert es Rita und Dan zwar, dass ihre Heimat so heruntergekommen und verfallen ist. Aber sie selbst müssen sich keine Sorgen machen. Sie leben in komfortablen Verhältnissen.

Dan Clark war früher leitender Angestellter bei einer Firma, die Flugsicherheitssysteme herstellt. Gerade hat das Paar, das seit 24 Jahren in jeweils zweiter Ehe verheiratet ist, ein neues Haus gekauft. Vier Monate des Jahres verbringen die beiden in Florida. Eigentlich würden sie gerne ganz dorthin ziehen, aber fünf der sieben Kinder und die meisten der 16 Enkel leben in New York. Deren Anziehungskraft ist größer als die von schönem Wetter.

Die beiden scheinen ein besonderes Talent dafür zu haben, sich das Rentnerdasein nett zu gestalten. Er vertreibt sich die Zeit als Amateurfunker, sie fertigt Patchworkdecken an. An einer dieser Decken, die sie ihrem Sohn zur Silberhochzeit geschenkt hat, hat sie über ein Jahr gesessen. Dafür hat sie kürzlich auf einer regionalen Messe einen Preis gewonnen, und um den abzuholen, sind die beiden übers Wochenende nun hierher gereist. Sie reisen überhaupt gern: Sie waren schon in Kenia, in Italien, in Bangkok. »Ich würde ja sehr gerne mal die Pyramiden sehen«, meint die 73-jährige Rita. »Aber da habe ich Angst vor Terror. Vor ein paar Jahren hat es doch in Ägypten mal so einen furchtbaren Anschlag auf Touristen gegeben.« Als ich darauf hinweise, dass es vor einigen Jahren auch einen ebenfalls furchtbaren Anschlag in New York gegeben hat – der sogar kürzer zurückliegt – und man die Reise dorthin ja dennoch wage, lachen beide gutmütig und meinen, das Argument habe etwas für sich. Sie wollten es sich noch mal überlegen.

Gelassene Toleranz strahlt dieses Ehepaar aus. Dabei schimpfen die beiden viel. Nicht nur auf die hohen Steuern, sondern gerne auch auf Präsident Bush und den Irakkrieg und besonders gerne auf Hillary Clinton: »Wenn die gewinnt, wandere ich nach Kanada aus«, sagt Rita und fügt verächtlich hinzu: »Feministinnen lieben sie natürlich.« Aber Rita Huber liebt eben keine Feministinnen. Dan möchte am liebsten, dass John McCain der nächste Präsident wird: »Er ist ehrlich. Nicht so ein Politiker.« Da ist sie wieder. Die Politikerverachtung.

Aber es ist merkwürdig: So viel die beiden auch schimpfen, so oft ich ihnen auch widerspreche – niemals wird die Stimmung aggressiv, nicht einmal distanziert. Es macht beiden offenkundig Spaß, die Klingen zu kreuzen. Und sie haben ein ehrliches Interesse daran, mich zu überzeugen. Zum Beispiel hinsichtlich der Gefahr der globalen Erwärmung. Am Vortag war bekannt gegeben worden, dass der UN-Klimarat und der ehemalige demokratische Vizepräsident Al Gore den Friedensnobelpreis gewonnen haben. »Absurd«, sagen beide wie aus einem Mund. Der weltweite Temperaturanstieg sei »ein ganz natürliches Phänomen, das es schon oft gegeben hat«, meint Rita.

Dan erklärt, warum uns auch das Abschmelzen der Polarkappen nicht beunruhigen muss: Wenn man Eis in einem Glas zu Wasser werden lässt, dann bleibe die Menge exakt dieselbe, wie sich am Eichstrich überprüfen ließe. Deshalb werde auch eine große Eisschmelze den Meeresspiegel nicht einmal um einen einzigen Zentimeter ansteigen lassen. »Nicht einen Zentimeter!«, wiederholt er nachdrücklich. Aber ist nicht das Problem, dass das Polareis eben nicht im Meer schwimmt, sondern aus dem Wasser ragt? Und dass Eis, das man in einem Glas aufhäuft, eben doch eine Überschwemmung verursacht, wenn es erst mal schmilzt? Ich sei keine Wissenschaftlerin, räume ich ein, aber es gebe doch zahlreiche Wissenschaftler, die Dans Meinung nicht teilten. Er zuckt mit den Schultern: »Es gibt aber auch viele, die sie sehr wohl teilen.« Wir einigen uns darauf, dass wir eben unterschiedlichen Wissenschaftlern glauben und dass es verschiedene Ansichten in einer Demokratie ja schließlich geben müsse. Dann gießt Dan noch ein bisschen Wein nach und wir schauen zum Fluss hinüber, der inzwischen in tiefer Dunkelheit dahinfließt.

Man muss sehr mit sich und der Welt im Reinen sein, um ein so großes Interesse wie dieses Paar an anderen Ansichten zu haben, dennoch souverän und ohne jedes Zeichen der Verunsicherung an den eigenen festzuhalten – und dabei mit leichter Hand eine friedvolle, freundschaftliche Atmosphäre mit einer Fremden schaffen zu können. Noch dazu auf dem Parkplatz eines Motels.

Der 19-jährige Enkel David sei gerade an der Elite-Militärakademie West Point aufgenommen worden, erzählt Rita. Ich erwarte nun ein hohes Lob der US-Armee und ihrer heroischen Rolle im Kampf für Freiheit und Demokratie. Keine Rede davon. »Ich bin etwas besorgt«, sagt die Großmutter, die nicht verstehen kann, was der Enkel am militärischen Drill so faszinierend findet. »Aber er hat das Regiment immer geliebt, schon als kleiner Junge.« Wahrscheinlich liege es daran, dass seine Eltern geschieden seien und es ihm als Kind an geregelten Strukturen gefehlt habe. Vielleicht wirkt das Ehepaar auf mich auch deshalb so liberal – eine Charakterisierung, die sowohl Dan als auch Rita verabscheuen würden! –, weil beide im Zusammenhang mit politischen Themen jedem Pathos und allen großen

Worten misstrauen. Übrigens nicht nur dann, wenn es um den eigenen Enkel geht.

Am nächsten Morgen fahre ich nach Cooperstown. Für mein Vorhaben müsse ich mir dort unbedingt die Ruhmeshalle für Baseball anschauen, hatte Rita mir geraten. »Es ist der nationale Sport schlechthin. Wenn man über die USA schreibt, dann muss man auch über Baseball schreiben.« Die Stadt, in der die Ruhmeshalle liegt, ist nach ihrem Gründer benannt, dem Vater des Schriftstellers James Fenimore Cooper. Um dorthin zu gelangen, fährt man durch die »Lederstrumpf«-Gegend, dem Gebiet, in dem die gleichnamige Romanserie des Dichters aus dem 19. Jahrhundert spielt und das noch heute so heißt wie der Titelheld. Was für ein schönes Denkmal.

Es überrascht mich, wie eindrucksvoll die Landschaft in diesem Teil der USA ist. Mit weiten Ausblicken, Flüssen, vielen Seen und majestätischen alten Bäumen. Den Staat New York hatte ich mir landschaftlich immer etwas langweilig vorgestellt, und ich kenne auch niemanden, der je hierher gefahren ist, um die Schönheiten der Natur zu genießen. In gewisser Hinsicht hat die Region natürlich Pech: Wenn es gleich zwei Weltsensationen zu besichtigen gibt – die Niagarafälle im Norden des Bundesstaates und die Metropole New York im Süden – und die auch noch durch Schnellstraßen und Autobahnen miteinander verbunden sind, dann ist es für die Leute in der Gegend dazwischen nicht leicht, Touristen auf Wege abseits der Rennstrecke zu locken.

Immerhin: Manchmal scheint es zu glücken. Zwischen heruntergekommenen Orten, die es auch an dieser Strecke gibt, taucht immer wieder ein herausgeputztes Dorf auf, mit ansprechenden kleinen Hotels und sogar mit luxuriösen Villen. Und es gibt ja Cooperstown. Die Straße entlang des Otsego-Sees, an dessen Südende die Stadt liegt, ist von kleinen, idyllisch wirkenden Motels gesäumt, von denen man in jedem einzelnen absteigen möchte, um abends auf dem eigenen Balkon über den See zu blicken, in dem man tagsüber geschwommen ist.

Die Baseball Hall of Fame, 1939 gegründet, zieht nach Angaben des Museums jährlich 300 000 Besucher an. Da hatte offenbar jemand, dem an regionaler Strukturförderung gelegen war, eine richtig gute Idee. Deshalb hält man auch eisern an der – inzwischen zumindest umstrittenen – Geschichte fest, dass Abner Doubleday hier das Baseballspiel 1839 auf einer Kuhweide erfunden haben soll. Drei Jahre später graduierte Doubleday übrigens in der Militärakademie West Point, und noch später war er der Offizier, der 1861 den ersten Schuss zur Verteidigung von Fort Sumter im abtrünnigen South Carolina abgegeben haben soll: den Startschuss für den Amerikanischen Bürgerkrieg. Aber das ist in Cooperstown nicht so wichtig. Hier zählt Baseball.

Man kann die nationale Ruhmeshalle und das angeschlossene Museum interessant finden, auch wenn man nichts von diesem Spiel versteht. Die Offenheit, mit der dort festgestellt wird, dass beim Spitzensport immer auch ökonomische Interessen eine Rolle spielen, verblüfft die Europäerin. Im deutschen Fußball lässt sich das inzwischen zwar auch nicht mehr leugnen, aber das Bedauern darüber, verbunden mit der regelmäßig wiederkehrenden Empörung über hohe Spielergehälter, schwillt immer mal wieder so laut an, dass niemand es überhören kann. Hier hingegen hat die *New York Times* schon 1891 nüchtern festgestellt, Baseball sei »nicht länger ein Sport, sondern ein Geschäft«. Ohne dass dies der allgemeinen Begeisterung irgendeinen Abbruch getan hätte. Die Tatsache, dass in der Geschichte der Vereinigten Staaten niemals ein nennenswerter Teil der Bevölkerung ein prinzipielles Unbehagen am kapitalistischen System verspürt hat, wirkt auch in Bereiche hinein, bei denen ich es spontan nicht vermutet hätte.

In der nationalen Ruhmeshalle steht eine Gedenktafel für diejenigen Spieler, die in Kriegszeiten in der Armee gedient haben. Einer im Amerikanischen Bürgerkrieg. Viele im Ersten und Zweiten Weltkrieg, einige im Koreakrieg. Und danach? Danach hat offenbar niemand mehr gedient. Die Tafel wurde am 27. Mai 2002 aufgestellt, zu früh für Afghanistan und den Irak. Aber war da nicht noch ein anderer Krieg dazwischen? Ist es wirklich vorstellbar, dass kein Baseballstar – kein einziger – je in Vietnam war? Die Gedenktafel erinnert mich an einen früheren Besuch in West Point, das dieses Mal nicht auf meiner Route liegt. Auch dort wurde der Vietnamkrieg im historischen Rückblick nur ganz beiläufig am Rande gestreift. Vom Amerikanischen Bürgerkrieg war sehr viel ausführlicher die Rede.

Es ist schon seltsam: Niederlagen werden hier nicht wie in vielen anderen Ländern nachträglich in Siege umgedeutet. Sie sollen offenbar einfach aus dem kollektiven Gedächtnis gelöscht werden. Es sei denn, es handelt sich nur um kleine Rückschläge auf einem am Ende dann doch erfolgreichen Weg. Auch mit dieser Methode kann man sich ein Selbstbewusstsein erhalten, das nicht von Zweifeln angekränkelt ist.

Am Abend erreiche ich die Niagarafälle. »Sehr hübsch«, hat John Steinbeck sie genannt und erklärt, er sei nur deshalb dort hingefahren, um die Frage, ob er sie gesehen habe, bejahen zu können. Mir geht es ähnlich. Wenn man durch die Wildnis gelaufen oder gekrochen oder geritten ist und plötzlich vor diesen riesigen Wassermassen stand, die tobend fast 60 Meter in die Tiefe hinabstürzen, dann muss dies ein überwältigender Anblick gewesen sein. Inzwischen ist er das nicht mehr. Sondern die Fälle sind tatsächlich – na ja, sehr hübsch eben. Es gibt ein Ausmaß an Rummel, das den Anlass erschlägt, um den dieser Rummel gemacht wird.

Motels und billige Lokale mit riesigen Büfetts, bei denen vor allem die gigantische Menge der geschmacksfreien Lebensmittel zählt, weisen den Weg zum Naturwunder. Das wird abends von Kanada aus in verschiedenen Farben angestrahlt – offenbar traut die Tourismusindustrie den Wasserfällen nicht zu, ohne künstliche Hilfsmittel nur aus sich heraus zu wirken. Stoßstange an Stoßstange schiebt sich eine Autoschlange zur kanadischen Grenze, um die Attraktion auch noch aus einem anderen Blickwinkel zu sehen. Dort trifft sie auf die Touristen von der anderen Seite, die dasselbe wollen. Außerdem kann man von beiden Staaten aus mit Schiffen an die

Wasserfälle heranfahren. Mit ungefähr 20 Millionen Besuchern wird in diesem Jahr gerechnet, Tendenz steigend.

Mir geht das Getöse auf die Nerven. Ich will hier weg. Zum ersten Mal beunruhigt mich die Subjektivität der Auswahl nicht, die diese Reise mit sich bringt, sondern ich empfinde sie als befreiend. Niemand zwingt mich schließlich, hier mit Leuten ins Gespräch zu kommen. Ich kann einfach weiterfahren.

Was ich dann auch tue, an einen Ort, der ganz gewiss niemals zum Anziehungspunkt für Massentourismus wird: in ein Motel in Indiana, unmittelbar an der Autobahn, irgendwo zwischen Detroit, Chicago und Cleveland. In Cleveland habe ich mich ein wenig umgeschaut, obwohl ich ja die großen Städte eigentlich vermeiden will. Aber ich denke, dass man in dieser Region wenigstens eines der ehemaligen Industriezentren gesehen haben muss, die über Jahrzehnte hinweg hilflos dem langsamen Verlust der Existenzgrundlage ausgeliefert waren, wenn man überhaupt ein Gefühl für die Stimmung hier am Rostgürtel bekommen will.

Cleveland in Ohio ist eine der Städte, denen innerhalb von 50 Jahren knapp die Hälfte ihrer Bevölkerung davongelaufen ist. 1950 hatte sie noch deutlich über 900 000 Einwohner, heute sind es rund 450 000. Arbeiter, die eine Alternative hatten, zogen fort – wer blieb, waren die Hoffnungslosen, die Mutlosen, diejenigen, die keine oder nur eine schlechte Ausbildung hatten und woanders für sich keine Chance sahen.

In den letzten Jahren sind allerdings neue Arbeitsplätze entstanden, vor allem im Gesundheitswesen, in der Forschung und im Technologiesektor. Ungelernten Kräften, die einen Job suchen, nutzt das wenig. Wie weit die Schere zwischen Arm und Reich auseinanderklafft, kann man hier in geringer Entfernung voneinander beobachten.

Das Zentrum leuchtet. Es ist schmuck renoviert worden, und es wird auch noch weiter daran gebaut. Alle großen Luxushotels sind vertreten. Cleveland, direkt am Eriesee gelegen, präsentiert sich wieder als Ziel für eine attraktive Städtereise.

Wenige Kilometer weiter sieht das Bild anders aus. Ganze Straßenzüge sind verlassen, die Häuser verfallen. Wenn die Spirale erst einmal begonnen hat, sich abwärts zu drehen, dann geht es rasch tief bergab: In ein heruntergekommenes Viertel will niemand ziehen. Die Hauseigentümer finden also keine Käufer für ihre Immobilien, haben aber nicht das Geld oder die Kraft, sie instand zu halten. Zehn Prozent der Häuser in Cleveland stehen leer. Es gibt hier mehr Zwangsversteigerungen als so gut wie überall sonst in den USA.

Unter Verbotsschildern »No loitering – nicht herumlungern« lungern schwarze Jugendliche herum. Die meisten rauchen und halten Bierdosen in der Hand. Viele Spirituosengeschäfte, viele Pfandleihen, viele Möglichkeiten, einen schnellen »Zahltag-Kredit« zu bekommen. Wenn's denn einen Zahltag gibt. Viele Kirchen. Baptisten, Adventisten, Presbyterianer. Das erinnert mich an Slums in Afrika: Dort, wo die Hoffnung auf ein besseres Leben im Diesseits erloschen ist, ist die Hoffnung auf ein besseres Leben im Jenseits besonders groß.

Eine Übernachtung in einem der kleinen Motels entlang der Hauptstraße kostet zwischen 35 und 38 Dollar – ein Spottpreis für eine Großstadt in den USA. Allerdings müssen sich die Gäste eine strenge Behandlung gefallen lassen. »Bargeld im Voraus« steht als Willkommensgruß an der Rezeption. Und: »Kein Herumlungern in der Lobby.« Und: »Absolut keine Besucher.« Beim Hinausgehen grüße ich einen Mann vor dem Eingang. Er schaut mich perplex an, fasst sich aber schnell: »Hamse mal 'nen Quarter?«

Die Pizzeria, in der ich eine Kleinigkeit essen will, ist leer. Bis auf einen jungen, schwarzen Mann mit Pistole. Bedroht fühle ich mich nicht: Die Pistole ist an einem Spielautomaten befestigt und der Mann ist vollauf damit beschäftigt, virtuelle Gegner auszulöschen. Er beachtet mich nicht. Leider beachtet mich auch sonst niemand. Nach einigen schüchternen »Hallo«-Rufen und nachdem ungefähr fünf Scharfschützen auf dem Bildschirm eines blutigen Todes gestorben sind, verlasse ich das Lokal. Und Cleveland.

Danach wirkt selbst das Motel an der Autobahn in Indiana wie eine Oase. Zumal der Blick aus dem Fenster ein Amerika-Bild in mir wachruft, das ich seit Jugendtagen mit mir herumtrage. Glänzende, blitzsaubere Lastwagen donnern die Interstate entlang. Einer nach dem anderen. Tiefgrün, leuchtend rot, silbern funkelnd. Neben den Fahrerkabinen ragen polierte Auspuffe wie Schornsteine in die Höhe. Erinnerungen an Roadmovies werden wach, an Könige der Landstraße, an grenzenlose Freiheit. Mit diesen Truckern, oft besungen, will ich reden. Es werden ernüchternde Gespräche.

Ron Williams, 60 Jahre. Seit über 30 Jahren ist er Berufsfahrer, seit 14 Jahren fährt er die 20 Stunden von Roaring Springs in Pennsylvania nach Appleton in Wisconsin und zurück. Immer dieselbe Strecke. Papier hat er geladen. Er schläft in seinem Lastwagen – das ist billiger als ein Motel und spart Zeit. Ein, zwei Jahre will er das noch machen, dann hofft er, in Rente gehen zu können. Es ist ein einsames Leben. Seit neun Jahren ist er geschieden, die vier Kinder sieht er selten. Auf den Parkplätzen, die er für Kaffeepausen anfährt, trifft Ron Williams kaum je einen Kollegen, den er kennt. Die Unterhaltung per Funk, die andere Lastwagenfahrer zum Zeitvertreib gerne nutzen, mag er nicht.

Die Vorschriften seien strenger geworden in den letzten Jahren, sagt Ron. Die Fahrtenbücher würden viel genauer kontrolliert. Gleichzeitig sei der ökonomische Druck gewachsen. Früher habe sofort ein Kollege angehalten, wenn man mal eine Panne gehabt hätte. Jetzt nicht mehr. »Jeder kümmert sich nur noch um sich selber.« Der Verdienst? 37 Cent die Meile, etwa 4000 Dollar im Monat. Vor Steuern. Ron grinst und lässt durchblicken, dass man es auf mehr Geld bringen kann, wenn man Tricks beherrscht. Eine wiederkehrende Erfahrung: Meinem Eindruck nach lügen in den USA viele Leute ihr Einkommen gern ein bisschen nach oben, wenn sie eine Chance sehen, dass man ihnen das glaubt. In Deutschland ist es umgekehrt. Vielleicht stimmen manche Klischees ja doch. Vielleicht klagen wir wirklich einfach lieber als andere Völker.

Kevin Williams, 48. Mit Ron weder verwandt noch verschwägert. Ron ist weiß, Kevin ist schwarz. Ich weiß, dass es inzwischen heftige

Diskussionen über die Frage gibt, ob nicht die Bezeichnung »afroamerikanisch« die eigentlich politisch korrekte Formulierung wäre. Mehrfach in meinem Leben habe ich mich umgewöhnt. Als Kind waren Schwarze für mich noch Neger, und ich habe auch das niemals abfällig gemeint. Dann kam vorübergehend der verschämte Begriff »Farbige« in Mode. Ich kann einfach nicht erkennen, was an der Bezeichnung »schwarz« diskriminierend sein soll. Mein früherer Ehemann ist ein schwarzer Afrikaner. Was wäre für ihn die richtige Bezeichnung? Afroafrikanisch? Bitte. In diesem Text werde ich Menschen mit dunkler Hautfarbe als schwarz bezeichnen. Wissend, dass es ebenso falsch ist, wie Menschen mit heller Hautfarbe als weiß zu bezeichnen.

Ich benutze auch den Begriff »Indianer«, obwohl der nun wirklich unsinnig ist. Diese Bezeichnung beruht bekanntlich auf einem historischen Irrtum: Kolumbus dachte bei der Entdeckung Amerikas eben, er habe einen Weg nach Indien gefunden. Sonst wären die Ureinwohner niemals »Indianer« genannt worden. Im Englischen wird das Dilemma offenkundig: Indianer werden ebenso wie Inder als »Indians« bezeichnet. Da dies verwirrt, ist man zunächst auf den genialen Einfall gekommen, die amerikanischen Ureinwohner »Red Indians« – also: »rote Inder« – zu nennen. Das ist albern. Sie sind nicht rot.

Aber Sprache ist eben nicht nur Ausdruck einer bestimmten Sicht auf die Welt – das auch, und zwar ganz unvermeidlich –, sie ist außerdem das einzig zuverlässige Mittel der Verständigung zwischen Menschen, die sonst nichts miteinander verbindet. Je umständlicher diese Form der Kommunikation ist, desto schwieriger wird diese Verständigung. Wenn ich »Indianer« schreibe, dann steht fest, wer gemeint ist. Wenn ich stattdessen jedes Mal die Formulierung »amerikanische Ureinwohner« benutze, dann nehme ich meine Leser in Geiselhaft für meinen eigenen Blick auf die Welt. Und verlange ihnen die Mühen einer Übersetzung ab, die ich selbst nicht leisten will. Wen meint die Autorin damit? Ach so, die Indianer. Wenn dies ohnehin das – gewünschte – Ergebnis einer Dechiffrierung ist, dann kann ich auch gleich auf die Chiffrierung verzichten.

Problematisch finde ich allerdings, dass ich einen schwarzen Gesprächspartner überhaupt als solchen kennzeichne. Das tue ich bei Weißen schließlich analog nicht. Was bedeutet: Ich setze »weiß« als die Norm, »schwarz« als die Abweichung davon. In politischer Hinsicht hielte ich das für falsch. Die Realität meiner Reise spiegelt es jedoch wider. Nicht nur deshalb, weil in weiten Teilen der USA nur wenige Schwarze auf dem Land und in kleinen Städten leben. Sondern weil auch dort, wo das anders ist – wie in den Südstaaten –, ich nicht ein einziges Mal zufällig und beiläufig mit Schwarzen ins Gespräch gekommen bin. Den Kontakt musste stets ich suchen, und ich musste ihn gezielt suchen. Neugier oder auch nur Interesse, wie ich es gelegentlich bei Weißen gefunden habe, ist mir von Schwarzen nie entgegen gebracht worden. Allerdings auch keine Ablehnung. Meist kam ich mir einfach vor, als sei ich unsichtbar. Was mich schon zu Beginn meines Weges sehr nachdenklich stimmte hinsichtlich der Frage, ob diese Gesellschaft nicht nach wie vor viel tiefer gespalten ist, als sie von sich selbst glaubt und als die politischen Erfolge von Barack Obama vermuten lassen könnten.

Kevin Williams hat daran keinen Zweifel: »Natürlich ist das nach wie vor eine gespaltene Gesellschaft. Und es gibt nach wie vor jede Menge Rassismus.« Immer mal wieder passiere es, dass bei Funkgesprächen weiße Fahrer zu ihm sagten: »Halt die Klappe, Nigger.« Woran erkennen sie, dass er schwarz ist? Kevin zuckt die Achseln: Angeblich an der Stimme. Aber es könne auch an der Aussprache liegen. Die Weißen wollten mit den Schwarzen nichts zu tun haben. Das Viertel in Chicago, wo er wohnt, sei früher eine gemischte Wohngegend gewesen. Aber je mehr Schwarze dahin zögen, desto mehr Weiße zögen weg. »Sie mögen uns nicht. Falls Obama wirklich Präsident wird, dann wird er eines Tages umgebracht.«

Kevin hat seit 1988 seine Lizenz als Lkw-Fahrer und fährt zwischen Chicago und Cleveland, hin mit Bio-Lebensmitteln, zurück mit Metallteilen. Die einfache Fahrt dauert sechs Stunden, er kann also oft zu Hause übernachten. Er ist fest angestellt und über seine Firma auch krankenversichert. »Das Problem ist nur, dass die Versicherung immer teurer wird. Deshalb ist von Gehaltserhöhung schon lange überhaupt keine Rede mehr. Im Gegenteil, uns drohen Kürzungen.« Es gebe keine Mittelschicht mehr in den USA, sagt Kevin Williams. Die Reichen würden immer reicher, die Armen immer ärmer. »Mittlerweile bist du entweder an der Spitze oder du liegst am Boden. Dazwischen ist nichts.« Aber ist er nicht selbst das beste Gegenbeispiel für seine These? Als Fernfahrer gehört er doch zur Mittelschicht. »Wie lange noch? Und wie lange halte ich das durch? Ich muss regelmäßig Überstunden machen, um überhaupt über die Runden zu kommen.« Nicht verzweifelt oder aggressiv sagt er das. Ganz sachlich, so, wie man eine unbestreitbare Tatsache feststellt. Die Uhrzeit beispielsweise.

Scott Rogers, 44, sieht das ganz anders. »Das Geld ist das Beste an diesem Job.« Angeblich bringt er es auf 5 200 Dollar im Monat – aus seiner Sicht ein leicht verdientes Einkommen. »Trucker ist der einfachste Job, den ich je hatte. Ich höre den ganzen Tag Radio und fahre eben.« Seit fünf Jahren tut er das. Vorher war er Makler, aber die wirtschaftlichen Verhältnisse seien immer schlechter geworden. Es habe sich nicht mehr gelohnt. Scott ist mit Autoteilen unterwegs von Michigan zu mehreren Kunden nach Maine – eine 16-Stunden-Strecke. Insgesamt reißt er jede Woche über 7 000 Kilometer runter, erzählt er. Alleine wäre das nicht zu schaffen. Er fährt im Team, weil die Firma das verlangt. Eigentlich ist ihm das nicht so recht.

Der andere Fahrer stammt aus der Elfenbeinküste. »Ich sehe ihn als eine Art Lehrling«, meint Scott. Er traut den Fahrkünsten seines Kollegen nicht. »Dabei muss ich mich auf ihn verlassen können. Ich muss ja auch schlafen, wenn er fährt.« Vorsichtshalber schnallt er sich im Bett an. Gegessen wird auch im Lastwagen. Die kleine Kabine hinter dem Fahrerhaus ist spartanischer eingerichtet als eine Gefängniszelle. Doppelbett, Kühlschrank – das ist alles. Kein Fernseher. »Dazu bleibt sowieso keine Zeit.« Keine Fotos. Von wem auch? Scott ist geschieden. Wie alle Trucker, mit denen ich rede.

Am ausführlichsten unterhalte ich mich mit Harold Patton. Er ist selbstständig und hat mit seinem Lastwagen gerade Vogelfutter nach Dayton in Ohio geliefert. Jetzt macht der 50-Jährige in einem Lokal, wo es extragroße Portionen gibt, eine Pause, bevor er nach Detroit weiterfährt, um dort Reifen zu laden. Er sieht so aus, als ob er häufig extragroße Portionen isst. Eine der Freuden, die ihm niemand nehmen kann. »Sie leben doch gar nicht in einem freien Land«, sagt er wegwerfend zu mir. »Was für Freiheiten haben Sie denn schon?« Na ja – wir dürfen sagen, was wir denken. Wählen, wen wir wollen. Leben, wo wir möchten. Reisen, wohin es uns zieht. Er winkt ungeduldig ab: »Aber in Ihrem Land dürfen nicht alle eine Waffe tragen, die das wollen, oder?« Nein. Dürfen sie nicht. »Sehen Sie. Ich darf eine Waffe tragen, um meine Familie zu schützen. Sie nicht. Sie sind nicht frei.«

Harold Patton hat also eine Waffe in seinem Lastwagen? »Nein. Das wäre illegal.« Was hat er denn zu Hause für Waffen? »Gar keine. Aber ich mag das Gefühl, dass ich eine Waffe besitzen könnte, wenn ich das wollte.« Scherzt er? Ist da ein Zwinkern in seinem Auge? Nein. Er meint das ganz ernst. Der Graben der wechselseitigen Verständnislosigkeit ist tief.

Der Erste von uns beiden, der eine Brücke bauen will, ist Harold Patton: »Stellen Sie sich vor, die Araber versuchten, Ihr Land zu überrennen. Würden Sie Ihre Lieben nicht schützen wollen?« Ich versuche, mich in die Situation hineinzudenken. In vielerlei Hinsicht keine ganz leichte Aufgabe. Dann sage ich voll tiefer innerer Überzeugung: »Nein. Nicht mit einer Waffe.« Es wäre auch sicher eher im Interesse meiner Lieben, wenn ich das gar nicht erst versuchte. Harold Patton zuckt die Schultern. Verächtlich. Ein bisschen ratlos.

Der Trucker erhält seine Aufträge meist über Mobilfunk. Seit 15 Jahren fährt Patton »over the road – über die Straße«. Das ist ein Fachausdruck, der bedeutet: Er fährt keine regelmäßigen Etappen, sondern jede Strecke, die er kriegen kann. Egal, wie weit sie ist. Als er in dem Gewerbe anfing, war er nur alle drei, vier Monate mal zu Hause. Jetzt schafft er es zweimal die Woche heim nach North Dakota, sagt er. Er sagt aber auch, dass der ökonomische Druck immer größer werde. Die Kanadier kämen aus dem Norden über die Grenze, die Mexikaner aus dem Süden, und gemeinsam nähmen sie »den Amerikanern« die Arbeit weg. Wütend macht ihn das nicht: »So läuft es halt.« Es klingt abgeklärt und resigniert.

Die Ehe von Harold Patton ist kaputtgegangen. Die Bindung an Sohn und Tochter sei ihm jetzt das Wichtigste, erzählt er. Deshalb würde er seinem 13-Jährigen auch dringend davon abraten, in die Fußstapfen des Vaters zu treten: Man sei einfach zu lange von zu Hause weg. »Es ist kein gutes Leben. Es ist ein scheußliches Leben.« Und was hält er von dem Bild, er sei der König der Landstraße? »Das ist einfach ein Scheiß.« Was ihn aufrecht hält: das Gefühl, ein freier Mann zu sein. In einem freien Land. »Ich bin stolz darauf, Amerikaner zu sein.«

John Steinbeck hat häufig eine Pause auf Raststätten für Lastwagenfahrer eingelegt. »Da die Fernfahrer eine Gruppe von Spezialisten sind, die ihr eigenes Leben führen und nur mit ihresgleichen verkehren, hätten diese Raststätten es mir möglich gemacht, das Land zu durchqueren, ohne ein einziges Mal mit einem Ortsansässigen zu sprechen. Denn die Trucker kreuzen über die Oberfläche der Nation, ohne richtig dazuzugehören.« Manches hat sich in einem halben Jahrhundert gar nicht verändert.

Anderes schon. Container gibt es erst seit 1956. Als Steinbeck reiste, hatten sie sich noch nicht durchgesetzt, und er schilderte immer wieder die Fracht, die er auf den Lastwagen in den verschiedenen Regionen zu sehen bekam. Darum beneide ich ihn. Ich denke, der Eindruck von den Produkten einer Region prägt sich durch den Augenschein besser ein als durch lexikalisches Wissen. Aber heute sieht man allenfalls mal einen Laster mit Neuwagen oder mit Holz. Fast alle anderen Ladungen werden geschlossen transportiert, wenn nicht im Container, dann in einem speziell für das jeweilige Fahrzeug konstruierten Aufbau. Das ist bei uns in Deutschland zwar auch nicht anders, fällt mir aber hier, wo alle meine Sinne auf »Empfang« gestellt sind, zum ersten Mal unangenehm auf. Wieder ein sinnlicher Eindruck, dessen uns der technische Fortschritt beraubt hat.

Was für die Lastwagen gilt, gilt natürlich mindestens ebenso sehr für den Schienentransport. Wahrscheinlich ist kein anderes Verkehrsmittel je so sehr romantisiert worden wie die Eisenbahn in den USA. Aus guten Gründen. Erst die Transkontinentalverbindungen schafften die Voraussetzung für die Anbindung der Pazifikregionen – und beendeten die Ära des »Wilden Westens« ein für alle Mal. Die Möglichkeit, leicht verderbliche Güter schnell zu transportieren, die Erfindung der Kühlwagen, die Einrichtung zentraler Schlachthöfe: All das bedeutete den Beginn der Nahrungsmittelindustrie, ja, der Industriegesellschaft überhaupt. Vier Jahre nach dem Bürgerkrieg, am 10. Mai 1869, trafen die Schienentrassen der Central Pacific Railroad von Kalifornien her und die der Union Pacific Railroad von Nebraska kommend aufeinander, und es wurde in Utah der »goldene Nagel« eingeschlagen, der die erste transkontinentale Eisenbahnverbindung fertigstellte. Eine neue Ära begann.

Einem weitverbreiteten Irrtum zufolge ist diese Ära schon lange vorbei. Da Eisenbahnen für den Personentransport in den USA so gut wie keine Rolle spielen, wird auch ihre Bedeutung für den Gütertransport oft unterschätzt. Dabei werden in den Vereinigten Staaten rund 40 Prozent aller Waren auf der Schiene transportiert – viel mehr als in der Europäischen Union, wo der Anteil nur etwa 14 Prozent beträgt. Was unter anderem daran liegt, dass es in Europa nach wie vor 20 verschiedene Signalsysteme gibt, sechs Stromspannungen und vier unterschiedliche Spurweiten der Schienen. Wenn es denn konkret wird, dann sind wir von einer »Union« noch ziemlich weit weg.

In den USA zuckeln endlos lang erscheinende Güterzüge durchs Land, die im Schnitt 3 000 Tonnen Fracht transportieren. Für deren Fahrpläne muss kein schnellerer Personenverkehr berücksichtigt werden, so rollen sie in einem Tempo von nicht mehr als 60, vielerorts sogar nur etwa 20 Stundenkilometern dahin. Ein Container am anderen. Für die Umwelt ist das gut – die Luft wird dadurch weniger verpestet als durch den Lkw-Verkehr. Fürs Auge ist es ermüdend. Ob da Tomaten, Kinderspielzeug oder Altmetall vorbeirollen oder ob die Container gänzlich leer sind: man weiß es nicht. Die Möglichkeiten, fundierte Urteile durch Augenschein zu gewinnen, sind in den letzten Jahren und Jahrzehnten dramatisch geschwunden. Sie schwinden weiter. Wahrscheinlich ist das unabänderlich. Aber wir sollten das im Kopf behalten, wenn es um die Frage geht, wie leicht wir belogen werden können. Das gilt nicht nur für wirtschaftspolitische Fragen.

Nach meinem Gespräch mit Harold Patton habe ich spätabends im Motel ein unheimliches Erlebnis. Im Nachbarzimmer streitet sich ein Paar – oder zumindest: der Mann streitet. Was die Frau sagt, kann ich nicht verstehen, nur leises Murmeln dringt durch die Wand. Was er sagt, ist hingegen unüberhörbar. Es geht um eine Vaterschaft, die er anzweifelt. Zornig, immer lauter. Plötzlich Ruhe. Dann schlägt eine Tür. Kurz darauf springt ein Auto an. Im Nachbarzimmer herrscht vollständige Stille. Kein Schluchzen, kein Fernseher. Nichts.

Mord? Quatsch. Aber irgendwo auf der Welt passieren schließlich Morde. Jeden Tag. Hier? Quatsch. Ob ich rübergehen soll? Aber was soll ich denn sagen? Was soll ich machen, wenn die Frau nicht öffnet? Es weiß ja niemand, dass ich den Streit mitbekommen habe. Ich kann einfach so tun, als ob ich nichts gehört habe. Also gar nichts. Genau dafür entscheide ich mich dann auch, und ich fühle mich dabei feige und verantwortungslos. Aber dieses Gefühl lässt sich leichter ertragen als die Angst davor, mich lächerlich zu machen. Wie gesagt: Es bekommt ja niemand mit. In den nächsten Tagen verfolge ich Nachrichten aus der Region ungewöhnlich aufmerksam. Meine Erleichterung ist groß, als nie von einem Leichenfund in einem Motel an der Autobahn die Rede ist.

Die Anonymität in Motels der USA ist mit keiner anderen Anonymität vergleichbar, die ich kenne. Selbst wenn ich mehrere Tage in einem nahezu leeren Haus übernachte, interessiert sich niemand für mein Tun und Lassen. Zwar müssen Gäste mittlerweile als Folge der neuen Sicherheitsvorschriften nach den Terroranschlägen in den meisten Unterkünften einen Lichtbildausweis vorzeigen und einige Daten angeben, vergleichbar den Anmeldeformularen in deutschen

Hotels, aber der Kontakt bei der Anreise beschränkt sich fast überall demonstrativ auf das Allernötigste. Ich glaube, wenn ich plötzlich drei Arme oder zwei Köpfe gehabt hätte – die meisten Angestellten hätten nicht mit der Wimper gezuckt. Das Signal ist eindeutig und landesweit dasselbe: Solange man nicht randaliert – oder eben gar mordet –, werden hier keine Fragen gestellt. Und wenn beide Seiten Lust auf einen Schwatz haben, dann muss der Gast den Anfang machen.

Die Ausstattung der Motels ist bequem. Fernseher, einfache Toilettenartikel wie Shampoo und Seife, ein Radiowecker, eine Kaffeemaschine, ein Kühlschrank und eine Mikrowelle sind selbst in den Zimmern der billigeren Ketten fast immer vorhanden. Außer in den Feriengebieten an den Küsten gehen die Betreiber offenbar davon aus, dass die Gäste auch keinerlei andere Bedürfnisse haben als eine möglichst gesichtslose Übernachtungsmöglichkeit. In New Mexico habe ich in einem wunderschönen Tal übernachtet, das Motel war umgeben von mächtigen Bergen. Aber alle Fenster führten auf den Parkplatz. Über die Gestaltung der verschiedenen Parkplätze könnte ich ein ganzes Kapitel schreiben, so viele habe ich gesehen. Das wäre allerdings wohl ebenso langweilig wie der Anblick.

In mancher Hinsicht erfüllen Motels in den USA heute dieselbe Funktion wie sie früher Stadtmauern erfüllt haben – wenngleich sie, zugegeben, für Reisende viel mehr Komfort bieten. Aber beide erreichen dasselbe, wenn auch im Falle der Motels vermutlich unbeabsichtigt: Fremde werden von den Einheimischen ferngehalten. Diese unendlich praktischen, unendlich uniformen Herbergen liegen oft in Gewerbegebieten, wenige hundert Meter von der nächsten Autobahnauffahrt entfernt. Ganz in der Nähe von Schnellrestaurants, ziemlich weit weg von jenen Kneipen der Innenstadt, in denen die lokale Bevölkerung verkehrt. Will man wirklich die Mühe auf sich nehmen, nach Einbruch der Dunkelheit diese Kneipen noch zu finden? Ach nein. Heute nicht mehr. Vielleicht morgen. Man muss gar nicht Fernfahrer sein, um dieses Land durchqueren zu können, ohne je mit Ortsansässigen zu reden.

Möglicherweise hat nicht nur der Streit im Nachbarzimmer, sondern auch die Freude von Harold Patton darüber, dass er eine Waffe besitzen darf, an diesem Abend im Autobahn-Motel in Indiana meine Mordfantasien beflügelt. Jedenfalls beschäftigt mich das Gespräch mit Patton so nachhaltig, dass ich mich nun mit jemandem unterhalten möchte, der Gewehre und Pistolen verkauft. Das ist nicht schwierig. Ein Waffengeschäft lässt sich fast so leicht finden wie ein Supermarkt.

Ich finde meines in dem kleinen Ort White Cloud in Michigan. Über eine Million lizenzierte Jäger gibt es in diesem Bundesstaat, der aus zwei Halbinseln besteht und an vier der fünf Großen Seen grenzt. Mehr als die Hälfte des Territoriums ist von Wald bedeckt. Michigan bietet nicht nur ausgedehnte Jagdgebiete, sondern ist auch der drittgrößte Produzent von Weihnachtsbäumen in den USA. Fast 200000 Arbeitsplätze gibt es in der Tourismusindustrie, die Jagd spült jährlich zwei Milliarden Dollar in viele verschiedene Kassen.

Die scheinen bitter nötig gebraucht zu werden. Dass die Situation in der Autostadt Detroit dramatisch ist, hatte bereits Kevin Williams erzählt: »Sie fanden Cleveland deprimierend? Detroit ist viel schlimmer.« Er ist nach Chicago gezogen, um Arbeit zu finden: »Das Beste, was ich je getan habe.« Er ist nicht der Einzige, der das so sieht. Auch Detroit hat seit 1950 etwa die Hälfte seiner Einwohner verloren. Von den Zurückgebliebenen lebt ein Drittel unterhalb der Armutsgrenze. Ganze Viertel stehen leer. Die Stadt hat nicht einmal das Geld, die Ruinen abzureißen.

Aber die Armut beschränkt sich nicht auf den Moloch Detroit. Die Herbstfärbung an diesem sonnigen, wolkenlosen Tag ist noch schöner als alles, was ich in Neuengland gesehen habe, das ja für seinen Indian Summer berühmt ist. Davon abgesehen könnten die Unterschiede zwischen den beiden Regionen größer kaum sein. Auf den Grundstücken stehen keine Villen, sondern Fertighäuser oder Trailer. Man sieht, dass hier im Sommer viele Leute Urlaub machen: einfache Blockhäuser und viele, viele Campingplätze. Ansprechende kleine Hotels, Luxusrestaurants? Nichts davon.

Im Nordwesten von Michigan liegt Idlewild: bis 1964 einer der wenigen Orte, an denen Schwarze in den USA Ferien machen konnten und Land erwerben durften. Ein Urlaub in Idlewild war ein Ausflug in die Welt der Mittelschicht, und das zu einer Zeit, als die weiße Mittelschicht alles Mögliche wollte – nur keine schwarze Mittelschicht. Die Verhältnisse im unteren Drittel der Gesellschaft haben sich aneinander angeglichen. Idlewild wirkt ärmlich. Die anderen Feriengebiete in der Umgebung ebenfalls.

So auch White Cloud, etwa eine Autostunde südlich von Idlewild gelegen. Dort hat Rob Osborne sein Waffengeschäft, übernommen vom Vater, der den Laden 1947 aufgemacht hat. Da war Rob ein Jahr alt. An den Wänden hängen unverkäufliche Gewehre aus der persönlichen Sammlung. Ein »German Schützen«, das deutsche Einwanderer vor dem Ersten Weltkrieg mitgebracht haben. Im Mittleren Westen der USA, zu dem Michigan gehört, sind mehr Deutsche gelandet als irgendwo sonst in den Vereinigten Staaten. Zwei Gewehre aus dem Amerikanischen Bürgerkrieg, eines aus dem Norden, das andere aus dem Süden. Unbeholfen ist in dessen Schaft ein Name eingeschnitten: Win Poteet. Ob er den Krieg überlebt hat?

Die Waffen, die zum Verkauf stehen, eignen sich vor allem für die Jagd auf Rotwild. »Das ist bei Ihnen in Deutschland doch ein Sport für die Reichen, oder?«, fragt Rob Osborne. »Hier ist das ein Volkssport.« Offenbar. Dutzende – ach was: Hunderte, wahrscheinlich Tausende von Kneipen in Michigan, in Wisconsin, in Minnesota und in North Dakota werben mit großen Schildern an ihren Eingängen: »Willkommen Jäger!«

Man kann schon für 120 Dollar ein Gewehr bekommen. Wenn's was Besseres sein soll, lassen sich hier bis zu 800 Dollar ausgeben. Aber es gibt nicht nur Gewehre zu kaufen. Es gibt Magazine, Schießpulver, Reinigungsmittel, Halfter, Fernrohre. »Die Ausrüstung spielt bei der Jagd eine immer größere Rolle«, erzählt Rob. »Die Hersteller erfinden alle möglichen Gründe, warum man dies und jenes unbedingt braucht. Das stimmt natürlich alles nicht.« Er lacht. Mit seiner Brille, dem grauen Vollbart und seiner ruhigen, vertrauenerweckenden Art könnte er vermutlich jederzeit auch eine andere Arbeit finden als die des Waffenhändlers. Zum Beispiel als Schauspieler in der Rolle des Großvaters in einem Kinderfilm.

Rob reicht mir einen sehr schweren Revolver: »So einen hätte Wyatt Earp benutzt.« Ein legendärer Westernheld. Aber Rob hat auch eine ganz leichte Pistole im Angebot. Ideal für jede Damenhandtasche.

Könnte ich die jetzt kaufen? Nein. Rob lächelt. »Anders als viele Leute glauben« – und plötzlich wird er sehr ernst – »anders als viele Leute glauben, gibt es hierzulande durchaus Regeln und Gesetze beim Waffenverkauf.« Zunächst einmal müsse ich Bürgerin der Vereinigten Staaten sein. Außerdem hätten Käufer umfangreiche Formulare auszufüllen, erklärt Rob, und er selbst müsse beim FBI anrufen, um zu fragen, ob der Kunde einen Eintrag im Strafregister habe. Meistens dauere es nur wenige Minuten, bis die Antwort der Polizei einträfe. Aber die Beamten könnten diese Antwort auch bis zu drei Tage hinauszögern. Dann müsse eine definitive Genehmigung oder Ablehnung erfolgt sein.

»Ich brauche nicht zu wissen, warum jemand eine Waffe kaufen will«, sagt der Händler. »Aber ich muss genau Buch über den Verkauf führen, damit die Waffe gegebenenfalls zurückverfolgt werden kann.« Könnte er sich weigern, eine Waffe zu verkaufen, obwohl das FBI grünes Licht gegeben habe? »Das ist eine Grauzone. Ich habe das schon getan, zum Beispiel wenn ein Kunde offenkundig betrunken war. Aber theoretisch könnte ich dafür von ihm vor Gericht gezerrt werden.« So weit ist es jedoch noch nie gekommen.

Rob Osborne findet die erregte Debatte über Waffengesetze absurd: »Der Durchschnittsmensch steht dem Thema doch ziemlich nüchtern gegenüber. Es gibt eine breite Mehrheit für bestimmte Regeln – zum Beispiel dafür, dass man Kindern keine Maschinenpistole in die Hand drücken sollte. Aber es gibt doch auch schon jetzt eine Menge Kontrollen. Wenn es noch mehr gäbe, dann würde das nur zu mehr Bürokratie führen.«

Möglicherweise. Aber es geht ja nicht um Rotwildjagd. Sondern um Amokläufer, um bewaffnete Überfälle, um die Tatsache, dass in den USA jedes Jahr allein etwa 3 300 Kinder und Jugendliche durch Schusswaffen sterben. Von denen viele noch leben könnten, wenn nicht der zweite Verfassungszusatz allen Bürgern das Recht garantierte, Waffen besitzen und tragen zu dürfen. Und wenn nicht der organisierte Widerstand gegen alle Versuche einer Verfassungsänderung so stark wäre: Mehr als vier Millionen Mitglieder hat eigenen Angaben zufolge die National Rifle Association, die nationale Schusswaffenvereinigung. Eine mächtige Lobby.

»Man kann auch mit Düngemitteln eine Menge Schaden anrichten und es benutzen, um eine Bombe zu bauen«, sagt Rob Osborne. »Trotzdem tritt niemand für ein Verbot von Düngemitteln ein. Die überwältigende Mehrheit der Leute, die ihre Waffen völlig korrekt und vernünftig benutzen, sollten nicht unter dem Fehlverhalten einiger Verrückter leiden.«

Mir erscheint der Gedanke widersinnig, dass Waffenbesitz etwas mit bürgerlichen Freiheiten zu tun haben soll. Ich bin sehr dankbar dafür, in einer Gesellschaft zu leben, in der ich als Zeugin einer Auseinandersetzung zwischen Betrunkenen nicht befürchten muss, dass plötzlich einer von ihnen durchdreht und eine Pistole zieht. Wäre es anders, dann fühlte ich mich in meiner persönlichen Freiheit deutlich mehr eingeschränkt als durch eng gefasste Waffengesetze. Aber ich weiß auch, dass die Vereinigten Staaten auf eine andere Geschichte zurückblicken als Europa und dass ich mich schwer damit tue, mich wirklich hineinzufühlen in eine Gesellschaft, die noch immer von der Erinnerung an die Gegebenheiten geprägt ist, mit denen sich die Pioniere auseinanderzusetzen hatten.

Außerdem ertappe ich mich dabei, mit zweierlei Maß zu messen. In den Neunzigerjahren habe ich als Korrespondentin in Ost- und Zentralafrika gearbeitet. In die Zeit meines Aufenthaltes dort fiel die internationale Militärintervention in Somalia, einem zerfallenen, hungernden Staat, in dem bis heute ein Bürgerkrieg tobt. Ich fand damals Vorschläge kontraproduktiv, die darauf hinausliefen, jeden Somali zu entwaffnen, weil ich überzeugt war, dass ein solcher

Schritt nur zu kollektiver Feindseligkeit gegen die ausländischen Truppen führen würde. Zu tief ist in der überwiegend nomadischen Gesellschaft das Recht auf Waffenbesitz verankert. Einem somalischen Mann sein Gewehr wegzunehmen, wäre eine Verletzung seiner Ehre. Das kann nicht gut gehen, wie ich noch immer glaube.

Aber wenn ich der Ansicht bin, dass die Prägung eines Somali durch seine Kultur und seine Geschichte so schwer wiegt – wieso akzeptiere ich das bei einem Bürger der USA nicht? Gut möglich, dass gerade die Amerikaner, die ihr Recht auf die eigene Waffe besonders vehement verteidigen, empört jeden Vergleich mit Somalis zurückweisen würden. Aber dass sie das vielleicht täten, bedeutet ja nicht, dass ich mich dieser Sichtweise anschließen muss. Ich stelle wieder einmal fest: Es fällt mir leichter, anderen Völkern kulturelle Gepflogenheiten zuzubilligen, die mir nicht gefallen, als den Bürgern der Weltmacht. Das ist ungerecht.

Allerdings ging es in Somalia um eine mögliche Entwaffnung durch ausländische Kräfte. In den USA gibt es viele Leute, die eine Änderung der Waffengesetze ebenso vernünftig fänden wie ich. Es ist ein Unterschied, ob eine Reform von außen erzwungen oder von innen durchgesetzt wird. Aber die Waffenlobby ist so stark, dass alle Präsidentschaftskandidaten sich diesem Thema allenfalls zögernd und vorsichtig nähern.

Würde Rob Osborne seine Wahlentscheidung von der Position eines Kandidaten zu dieser Frage abhängig machen? »Darauf können Sie wetten«, antwortet er lachend – was in seiner Situation ja auch durchaus nachvollziehbar ist. Er möchte seine Haltung zu dieser Frage jedoch nicht auf seine persönlichen Interessen reduziert sehen. Wer das Recht auf Waffenbesitz verteidige, stimme meist auch anderen weltanschaulichen Grundsätzen zu, die er teile: Stärkung der Rechte des Individuums, Kampf gegen Abtreibung und Stammzellenforschung. »Aber das wichtigste politische Thema ist der Arbeitsmarkt.«

Rob Osborne bezeichnet sich selbst als Globalisierungsgegner: »Ich bin total dagegen. Und ich glaube, dass der durchschnittliche

Amerikaner das genauso sieht. China hat unsere Wirtschaft ruiniert. Denen verdanken wir unsere Arbeitslosigkeit.« Es gebe viele Leute, die meinten, die USA müssten den Rest der Welt glücklich machen: »Ich bin ein Bauerntrampel. Mir ist der Rest der Welt egal.« Er lacht. Freundlich, offen, ein bisschen selbstironisch. Vermutlich wäre er überrascht zu erfahren, dass viele Leute in anderen Ländern inzwischen nichts mehr fürchten als den Wunsch der USA, sie glücklich zu machen. Oder gar zu befreien.

Was braucht Amerika? »Die Zeit ist reif für einen großen Staatsmann mit einer großen Vision«, sagt Rob Osborne. Das ist der Augenblick, in dem ich meine eigene historische und kulturelle Prägung spüre. Mir läuft es bei einem solchen Satz kalt den Rücken hinunter. Wie schrieb eine Freundin in einer Mail mit Blick auf den amerikanischen Wahlkampf? »Bitte kein Charisma. Charakter genügt.« Ja, genau.

Draußen vor der Tür rauche ich noch eine Zigarette mit Jerry Lape, dem Angestellten von Rob Osborne. Er fragt mich, ob ich der Ansicht sei, es werde der Europäischen Union in absehbarer Zeit gelingen, sich auf gemeinsame soziale Standards zu einigen. Ich finde die Frage faszinierend. Ebenso wie ich es faszinierend fand, dass mich einige Tage zuvor ein Tankwart gefragt hatte, ob die Währungsunion nach dem Fall der Mauer meiner Meinung nach zu rasch erfolgt sei.

Beide Fragen zeugen von einer ziemlich fundierten Kenntnis der Welt außerhalb der USA. Es ist nicht schwierig, Gegenbeispiele zu finden, die von erschütternder Ahnungslosigkeit künden: etwa eine Kassiererin, die verblüfft fragt, ob denn nicht überall auf der Welt mit Dollars bezahlt werde. Aber solche Beispiele sind kleine Münze. Sie können lediglich Munition für Vorurteile liefern, die bereits bestehen. Nämlich, dass die Amis keine Ahnung haben und sich auch für gar nichts interessieren außer für sich selbst. Die Fragen nach den EU-Standards und nach der Währungsunion beweisen das Gegenteil. Wie viele Deutsche sind imstande, eine intelligente, kenntnisreiche Frage zu dem System des Mindestlohns in den USA zu stellen? Was sich ja mit der Frage nach den EU-Sozialstandards durchaus vergleichen lässt. Mag sein, dass solche Fragen eher die Ausnahme als die Regel sind. Mag sein, dass viele US-Bürger fürchterlich ignorant und arrogant sind. Aber da sind sie nicht die Einzigen auf der Welt.

Von Michigan aus geht es über Chicago in Illinois nach Wisconsin. Chicago ist eine Stadt, die ich nicht kenne, aber immer mal sehen wollte. Ich muss dort zwei Tage Station machen, um aus beruflichen Gründen eine Kollegin zu treffen. Das wäre natürlich eine gute Gelegenheit, sich umzuschauen. Aber es ist merkwürdig: Ich habe gar keine Lust dazu. Inzwischen bin ich so sehr auf die ländlichen Gebiete und die kleinen Städte konzentriert, dass für anderes in meinem Kopf kein Raum mehr ist. So bleibe ich die meiste Zeit in meinem Hotel, das mit »europäischem Charme« für sich wirbt, und genieße die Pause.

Unter »europäisch« wird offenbar vor allem verstanden: technisch rückständig. Anders als noch im billigsten Motel in der Provinz gibt es hier keine kostenlose drahtlose Netzverbindung, sondern man muss zehn Dollar bezahlen, um sich mithilfe eines Kabels ins Internet einwählen zu können. Mit wechselndem Erfolg. Der Computer stürzt alle paar Minuten ab. Das hat wenig Charme, weder europäischen noch sonst welchen.

Außerdem ist es eine Herausforderung, mit Deutschland zu telefonieren. »Ferngespräch? Kein Problem«, behaupten die freundlichen Angestellten an der Rezeption. Um dann, wenn man erklärt, dass Europa mit der Ferne gemeint ist, zu reagieren, als habe man sich erkundigt, wie sich von hier aus Rauchsignale an den Südpol schicken lassen. Das gilt allerdings fast überall in den Vereinigten Staaten. Im ungünstigen Fall ist ein Gespräch nach Übersee überhaupt nicht möglich, ohne dass man vorher eine Telefonkarte gekauft hat. Die es in Hotels nicht gibt. Im günstigen Fall wird man zurückversetzt ins Zeitalter des Fräuleins vom Amt: Ohne Operator geht gar nichts, ohne Kreditkartennummer auch nicht. Verständlich, bei durchschnittlich zwölf Dollar die Minute.

Vielleicht ist es nicht, wie Rob Osborne glaubt, vor allem China, das die US-Wirtschaft ins Trudeln bringt. Vielleicht spielen auch andere Faktoren eine Rolle. Die Weltläufigkeit, die mich bei manchen Bewohnern der Provinz überrascht hat, lässt sich jedenfalls nicht in gleichem Umfang in soliden Mittelklassehotels beobachten.

Chicago ist ja keine Ausnahme. In einem Hotel in Charlottesville, Virginia, stand ein ganz normal aussehendes, funktionsfähig wirkendes Telefon auf dem Schreibtisch. Der einzige Schönheitsfehler: Es hatte keine Kabel und war deshalb, wenig überraschend, tot. Tot war auch der Apparat meines Zimmers in Brady, Texas. Was besonders unangenehm war, weil ich ein Live-Gespräch mit einer Morgensendung des RBB verabredet hatte. In Lake Park, Georgia, erklärte die Angestellte an der Rezeption knapp und unerbittlich: »We don´t do long distance calls – wir bieten keine Ferngespräche an.« Nein, auch nicht innerhalb der Vereinigten Staaten. Da weiß man wenigstens, woran man ist.

Wenn so viele Leute in den USA Angst vor den Folgen der Globalisierung haben, muss man nicht gleich über die technologische Führungsrolle reden. Es wäre doch schon ein schöner Anfang, würde die Kommunikation mit dem Rest der Welt auch außerhalb von Bürogebäuden ähnlich gut funktionieren wie in Europa. Oder in Asien. Oder in weiten Teilen Afrikas. Vielleicht gibt es ja noch mehr Leute wie mich, die solche Alltagsprobleme auf den Baum treiben. Die nicht in jedem fremden Land sofort ihr Handy umrüsten wollen und die, wenn sie denn die Wahl haben, lieber dort Geschäfte machen wollen, wo ein Telefongespräch mit dem Ausland für einen normalen Vorgang gehalten wird. Weil alles andere nämlich schlechte Laune macht. Mein Handy hat inzwischen keinen Akku mehr – ich habe das Experiment mit dem neuen, unvertrauten Gerät nach wenigen Tagen beendet.

Die Weiterfahrt durch den Südosten von Wisconsin ist zunächst nicht dazu angetan, die Stimmung zu heben. Hier sehen die USA so zersiedelt aus, wie viele Deutsche sich – irrtümlich - das ganze Land vorstellen: Kleinstädte fließen ineinander über, ohne Ortsschilder lässt sich nicht erkennen, wo die eine endet und die nächste anfängt. Einkaufszentren, Schnellrestaurants, Unternehmen mit riesigen Maschinenparks für Landwirtschaft und Baubedarf. Keine Gegend, die man gesehen haben muss.

Wisconsin ist ein Bundesstaat, in dem es von allem etwas gibt: viel Landwirtschaft, aber auch große Industriegebiete und steigenden Tourismus. Die Arbeitslosenrate entspricht ungefähr dem nationalen Landesdurchschnitt von fünf Prozent. Das jährliche Einkommen auch, Platz 25 auf der Rangliste der 50 Bundesstaaten. Mehr als 40 Prozent der Bevölkerung hier haben übrigens deutsche Wurzeln: eine Folge des gezielten Werbens der Regierung von Wisconsin um Einwanderer in der Mitte des 19. Jahrhunderts, also gerade zu der Zeit, in der aus ökonomischen und politischen Gründen besonders viele Deutsche nach Amerika auswanderten.

Berühmt ist Wisconsin für seinen Käse und für eine populäre Football-Mannschaft: die Green Bay Packers aus – ja: aus Green Bay. Mit diesem Club hat es eine besondere Bewandtnis. Die Packers sind die letzte Mannschaft der in den Zwanziger- und Dreißigerjahren des letzten Jahrhunderts beliebten Teams der kleinen Städte, und sie gehören im Unterschied zu anderen Vereinen der Nationalliga nicht etwa einem reichen Mäzen oder Großbetrieb, sondern der Bevölkerung. Die wurde in der fast 90-jährigen Geschichte der Packers mehrfach aufgefordert, kleine Anteile zu zeichnen, damit neue Investitionen getätigt werden konnten. Erfolgreich. Die letzte große Anschaffung: eine umfangreiche, teure Renovierung des Stadions 2003, das jetzt fast 73 000 Sitzplätze hat.

Football habe Baseball längst den Rang abgelaufen und sei inzwischen deutlich beliebter, ist mir mehrfach erzählt worden. Aber auch eine noch so große Faszination an dieser Sportart kann das Ausmaß der Solidarisierung mit den Packers nicht erklären, deren Ruhmeshalle angeblich jedes Jahr mehr Besucher hat als die nationale Football-Ruhmeshalle in Ohio. Diese nordamerikanische Freude an Ruhmeshallen ist auch etwas, woran ich mich erst gewöhnen muss. Die Aufnahme in die Walhalla bei Regensburg gehört nicht zu den höchsten Zielen der deutschen Prominenz. Ein Bambi ist begehrter.

Was die Begeisterung für die Packers konkret bedeutet, schildert Andrew Schroepfer – schon wieder so ein deutscher Name! Ja, der Urgroßvater kam aus Deutschland –, der ein Motel unmittelbar hinter dem Stadion betreibt. Wenige Tage nachdem die Termine für die acht Heimspiele bekannt gegeben worden sind, ist er für die komplette Saison ausgebucht. Nicht etwa von Besuchern des Stadions. Karten gibt es ohnehin fast nur auf dem Schwarzmarkt oder über Beziehungen, wie später der Fremdenführer der Anlage berichtet. Sie kosten oft bis zu 1 200 Dollar. Für ein Spiel. Die Hoffnung auf eine Dauerkarte kann man gleich begraben: Nur 25 neue werden jährlich ausgegeben.

»Dauerkarten werden hier als Familienerbe von Generation zu Generation weitergereicht«, erzählt Andrew. »Ich bin 45 Jahre alt. Wenn ich mich jetzt auf die Warteliste setzen lasse, dann komme ich frühestens dran, wenn ich zu alt bin, um noch ins Stadion gehen zu können.« Der Fremdenführer hält das für eine unangemessen optimistische Einschätzung. 70 000 stünden derzeit auf der Warteliste. Die Ur-Ur-Enkel des Antragstellers hätten vielleicht eine Chance. Trotzdem nehmen die Fans einen weiten Weg auf sich, um wenigstens in der Nähe des Geschehens zu sein. Eine Gruppe älterer Damen, die inzwischen alle in ihren Sechzigern seien, käme seit 20 Jahren drei- bis viermal im Jahr aus Minnesota hierher, sagt Andrew. Andere Fans reisten sogar aus New Jersey und Iowa an. Er zeigt auf einen dicken Ordner: »Das sind die Stammgäste.« Außerhalb der Saison wohnen in dem Motel vor allem Handlungsreisende und andere kleine Geschäftsleute.

Die Stammgäste kennen sich untereinander, lebenslange Freundschaften sind hier entstanden. In der hintersten Ecke des Parkplatzes ist von ungelenker Hand eine Blume auf den Asphalt gemalt worden, mit grüner und gelber Ölfarbe. Den Farben der Packers. In der Blume stehen die Buchstaben RIP: »Rest in peace – Ruhe in Frieden.« Andrew zeigt mir die Todesanzeige: Tom Skrovig, 1957 – 2007. Zwei Tage bevor der Fan als Motelgast erwartet wurde, starb er bei einem Autounfall. Zwei Monate ist das her. »Viele Gäste sind damals nach dem Spiel vorzeitig abgereist, um an der Beerdigung in North Dakota teilnehmen zu können«, sagt der Motelmanager.

Sonst wird nach dem Heimspiel gefeiert. »Egal ob wir gewinnen oder verlieren – eine Party ist angesagt. Notfalls auch im Schneesturm.« Der Parkplatz wird zur Festarena. Die Gäste kochen, bringen einen Grill mit, auch Wärmeöfen. Hunderte von Wohnwagen stehen auf den Parkplätzen vor den Supermärkten gegenüber. »Ich mache da den Kassenwart.« 20 Dollar pro Stellplatz. »Das ist so in Wisconsin. Man wird nicht ausgepresst, nur weil gerade Saison ist.« Allerdings gibt Andrew zu, dass die Zimmer in seinem Motel an den Heimspieltagen etwas teurer sind als sonst. Etwas? Wie viel? Er wiegt den Kopf und will nicht recht heraus mit der Sprache. Muss er ja auch nicht. Man hätte ohnehin keine Chance auf ein Zimmer.

Die große Zeit der Packers liegt eigentlich lange zurück. Ihre größten Triumphe feierte die Mannschaft etwa zu der Zeit, als John Steinbeck die USA bereiste. Aber jetzt scheinen sie sich gerade wieder aufzurappeln. Wie läuft's denn so in dieser Saison? Eine schönere Frage hätte man Andrew Schroepfer nicht stellen können. »Oh, wir haben ein sehr gutes Jahr.« Plötzlich strahlen seine Augen. Das lautere Glück.

Später, bei der Besichtigung des Stadions, fragt der Fremdenführer, ob irgendjemand in der Gruppe selbst Anteile an den Packers besitze. David Debus meldet sich, 74 Jahre alt, ein pensionierter Oberst der Luftwaffe. Wir verabreden uns für ein Gespräch. Und ich bin ganz sicher, jetzt endlich jemanden zu treffen, der den Irakkrieg für eine glänzende Idee hält, Präsident Bush für den größten Staatsmann aller Zeiten und der in der US-Außenpolitik einen Segen für den Rest der Welt sieht. Man kann sich täuschen.

David Debus ist mit seiner Frau Claudia und seinem jüngeren Bruder Joe Ilg unterwegs, der vor seiner Pensionierung im gehobenen Management verschiedener internationaler Firmen gearbeitet hat. David und Claudia sind seit über 50 Jahren verheiratet. Die vier Kinder sind im ganzen Land verstreut – Kalifornien, Texas, Virginia.

In Virginia lebt mittlerweile auch das Ehepaar Debus. Joe ist dagegen nach seiner Pensionierung nach Wisconsin zurückgekehrt. Seine Frau hat sich gerade nach 42 Jahren Ehe von ihm getrennt. Sie möchte unabhängig sein, zu sich selbst finden. Alle drei sprechen voller Respekt und Zuneigung von ihr.

Sehr weit her ist es übrigens nicht mit dem Engagement von David für die Packers. Er hat ein einziges Mal einen Anteil im Wert von 200 Dollar gekauft: »Aus einem unbestimmten Gefühl der Loyalität heraus.« Die Brüder sind in Wisconsin groß geworden, als Söhne eines Installateurs: »Wir sind aufgewachsen mit den Packers. Wir waren gar nicht mal so große Fans, aber sie waren einfach immer da und gehörten zu unserem Leben.«

Joe möchte zunächst einmal Genaueres über das wissen, was ich tue und plane. Als ich ihm sage, dass ich auf den Spuren von John Steinbeck unterwegs bin, zitiert er das, was der Dichter über Wisconsin geschrieben hat, fast im Wortlaut: »Das Licht drang so intensiv in die Dinge ein, dass mir war, als könnte ich tief in ihr Inneres sehen; ein solches Licht habe ich sonst nur in Griechenland erlebt.«

Zunächst ist es ohnehin vor allem Joe, der spricht. David und Claudia sind etwas zurückhaltend. Ich sage, dass mich die Begeisterung für den Gemeinschaftsbesitz an den Packers verwirrt, die auch während der Führung durch das Stadion immer wieder deutlich wurde. Ist das nicht ein Widerspruch? Einerseits wird in den USA ziemlich flächendeckend materieller Erfolg bewundert, fast angebetet, und jede Kapitalismuskritik gilt als Häresie – und andererseits gibt es eine solche Verachtung reicher Mäzene und eine solche Freude darüber, dass die Packers nicht »denen da oben«, sondern »dem Volk« gehören. »Paradox, nicht wahr?«, lächelt Joe. »Die Leute haben im Lauf der Jahre gemerkt, dass reiche Geschäftsleute den kleinen Mann oft übervorteilen. Das stört viele Amerikaner. Die Packers kommen unserem Selbstbild sehr entgegen. Wir sehen uns gerne als Pioniere und nicht als Leute, die sich von einzelnen Reichen und Mächtigen manipulieren lassen. In jedem Amerikaner steckt der Geist der Unabhängigkeit. Wir geben nicht gerne zu, dass das Big Business bei uns irgendeinen Einfluss hat. Wir möchten gerne raue, robuste Individuen sein, die ihre eigenen Entscheidungen unabhängig treffen können.«

Beide Brüder glauben, dass die Neigung zur Nostalgie, die Sehnsucht nach der guten, alten Zeit, die mir auf der Reise aufgefallen ist, auch mit dieser Grundhaltung zusammenhängt. »Früher hatten die Leute das Gefühl, die Kontrolle über ihr eigenes Leben zu haben«, meint Joe. »Heute haben sie dieses Gefühl nicht mehr.« Viele Jobs seien bedroht. Die Arbeitslosigkeit könne schon bald in die Höhe schnellen. »Ich glaube, dass unsere Probleme auf eine konstruktive Weise gelöst werden könnten. Aber da scheinen fette Katzen in Washington zu sitzen, denen das offenbar alles egal ist. Wir haben heute keine politische Führung, die über den Tag hinausschaut.«

Das sieht sein Bruder genauso. David Debus befürchtet, dass die politische Führung in der Vergangenheit lebt, in einer Zeit, in der die Vereinigten Staaten tun konnten, was sie wollten – und wo sie es wollten. »Das geht heute nicht mehr. Wir brauchen immer noch ein starkes Militär als Rückhalt, aber die Herangehensweise muss eine andere sein. Eine politische.« Wenn die USA weiter auf militärische Lösungen setzten anstatt endlich teilen zu lernen und die Weltmachtstellung von China, Russland und Indien anzuerkennen, dann werde es ein böses Ende nehmen. Sagt der pensionierte Oberst der US-Luftwaffe. Ich sitze da und schäme mich ob meiner Vorurteile. Und sage, dass sich die meisten derjenigen, mit denen ich bisher gesprochen habe, meinem Eindruck nach überhaupt nicht besonders für Außenpolitik interessierten, nicht einmal für den Irakkrieg. David lacht. »Kennen Sie nicht den alten Spruch: All politics are local – es gibt nur Lokalpolitik? Jetzt sagen alle: Ja, bringt die Truppen heim. Aber darüber hinaus und was dann geschehen müsste, daran wird nicht gedacht.«

David ist aufgetaut. »Nehmen Sie ein anderes Beispiel. Die Leute haben alle solche Angst vor Steuererhöhungen. Sie sehen einfach nicht, dass eine gute Infrastruktur nicht umsonst zu haben ist. Sie stellen keinen Zusammenhang her zwischen niedrigen Steuern und dem Einsturz einer Autobahnbrücke vor ein paar Wochen in Minnesota.«

Sein Bruder erinnert – bewundernd – daran, wie John F. Kennedy 1961 versprochen hatte, dass es ein Amerikaner sein werde, der als erster Mensch auf dem Mond landen werde. Kurz zuvor hatten die Sowjets den ersten Menschen überhaupt ins All geschossen. Joe fordert vom nächsten Präsidenten genau diese Art von Mut: »Warum kann ein Präsident das Ende der Abhängigkeit vom Öl nicht zu seiner ersten Priorität machen?« Er gibt sofort selbst die Antwort: »Weil die Ölfirmen ihm sagen würden: Wir sind es, die in diesem Land das Sagen haben. Uns gefällt es so, wie es jetzt ist.«

Ich denke plötzlich, dass Rob Osborne in Michigan und meine Gesprächspartner hier in Wisconsin sich vermutlich über kein einziges politisches Thema im Detail würden einigen können. Dass sie aber ganz einig darin sind, dass die USA einen starken, charismatischen Führer mit Mut zu neuen Ideen brauchen. Nein, ich habe in diesem Augenblick die überraschenden Erfolge von Barack Obama nicht vorhergesehen. Das hätte ich aber tun sollen. Was nichts daran ändert, dass Rob Osborne gewiss nie in seinem Leben einen Demokraten wählen wird. Und dass meine drei Gesprächspartner in Green Bay glühende Anhänger von Hillary Clinton sind.

Die unterhalten sich inzwischen weiter. »Was«, so fragt David, »wenn der Kapitalismus den Fortschritt auf einmal nicht mehr befördert, sondern behindert?« – »Das meine ich mit Mut«, antwortet sein Bruder. »Es braucht eine Menge Schneid, um sich gegen die Großkonzerne durchzusetzen.« Claudia, die lange geschwiegen hat, schaut mich an: »Vielleicht ist das Konzept der Packers auch deshalb so wichtig für viele Leute. Wegen all dem, worüber wir jetzt gesprochen haben. Wegen all der Träume und Hoffnungen.«

Ich fahre weiter, Richtung Norden. Joe hatte gelacht, als ich darüber klagte, wie enttäuschend ich die Landschaft in Wisconsin fand. Ich sei in der falschen Gegend. »Hier wird mehr Papier hergestellt als irgendwo sonst auf der Welt. Das ist ein Industriegebiet.« Wenn ich nach Norden führe, sei es eine ganz andere Gegend. Aber ich solle mich nicht täuschen lassen: Auch dort, wo es nach nettem Landleben aussähe und an die Fernsehserie *Unsere kleine Farm* erinnere, sei es in Wirklichkeit nicht so nett. »Viele Bauernhöfe gehen kaputt. Sie werden von Großkonzernen entweder aufgekauft oder doch zumindest bewirtschaftet. Alles sieht noch genauso aus wie früher, aber die wirschaftlichen Verhältnisse haben sich vollständig geändert. Man kann eine Familie nicht mehr von 60 Hektar ernähren. Die Farmer von einst arbeiten in einer Papierfabrik und lassen ihr Land von einem Großbetrieb bewirtschaften.« Ja, das mache ihn traurig. »Wie Huxley so bitter schrieb: Es ist eine schöne neue Welt.«

Joe Ilg hatte recht: Die Landschaft wird schöner. John Steinbeck hatte auch recht: Das Licht ist unvergleichlich. Den Nachmittag über hatte es geregnet und war fast dunkel gewesen. Jetzt reißt unter grauen Wolken hinter wirbelndem Herbstlaub fern am Horizont der Himmel auf. Wie mit dem Lineal gezogen, hellblau leuchtend, in dieser ganz besonderen Klarheit unmittelbar vor dem Sonnenuntergang. Wenn ich den Weg zum Paradies illustrieren müsste: hier würde ich ein Foto machen.

Allerdings lande ich an diesem Abend nicht im Paradies, sondern in einem Motel irgendwo zwischen den Kleinstädten Tomahawk und Prentice, wo außer mir noch sehr viele Vogeljäger übernachten. Die sich gut verstehen, viel Spaß haben und ihrer überschäumenden Lebensfreude bis tief in die Nacht hinein lärmend Ausdruck verleihen. Das bringt einen von allen metaphysischen Überlegungen schnell wieder auf den Boden zurück. Und zu der Erkenntnis, dass ein Tag noch so schön und interessant gewesen sein kann – man hat an seinem Ende nicht zwangsläufig freundliche Gedanken.

Am nächsten Morgen aber schon. Der Himmel ist wolkenlos. Wie viel schöner man ein Land doch findet, wenn man gut gelaunt ist und die Sonne scheint. Die Fahrt führt vorbei an freundlichen Farmhäusern und Wiesen, auf denen Pferde grasen, vorbei an strahlend weißen Kirchen. Und an hohen Getreidesilos mit runden Dächern, die aussehen wie Phallussymbole und nicht recht in die Landschaft passen. Der Spätherbst entfaltet seine letzte Kraft. Fast unwirklich dunkelblau sind die vielen kleinen Seen, an denen ich vorbeikomme. Bäume, noch immer übergossen von leuchtendem Gelb, stehen neben anderen, die bereits kahl und entlaubt sind. Über fünf Kilometer folge ich einer Schotterstraße – plötzlich taucht ein Hirsch mit riesigem Geweih vor mir auf. Verharrt kurz und jagt in den Wald davon. Gefolgt von seiner Gefährtin, die aus dem Gebüsch springt.

Auf den Ortsschildern steht die Zahl der Einwohner des jeweiligen Dorfes: 321, 426, 298. Wie ist das, wenn man sein ganzes Leben hier verbringt, jeden kennt, alles von den anderen weiß? Wenig später werde ich es erfahren. Es ist offenbar in mancher Hinsicht anders, als ich mir das vorstelle. Der Glaube, dass man in einem kleinen Nest alles über die Nachbarn weiß, ist für mich nach diesem Tag widerlegt.

Auf einer abgelegenen Farm im Ort Conrath, in dem weniger als 100 Leute wohnen und der formal zu der Kleinstadt Ladysmith mit ihren etwa 4000 Einwohnern gehört, veranstaltet Laura Dutter-Nelson einen Garage-Sale, einen privaten Flohmarkt. Was man nicht mehr braucht oder will, ist anderen vielleicht ein paar Dollar wert. Also hat Laura abgelegte Kleider, Geschirr, Gartenmöbel, Bücher und CDs in und vor ihrer Garage aufgebaut und wartet auf Kunden. Hinter der ochsenblutroten Scheune grasen auch hier Pferde, vor dem Haus steht eine Kinderschaukel. »Entschuldigen Sie den ungemähten Rasen«, sagt Laura zur Begrüßung. Er ist gar nicht ungemäht. Aber der Satz zeigt, dass sie weiß, was sich gehört. Er schließt eine Welt von Normen und Regeln ein.

Die 39-Jährige hat Gesellschaft. Ihre Freundin Pam Hayden, der die Reinigung am Ort gehört, bringt ein paar Sachen vorbei, die sie auch gerne verkauft sehen will. Wir reden darüber, dass viel zu viel einfach weggeworfen wird, was durchaus noch brauchbar wäre, und über die gigantische Menge des Plastikmülls, der sich in den USA ansammelt. Laura: »Ich bevorzuge Tupperware. Ich verstehe nicht, warum alles wegwerfbar sein muss.« Tupperware als Beitrag zum Umweltschutz? Ich muss umdenken. Aber ich glaube, sie hat recht.

An portionsweise abgepackte Lebensmittel haben wir uns mittlerweile ja auch in Deutschland gewöhnt. Den Einweg-Kaffeefilter – nicht das Papier, der ganze Filter! –, der in manchen Motels in den Zimmern steht, habe ich hingegen erst hier kennengelernt. Der Sinn dieser Erfindung ist mir bis heute verschlossen geblieben.

Es gibt viele Themen, über die sich gemütlich plaudern lässt. Über das Wetter. Darüber, wie anstrengend es ist, mit zwei kleinen Kindern, drei und sieben Jahre alt, fertig zu werden. Wie erstaunlich es sei, dass es mich hierher verschlagen habe. Hier passiere doch nichts. »Obwohl ... manchmal ist ja bei uns durchaus auch etwas los«, sagt Pam versonnen. »Was denn?«, frage ich gönnerhaft und denke an entlaufene Kühe oder verbotene Liebesaffären. Sie antwortet genüsslich und erst nach einer geschickt eingelegten Kunstpause: »Na ja, sie haben gerade zwei Morde aufgeklärt, die vor 25 beziehungsweise 30 Jahren hier passiert sind.«

Die Fälle haben es in sich. Im einen geht es um eine erwürgte Frau. Ihr damals noch kleiner Sohn wurde später Polizist, erwirkte eine Exhumierung seiner Mutter, die DNA war noch verwertbar – und jetzt sitzt der nette, stille Hausmeister vom College, den alle kannten, im Gefängnis und erwartet seinen Prozess. Der zweite Fall: Ein Drogendealer soll von den drei Brüdern des Bezirksstaatsanwalts umgebracht worden sein, der – angeblich – selbst Drogendealer war und die Konkurrenz nicht schätzte. Leider hat der Staatsanwalt 1984 in Kalifornien Selbstmord begangen, nachdem er den Liebhaber seiner von ihm getrennt lebenden Frau getötet hatte. Er kann also nicht mehr belangt werden. Aber die Brüder machen sich nun ziemliche Sorgen und belasten sich deshalb gegenseitig.

All das erzählen die beiden Landfrauen entspannt und behaglich, und sie versichern mir, ich könne alle ihre Angaben im Internet überprüfen. Dort würde über beide Fälle ausführlich berichtet und heftig diskutiert. Internet? Natürlich Internet. »Ich verbringe Stunden davor«, sagt Laura. »Es macht geradezu süchtig.« Provinz? Es gibt keine Provinz mehr. Selbstverständlich habe ich später im Internet nachgeschaut. Kleine, nicht besonders wesentliche Details weichen von der Erzählung ab. Aber im Großen und Ganzen stimmen die Geschichten. Was beweist: Das wahre Grauen lauert immer hinter Butzenscheiben. Auch dort, wo sie inzwischen durch Thermopanescheiben ersetzt worden sind.

Die Morde sind aufregend – und für den Alltag von Laura und Pam bedeutungslos. Für weniger spektakuläre Meldungen gilt das nicht. »Heute macht hier ein Wal-Mart auf«, sagt Laura. Beide Frauen lächeln verächtlich. »Das wird nur dem kleinen Mann schaden.« Einzelhändler könnten gegen die Konkurrenz nicht bestehen. Pam und Laura versichern, dass sie niemals in dem neuen Groß-Supermarkt einkaufen werden. Ich glaube ihnen kein Wort. Mag sein, dass sie das jetzt fest vorhaben, aber auf Dauer werden sie der Versuchung der Billigangebote nicht widerstehen können.

Meine Großeltern betrieben in Braunschweig einen kleinen Laden mit frischem Obst und Gemüse. Sie hatten auch einige Dosen im Angebot. Dann machte unten an der Ecke Struss auf. Ein Supermarkt. Er verkaufte die Dosen ein paar Pfennige billiger. Meine Großmutter war persönlich gekränkt, wenn Kunden ihr Geschäft mit Tüten von Struss betraten. Viele, vor allem die Stammkunden, hatten ein schlechtes Gewissen. Manche gingen sogar erst mit den Tüten nach Hause, wie meine Großmutter mit Argusaugen und unversöhnlich durch die Scheibe beobachtete, und danach kamen sie mit »sauberen Händen« zu meinen Großeltern. Aber gekauft haben sie bei Struss. Alle.

Laura Dutter-Nelson und Pam Hayden haben fast ihr ganzes Leben hier verbracht. Laura lebte zwar während des Studiums in Minnesota, aber dort gefiel es ihr nicht. Zu weit weg von zu Hause. Sie und ihr Mann haben College-Abschlüsse in der Fachrichtung Landwirtschaft. Er arbeitet jetzt in einem Großkonzern, der Landwirtschaftsmaschinen herstellt. Sie kümmert sich zu Hause um die Kinder. »Wir sind Hobby-Farmer geworden.« Doch sie kenne durchaus Leute, die ihre Familie noch von der Landwirtschaft ernährten und das auch könnten. Irgendwie klingt das trotzig. Ach Joe.

Zum Abschied empfiehlt Laura mir, Cheese curds zu kaufen. Sehr fürsorglich und erkennbar darum bemüht, mir eine regionale Spezialität ans Herz legen zu können. In ihrer Kindheit, so erzählt sie sehnsüchtig, hätten die Farmer noch warmen Käse von großen Laibern abgeschnitten und die Scheiben für ein paar Cent verkauft. So etwas könne man heute nicht mehr finden. Aber die Cheese curds seien auch sehr gut. Sie glaube nicht, dass es die noch woanders gebe als in Wisconsin.

Doch, es gibt sie auch woanders. Aber das ist mir unbegreiflich. Cheese curds gibt es vor allem an Tankstellen zu kaufen. Harte, gekühlte, klumpige Käsestückchen in einer Plastiktüte. Sie schmecken nach nichts. Nicht einmal schlecht. Einfach nach nichts.

»Ich weiß nicht, ob es in Wisconsin ein Käseprobierfest gibt, aber ich als Käseliebhaber meine, das sollte es. Überall gibt es Käse, Käsecenter, Käsegenossenschaften, Käseläden und Käsestände, vielleicht sogar Käseeis. Ich halte alles für möglich, seit ich eine Reklame für Schweizer-Käsekonfekt gesehen habe.« Schrieb John Steinbeck. Vor knapp einem halben Jahrhundert.

Mein nächstes Ziel ist Sauk Centre, Minnesota. Weil Steinbeck dorthin auch gefahren ist, obwohl er behauptete, nicht recht zu wissen, warum. Er vermutete, es hinge damit zusammen, das dies der Geburtsort des Schriftstellers Sinclair Lewis war, den er schätzte. Als Schüler habe er *Main Street* gelesen, und er erinnere sich noch »an den wütenden Hass, den der Roman in seiner Geburtsstadt und in ihrer ganzen Umgebung hervorgerufen hatte«. Verständlicherweise: Lewis hatte die Stadt als Vorlage für seine beißende Kritik an der Mittelschicht der USA benutzt, der er Gefühlsarmut und Mangel an Werten vorwarf.

»Der einzige gute Autor ist ein toter Autor«, schrieb Steinbeck. »Der kann niemanden mehr überraschen und niemanden mehr verletzen.« Sarkastisch stellte er fest, dass es in Sauk Centre jetzt immerhin eine Gedenktafel gebe, die an den Schriftsteller erinnere, und dass Sinclair Lewis nun gut sei für die Stadt: »Bringt ihr ein paar Touristen ein. Jetzt ist er ein guter Autor.«

Bei der Gedenktafel ist es nicht geblieben. Schon auf der Autobahn wird man von riesigen Schildern angeschrien: »Boyhood home of Sinclair Lewis – Jugendheimat von Sinclair Lewis«. Der Besitzer des Motels, in dem ich übernachte, informiert mich sofort und ungefragt, dass es hier ganz viel zu sehen gebe, was mit dem Schriftsteller zu tun habe. Seine Augen leuchten, als ich ihm erzähle, dass auch ein Dichter namens John Steinbeck mal in Sauk Centre gewesen sei. Man sieht, wie es in seinem Kopf arbeitet, und er überlegt, welche Möglichkeiten es wohl geben könne, diese wundervolle Nachricht zu vermarkten. »Obwohl ich´s ja nicht so habe mit dem Lesen«, meint er dann. »Dafür ist meine Frau zuständig.«

Vom 13. bis zum 19. Juli 2008 sollen »Sinclair Lewis Tage« hier stattfinden. Auf dem Programm stehen unter anderem ein Schönheitswettbewerb und eine Schatzsuche. Die ehemalige 3rd Street heißt inzwischen Sinclair Lewis Avenue. Sein Elternhaus kann man besichtigen, und es gibt auch ein Museum, in dem eine Büste seines Kopfes steht und sein Leben dargestellt wird. Es ist in demselben Gebäude untergebracht wie die örtliche Handelskammer, was dem linken Schriftsteller als ironische Wendung vielleicht gefallen hätte. Weniger gefallen hätte ihm wohl, dass in dem Museum von seinen politischen Überzeugungen und Aktivitäten so gar nicht die Rede ist.

Aufschlussreich ist das Museum dennoch – auch wenn man hinterher mehr über die tonangebende Schicht in Sauk Centre weiß als über Sinclair Lewis. 1930 erhielt er als erster Amerikaner den Nobelpreis für Literatur. Erläuterung dazu in der Ausstellung: »Die Wahl von Lewis für den Preis war umstritten, aber es zeigte, dass Europa endlich Amerika als literarische Macht akzeptiert hatte.« Und: »Lewis erhielt ungefähr 48 000 Dollar.« Ach, darum ging es? Um die Anerkennung des literarischen Amerika? Und ums Geld?

Unter Umständen ist nicht einmal ein toter Autor ein guter Autor. »Sinclair Lewis´ Position als der amerikanische Gewinner des wichtigsten Literaturpreises ist eine hinreichende Rechtfertigung für das Bestreben seiner Heimatstadt, sein Andenken zu ehren. Aber die nagende Frage hinsichtlich seiner Arbeit bleibt: Ist das Kunst? Die

Frage ist kontrovers und wird vermutlich noch ein paar hundert Jahre unbeantwortet bleiben, oder so.« Oder so. Damit endet die Ausstellung. Nein, sie mögen ihn hier noch immer nicht. Es gibt eine weitere nagende Frage, die bleibt: Warum, oh warum war ich nicht bei der Sitzung dabei gewesen, in der über diesen Text beraten und entschieden wurde? Oder auch an der Sitzung, in der überhaupt die Einrichtung des Museums beschlossen wurde? Es wäre gewiss wunderbar gewesen zu beobachten, wie sich die Honoratioren in Qualen wanden.

Es ist, nebenbei bemerkt, kokett von Steinbeck, zu behaupten, er wisse nicht, warum er in die Geburtsstadt von Sinclair Lewis gefahren ist. Ganz genau wusste er das. Er konnte mit seiner freundlichen Wertschätzung des Kollegen einen Hinweis auf die eigene kritische Haltung liefern – zart genug, um sich nicht selbst angreifbar zu machen, aber deutlich genug, um von Gesinnungsfreunden verstanden zu werden. In Briefen, vor allem in Briefen an seinen Verleger, zeichnete er ein sehr viel düstereres Bild der USA als später in seinem Buch. Nach Ansicht seines Biografen Jay Parini hat er sich mit einem »etwas dünnen Patriotismus« der Chance begeben, »ein wirklich großes Buch über Amerika zu schreiben«.

»Dies sind meine Landsleute, und dies ist mein Land. Wenn ich etwas zu kritisieren und zu beklagen fand, dann waren es Tendenzen, die sich genauso in mir selber finden«, schreibt Steinbeck. Was für eine anbiedernde Formulierung. Sie nimmt dem Urteil jeden Stachel. Zahmer kann man kaum sein.

John Steinbeck äußerte sich in Briefen bedrückt darüber, dass er keine intellektuelle Leidenschaft, kein Engagement für ein Thema auf seiner Reise gefunden habe. Stattdessen: Gleichgültigkeit und Resignation. »Die, denen ich begegnet bin, sprachen nicht über Politik, sie schienen nicht darüber sprechen zu wollen, teils aus Vorsicht, wie mir schien, teils aus mangelndem Interesse, jedenfalls wurden starke Meinungen einfach nicht geäußert«, schrieb er auch in seinem Buch. Das ist eine Erfahrung, die ich kenne. Der Eindruck, dass dies im Hinblick auf das intellektuelle Klima in Deutschland genauso ist, hat sich bei mir in den letzten Jahren verfestigt. Ich war deshalb sehr neugierig, ob ich eine ähnliche Stimmung in den USA vorfinden würde.

Das Gegenteil ist der Fall. Landauf, landab treffe ich Männer und Frauen, die mit innerer Anteilnahme, großem Ernst, aber gleichzeitig oft auch voller Ironie und Selbstironie sich für Themen erwärmen und gerne darüber sprechen wollen. Mag sein, dass das damit zusammenhängt, dass ich Ausländerin bin. Es ist etwas anderes, ob man einer Fremden die eigene Welt erklärt oder ob man mit einem Landsmann diskutiert. Aber ich glaube nicht, dass es allein daran liegt. Ich denke, dass das Klima heute in den Vereinigten Staaten ein anderes ist als damals zu Zeiten der Reise von John Steinbeck. Wenn es irgendetwas gibt, worum ich die Amerikaner beneide: Das ist es.

Von dem Museum in Sauk Centre abgesehen ist Minnesota übrigens »für die Saison geschlossen«. Nicht nur dort, wo es dransteht. Oh ja, ich bin sicher: Auch Ende Oktober 2007 tobt dort irgendwo das Leben. Es finden spannende Veranstaltungen statt, lustige Feste, erregte Diskussionen, menschliche Tragödien und Glücksfälle ereignen sich. Aber einfach nicht da, wo ich mich befinde. Ich bin Motels inzwischen ein bisschen leid und habe mir deshalb aus dem Internet einige Lodges und Hotels herausgesucht, die ganzjährig geöffnet haben. Zumindest theoretisch. Sie wirken ausnahmslos so abweisend, dass ich sofort umdrehe.

Keine Menschen, kaum Autos auf den Straßen. Irgendwann glaube ich mich verfahren zu haben, und weil ich schon so lange niemanden mehr getroffen habe, biege ich auf ein privates Grundstück ein, um nach dem Weg zu fragen. Keine Antwort auf mein Klingeln. Der Schuppen steht offen, Werkzeug liegt herum, aus einem Radio ertönt Musik. Ich gehe zögernd in die Richtung und sehe eine Gestalt, die mir den Rücken zuwendet und mitten auf dem geteerten kleinen Parkplatz in einem Boot sitzt. Den Oberkörper unentwegt in einem – für mich unhörbaren – Rhythmus bewegend, der nichts mit der Radiomusik zu tun hat.

»Hallo?«, rufe ich schüchtern. Dann etwas lauter: »Hallo?« Eigentlich müsste mich der Mensch in dem Boot gehört haben. Eigentlich hätte er schon mein Auto gehört haben müssen und das Klappen der Autotür. Aber er reagiert nicht. Schaukelt nur weiter mit dem Oberkörper. Vor und zurück, vor und zurück. Er dreht sich nicht um. Die Kapuze seines Pullovers schaukelt mit. Plötzlich werde ich hysterisch. Die kleinen, lustigen Halloween-Kürbisse neben der Eingangstür grinsen mich auf furchterregende Weise an. So muss es anfangen, wenn harmlose Reisende irgendwo verschwinden. Hitchcock hätte diese Szene drehen können. Mit unerfreulichem Ausgang. Ich drehe mich um und laufe – ach was: renne zu meinem Auto und fahre weg. Egal wohin. Bloß weg.

Wahrscheinlich war der Mann – ich denke, es war ein Mann – taub. Oder er litt unter Alzheimer. Oder er wollte einfach seine Ruhe haben. Oder er war autistisch. Aber mir reicht es danach mit Minnesota und mit dem Versuch, den Kontakt zu diesem Teil des Landes herzustellen. Also auf nach Fargo, North Dakota.

Drittes Kapitel
Der Mythos von Cowboys und Indianern
– und was davon geblieben ist

Fargo. John Steinbeck ist dahin gefahren, weil er es so beeindruckend fand, dass diese Stadt in der Mitte der USA – von Ost nach West gesehen - immer das dramatischste Wetter der Vereinigten Staaten zu haben schien, dass es also entweder besonders heiß war oder besonders kalt oder besonders schneereich. Als er dort ankam, war er enttäuscht, dass der Ort »genauso verkehrsverstopft, genauso neonbepflastert, genauso quirlig und voller Aktivitäten war wie jede andere aufstrebende Sechsundvierzigtausend-Seelen-Stadt«. Er freute sich aber darüber, dass diese abscheuliche Realität es nicht schaffte, das romantische Bild in seinem Kopf zu zerstören.

Schön für ihn. Ich hatte vorher kein romantisches Bild gehabt und finde Fargo, das inzwischen knapp 100000 Einwohner hat, einfach nur abscheulich. Gesichtslos und langweilig. Die durchaus hilfsbereite junge Frau im Besucherzentrum reagiert auf die Frage nach Sehenswürdigkeiten ein wenig hilflos. Ringt sich aber nach einigem Nachdenken dazu durch, mir den örtlichen Zoo zu empfehlen, außerdem ein Geschäft, in dem man ganz vorzüglich Sportbekleidung erwerben könne, und darüber hinaus den unmittelbar vor ihrem Arbeitsplatz gelegenen »Walk of Fame«. Dort werden offenbar alle, die jemals vor mehr als fünf Zuschauern aufgetreten sind und nach Fargo kommen, genötigt, ihre Unterschrift und den Abdruck ihrer Hände auf Zement zu hinterlassen.

Da ich ja schon in Minnesota, wenn auch vergeblich, nach einer ländlichen Unterkunft gesucht habe, buche ich jetzt ein Zimmer im Country Inn and Suites. In der Lobby stehen hübsche Polstermöbel mit Chintzbezügen, die gut in einen englischen Landgasthof passen würden. Aus dem Fenster sehe ich gegenüber am Ende eines großen Parkplatzes einen Supermarkt. Rechts liegt eine Tankstelle, links ein Spirituosengeschäft.

Am nächsten Morgen fahre ich zunächst einmal in Richtung Norden. Ginge es ausschließlich darum, die USA zu umrunden, dann müsste ich gleich nach Westen fahren, aber dahin führt nur eine schnurgerade Autobahn, und ich möchte das Land ja kennenlernen. Schon deshalb, weil North Dakota verglichen mit anderen US-Bundesstaaten sehr wenig Besucher hat. Also fahre ich gen Norden – allerdings auch auf einer schnurgeraden Autobahn – und biege erst in Grand Forks nach Westen ab. Dort gibt es eine Landstraße, wenn auch eine mehrspurige. Also einen sogenannten Highway.

Es ist nicht verwunderlich, dass die Straßen hier breit sind und gerade verlaufen. Der Nordosten von North Dakota ist flach – was heißt schon flach? Platt. Von Landschaft kann man kaum sprechen. Allenfalls von Farben: von blassem, verwaschenem Grün und von schmutzigem Grau. Ein paar kahle Büsche stehen zwischen den Feldern. Eigentlich gibt es auch kein Wetter, nicht nur kein dramatisches, sondern überhaupt keines. Es ist ein bisschen bewölkt, ein bisschen kühl, ab und zu sieht man ein bisschen Himmel. Blassblau. Warum bloß haben Menschen jemals beschlossen, sich in dieser deprimierenden Gegend niederzulassen?

Weil der Boden fruchtbar ist. Kartoffeln, Sonnenblumen, Mais, Sojabohnen und Weizen wachsen gut. Über das undefinierbare Wetter am heutigen Tag sollte ich mich nicht beschweren. Steinbeck hatte recht damit, dass hier oft extreme Witterungsverhältnisse herrschen. 49 Grad Celsius im Sommer und minus 51 Grad im Winter sind in North Dakota schon gemessen worden. Hagel, Schneestürme und Tornados gehören so regelmäßig zum Klima wie der Wechsel der Jahreszeiten. Dann doch lieber bewölkt mit Flecken von blassblauem Himmel.

Ausländer haben sich hier relativ spät angesiedelt. Europäische Bauern kamen erst nach 1870 – vor dem Bau der Eisenbahn war der Transport landwirtschaftlicher Güter wegen der großen Entfernung zu den wirtschaftlichen Zentren der USA zu schwierig. Auch der Pelzhandel hat hier erst spät begonnen. Die Bedingungen waren zu hart für weiträumige Handelsbeziehungen, zu abgelegen war die Gegend. Die Beziehungen zwischen einheimischen Indianern und Einwanderern entwickelten sich friedlicher als anderswo. Große Schlachten wie weiter im Westen hat es nicht gegeben. Gut bekommen ist der Kontakt mit den Fremden allerdings den Leuten nicht, die ursprünglich in dieser Region einmal zu Hause waren. Im ersten Drittel des 19. Jahrhunderts fielen die meisten Indianer in North Dakota einer Pockenepidemie zum Opfer. Die Urbevölkerung hatte – wie auch andernorts – darunter zu leiden, dass ihr Immunsystem über keinerlei Abwehrkräfte gegen eingeschleppte Krankheiten verfügte.

Am Rand der US-Route 2 zwischen Grand Forks und Devils Lake steht ein historischer Gedenkstein neben zwei Kästen mit verwelkten gelben Blumen: »Entlang dieses Weges haben Indianer Fracht und Post für die US-Regierung transportiert. Von Fishers Landing nach Fort Totten in den Jahren 1879 bis 1882.« Damals hätten sie es doch eigentlich schon besser wissen sollen. Verbrennen hätten sie das Zeug müssen, wenn sie begriffen hätten, was gut für sie gewesen wäre.

Je größer der Abstand, desto leichter fällt Radikalismus. Auf fremdem Arsch ist gut durch Feuer reiten. Bin ich sicher, dass ich damals nicht zu jenen Einheimischen gehört hätte, die zu friedlicher Koexistenz geraten hätten? Was hat denen, die Widerstand gegen die fremden Usurpatoren geleistet haben, dieser Widerstand genutzt? Usurpatoren ist auch ein Wort, das sich im Hinblick auf manche historischen Situationen nur mit großer zeitlicher Distanz flüssig benutzen lässt. Die irische Bäuerin, die wegen der Hungersnot in ihrer Heimat in die Neue Welt gekommen ist, hat sich gewiss nicht als Teil einer Besatzungsmacht gesehen. Die Demokraten, die nach der Revolution von 1848 vor politischer Verfolgung aus Deutschland hierher geflohen waren, haben das auch nicht getan.

Von der Vergangenheit in die Gegenwart: Nur einmal angenommen, als irreales Gedankenspiel, das Oberste Gericht der USA urteilte heute, das gesamte Land müsse den Indianern zurückgegeben werden – wäre ich begeistert? Nein. Wäre ich nicht. Die Folgen wären unabsehbar und fürchterlich. Innerhalb der Vereinigten Staaten, aber nicht nur dort. Sondern weltweit. Mit diesen Überlegungen sollen nicht der größte Landraub der Geschichte und die blutige Unterdrückung der einheimischen Bevölkerung auf dem Gebiet der heutigen USA gerechtfertigt werden. Es soll nur ein wenig Schaumlöscher in die Flamme der Empörung gespritzt werden, die in Europa oft durch Sentimentalität genährt wird.

Allerdings gibt es auch gute Gründe für unsentimentale Feststellungen, die deprimierend sind. Nach wie vor ist die wirtschaftliche Lage der Indianer signifikant schlechter als die des Durchschnitts der Bevölkerung. Sie sind weniger gut ausgebildet, verdienen weniger, sind überproportional von Arbeitslosigkeit betroffen und leben deutlich häufiger unterhalb der Armutsgrenze – und all das gilt auch für die 85 Prozent, die nicht in Reservaten leben. Dort kann die Arbeitslosenrate auf bis zu 70, 80 oder gar 90 Prozent hochschnellen.

Im Reservat am Rande des Devils Lake, des Teufelssees, versucht man, die Finanzen mit einem Spielkasino aufzubessern. Aber anders als Foxwoods in Connecticut glitzert es nicht, sondern es sieht billig und seltsam traurig aus. Die Automaten sind die gleichen, natürlich, aber viele sind kaputt, der Teppich ist abgetreten und manche Leute, die hier sitzen, wirken so, als sei der einarmige Bandit ihre letzte Chance auf Rettung. Das Kasino bringt auch deutlich weniger ein als das in Foxwoods. Wie viel nutzt es den Bewohnern des Reservates überhaupt? Gegner des Glücksspiels reden von Korruption und davon, dass vor allem auswärtige Geschäftspartner den großen Reibach machen. Ob das stimmt, kann ich nicht beurteilen. Ich könnte es vermutlich nicht einmal dann beurteilen, wenn ich viel mehr Zeit für eine ausführliche Recherche hätte. Kaum etwas anderes lässt sich so schwer nachweisen wie Korruption.

Der Name »Teufelssee« ist treffend gewählt. Helle, fast weiße Baumstämme und knorrige, kahle Äste ragen noch weit jenseits des Ufers aus dem Wasser. Wie Teufelskrallen eben. Ein bizarrer Anblick. In diesem Reservat ist Alkohol verboten. Unmittelbar hinter dessen Grenze liegt Randy´s Sheyenne Bar. In Sheyenne, das aussieht wie eine Stadt aus einem alten Westernfilm. Vor etwa 25 Jahren habe der Ort staatliche Gelder erhalten, um ihn so herzurichten und das Image aufzupolieren, erzählt James Randy, der heute ausnahmsweise hinter dem Tresen steht. Normalerweise führt seine Frau dieses Geschäft und er die Farm der Familie. Die Finanzspritze der öffentlichen Hand scheint nicht viel genutzt zu haben. Das Dorf wirkt verlassen. Ein Motel gibt es nicht. »Aber viele freie Zimmer – wenn Sie Gesellschaft finden«, sagt James süffisant. »Wir haben nachts ein rapides Bevölkerungswachstum.«

Tagsüber wohnen hier inzwischen weniger als 400 Leute. Die Schule hat gerade dichtgemacht: Schülermangel. Die Landbevölkerung wandert in die Städte ab, die Größe der einzelnen Farmen wächst. »Mit genmodifiziertem Saatgut ist die Arbeit viel leichter geworden. Man braucht weniger Arbeitskräfte«, erklärt der Farmer, der selbst etwa 800 Hektar besitzt. Teilweise Weiden, teilweise Ackerland.

Dass abends Auswärtige hierherströmen, ist kein Wunder. Die Kneipe ist die einzige im Umkreis von 30 Kilometern. Hinter der langen Bar sind mindestens 80 verschiedene Spirituosen aufgereiht, darunter auch Jägermeister, den James Randy mir unbedingt verkaufen will, weil wir Deutschen ihn doch angeblich so gerne trinken. »Die Bar läuft gut«, meint er grinsend. Klar. Ohnehin scheint der 55-Jährige zu den Glücklichen zu gehören, die derzeit auf dem ganzen Weg zur Bank nur lachen: Auch die Preise für Landwirtschaftsprodukte sind gerade gestiegen.

Getreide bringt 7,58 Dollar per Verkaufseinheit. Es waren schon mal nur 3,20 Dollar. Sojabohnen liegen bei 8,50 Dollar. Früher lagen sie bei fünf. Der Grund: Um die steigende Nachfrage nach Ethanol zu befriedigen, das als Treibstoff eingesetzt werden kann, wurden in den letzten Jahren große Flächen von Sojabohnen auf Mais umgestellt. Jetzt werden Sojabohnen knapp und die Preise steigen. »Niemand würde das zugeben, aber wir haben ein wirklich gutes Jahr«, sagt James. Niemand würde das zugeben – das klingt vertraut. Meine Verwandten väterlicherseits waren jahrhundertelang niedersächsische Bauern gewesen. Ich erinnere mich, wie mein Vater in meiner Kindheit regelmäßig eine Tante oder einen Großonkel von mir anfrotzelte: »Na, komm schon, gib zu, dass es euch gerade ganz gut geht. Ihr klagt doch immer!« Und wie die Verwandten dann verschmitzt lächelten und ihre Antwort immer mit einer Ermahnung einleiteten: »Aber Günter, du musst auch bedenken ...« Manches scheint sich nie – und nirgendwo – zu ändern.

James Randy klagt allerdings nicht, im Gegenteil. Geboren und aufgewachsen ist er auf einer Farm, die sein Urgroßvater 1905 gekauft hatte. Dieser Urgroßvater, der aus Norwegen kam, hatte noch im Amerikanischen Bürgerkrieg gekämpft. In Wisconsin – North Dakota gehörte damals noch nicht einmal zu den Vereinigten Staaten. Es trat erst 1889 bei, als 39. Bundesstaat. Es erstaunt mich immer wieder, was die Leute hier alles über ihre Familiengeschichte wissen. Ob das damit zusammenhängt, dass die Auswanderung auch bedeutete, sich endlich auf Augenhöhe mit dem Adel und den anderen gehobenen Ständen fühlen zu können? Für die der Stammbaum ja immer schon eine große Bedeutung hatte?

Wenn es nach dem Vater geht, dann wird der heute 19-jährige Sohn die Farm einmal übernehmen. Der ging südlich von Fargo auf ein College, aber er hat die Ausbildung abgebrochen. Angeblich – das hat er jedenfalls dem Vater erzählt – wurden dort zu viele Drogen genommen. Der Vater hat diese Begründung vertrauensvoll akzeptiert, und danach half der Sohn James Randy erst einmal drei Monate bei der Heuernte. »Alles, was er noch braucht, ist ein bisschen Mathematik und Geschäftsbuchhaltung«, sagt James voller Hoffnung. Dieses oder spätestens nächstes Jahr werde er wieder auf ein College gehen. Keine Frage.

Der Vater ist überzeugt, dass die Zukunft des Sohnes gesichert ist. Früher habe jemand, der eine Farm von etwa 8000 Hektar besessen habe – also zehnmal so viel Grund und Boden wie er –, ungefähr 40 Leute beschäftigen müssen, um das Land zu bestellen, sagt der Farmer. Und die hätten auch noch alle ihre Familien davon ernähren müssen. Heute, mit all den Maschinen und dem genveränderten Saatgut, genügten sechs Hilfskräfte. Das sei schon eine sehr große Ersparnis. Ja, das ist es wohl. Es erklärt unter anderem, warum die Schule in Sheyenne schließen musste. Was sich hingegen erst noch zeigen muss: für wen das am Ende eine Ersparnis bedeuten wird.

Genmanipuliertes Saatgut hat ebenso wie die Industrialisierung in den letzten Jahren die Tendenz der Konzentration in der Landwirtschaft gefördert. Kleinbauern haben es auf die Dauer immer schwerer, konkurrenzfähig zu bleiben. Das genveränderte Saatgut ist teuer und patentiert, es kann nur einmal verwendet, muss also jedes Jahr neu gekauft werden.

Hat James Randy keine Angst, dass seine Farm über kurz oder lang – eher über kurz – von einem Großbetrieb geschluckt werden wird? Er zuckt die Achseln. Nein, hat er nicht. Er hält die ganze Diskussion über genmanipulierte Nahrungsmittel für albern. Übrigens habe auch noch niemand Gesundheitsschäden für die Konsumenten nachweisen können, die Neuerungen seien einfach eine Arbeitsersparnis. Sonst nichts.

Man kann aus dieser Haltung nicht schließen, dass James sich nicht für Umweltpolitik – oder auch für andere politische Fragen – interessiert. Im Gegenteil. Er tut es, und er unterhält sich gerne darüber. »Ich glaube, dass die ganze Welt heute von den Ölkonzernen regiert wird«, sagt er. »Und ich glaube an das Phänomen der globalen Erwärmung. Viele andere Leute hier tun das nicht.« All politics are local, es gibt nur Lokalpolitik? James ist das Gegenbeispiel für diese These. Der Irakkrieg? Ein schwerer Fehler. »Saddam Hussein war ein ekelhafter Typ. Aber auch wir haben inzwischen sehr viele Leute umgebracht. Die Irakis hatten einen schlechten Polizisten. Jetzt haben sie gar keinen Polizisten mehr.« Wer wird die nächsten

Präsidentschaftswahlen gewinnen? »Hillary Clinton. Wenn sie nicht Barack Obama als Vizepräsidenten benennt. Eine Frau und ein Schwarzer – das ist zu viel auf einmal.« Nicht für ihn, das will er damit nicht gesagt haben. Sondern für die breite Mehrheit.

Unser Gespräch wird immer wieder unterbrochen, weil James sich um andere Gäste kümmern muss. Die Bar ist gut besetzt – nachmittags um halb drei. Vielleicht hat er ja recht. Vielleicht liegt eine sonnige Zukunft vor ihm und auch vor seinem Sohn. Vielleicht gründet meine Skepsis auf Schwarzmalerei und Pessimismus, von denen doch oft behauptet wird, dass Deutsche dazu neigen. Ich wünsche es ihm. Überzeugt bin ich nicht.

Nach Westen hin verändert sich die Landschaft in North Dakota. Sie bietet zunächst auf dem Missouriplateau weite Ausblicke über sanfte Hügel, im Südwesten beginnen dann die Great Plains, die großen Ebenen, die sich östlich der Rocky Mountains von Kanada bis hinunter nach Texas ziehen. Man kann diese Ausblicke genießen. Auf den Verkehr muss man kaum achten – man ist nahezu alleine auf der Straße. An den Autobahnausfahrten, an denen in anderen Staaten zahlreiche Hinweise auf verschiedene Schnellrestaurants, Motels und Tankstellen geliefert werden, steht hier immer wieder das gleiche Schild: »No services – keine Dienstleistungen.« Über viele Kilometer hinweg.

North Dakota ist noch immer einer der am dünnsten besiedelten Staaten der USA. Auf über 180 000 Quadratkilometern leben gerade mal 635 000 Einwohner. Das sind statistisch weniger als vier Einwohner pro Quadratkilometer, und diese Statistik spiegelt die Realität nur sehr unvollkommen wider, da die große Mehrheit der Bevölkerung inzwischen in Städten wohnt. Leer und einsam: Diese Begriffe haben hier eine Dimension, die in Mitteleuropa nicht vorstellbar ist.

»Jemand muss mir vom Missouri in Bismarck, North Dakota, erzählt haben, oder ich habe darüber gelesen«, schrieb Steinbeck. »In beiden Fällen hatte ich nicht aufgepasst und kam aus dem Staunen gar nicht mehr heraus. Hier müsste man die Karte falten. Hier ist die

Grenze zwischen Ost und West. Auf der Bismarck-Seite ist östliche Landschaft, östliches Gras, mit dem Aussehen und dem Geruch der Oststaaten. Jenseits des Missouri, auf der Mandan-Seite, ist purer Westen, mit braunem Gras und tief eingeschnittenen Wasserläufen und frei liegenden Gesteinsschichten.«

Auf einer langen, einsamen Strecke sucht das Auge nach Abwechslung. Was geboten wird: riesige Schilder am Straßenrand gegen Abtreibung. Mit Fotos von entzückenden Babys, erstaunlich anrührenden Ultraschallbildern und Zitaten, die Embryos oder Säuglingen in den Mund gelegt werden und sich an die Mütter richten. So umstritten die Reform des Paragrafen 218 bei uns auch war – mit der aufgeheizten Debatte in den USA lässt sich das kaum vergleichen. Die Nation ist gespalten: Etwa die Hälfte ist »pro life – für das Leben«, die andere Hälfte für »pro choice – für die Wahl«, also für das Recht der Frau, selbst über eine Schwangerschaft zu entscheiden.

Ich kann verstehen, wenn jemand eine Abtreibung aus ethischen Gründen ablehnt. Weniger nachvollziehbar finde ich, dass die meisten Abtreibungsgegner die Todesstrafe befürworten. Viele derer, die »für das Leben« eintreten, möchten offenbar gerne differenzieren, um welches Leben es geht. Sie halten es nicht in jedem Falle für ein schützenswertes Gut. Einige wenige sind auch der Meinung, dass Ärzte, die einen Schwangerschaftsabbruch vornehmen, kein Recht auf Leben haben und dass ihre Patientinnen durchaus gefährdet werden dürfen. Schon häufig hat es Bombenattentate, Mordversuche an Medizinern und Brandstiftung in Abtreibungskliniken gegeben.

Die große Mehrheit der »pro life«-Aktivisten lehnt solche Methoden allerdings ab – eigentlich eine Selbstverständlichkeit. Merkwürdig, dass die Organisationen es für nötig halten, das eigens zu betonen. Wäre es anders, dann unterstützte die Hälfte der Bevölkerung in den USA individuelle Schwerverbrecher. Das hätte sich herumgesprochen. Viele Abtreibungsgegner halten es allerdings für zulässig, Patientinnen und Personal gegebenenfalls gewaltsam daran zu hindern, eine Klinik zu betreten. Elf Bundesstaaten haben inzwischen Gesetze verabschiedet, die ein solches Vorgehen verbieten. Auch das finde ich erstaunlich. Ich hätte angenommen, das verstünde sich von selbst, ohne dass es dafür eines neuen Gesetzes bedarf.

Ebenso wie in Deutschland geht es auch in den USA bei der Diskussion über Abtreibung nicht nur um die Güterabwägung zwischen dem Schutz des ungeborenen Lebens und der Selbstbestimmung der Frau. Die Frage ist vielmehr zu einer der Säulen geworden, auf denen ein konservatives – um nicht zu sagen: reaktionäres – Weltbild ruht.

Der Lastwagenfahrer Harold Patton war für die Todesstrafe und gegen die Abtreibung, ebenso wie der Waffenhändler Rob Osborne. Auf meiner ganzen Reise habe ich nur eine einzige Wählerin der Republikaner getroffen, die von sich aus und ungefragt betonte, sie sei »pro choice«. Die 76-jährige Pat Moynihan aus South Carolina, die meinte: »Natürlich bin ich gegen Abtreibung. Wer ist schon dafür? Aber das sollte niemals ein politisches Thema sein. Sondern eine medizinische, spirituelle und persönliche Frage.« Sie habe während eines Krankenhausaufenthaltes eine junge Frau getröstet, die wegen Bluthochdrucks ihre Schwangerschaft auf ärztlichen Rat hin abgebrochen habe: »Wenn sie gestorben wäre, dann hätte sie drei kleine Kinder hinterlassen.«

Eine Ausnahme, wie gesagt. Alle anderen republikanischen Gesprächspartner, mit denen ich auf das Thema zu sprechen kam, erklärten sich mit derselben Selbstverständlichkeit zu kompromisslosen Abtreibungsgegnern. Etwa so, wie sie auf Nachfrage gewiss auch bestätigt hätten, dass zwei mal zwei vier ist. Die meisten allerdings auch mit vergleichbar geringer erkennbarer Leidenschaft.

Die »pro life«-Bewegung stützt sich mehrheitlich auf die christliche Moraltheologie. Nicht alle, aber viele ihrer Anhänger sind evangelikale Fundamentalisten, die ja ohnehin in den USA in den letzten Jahren zunehmend an Macht gewinnen, gefördert auch durch deren präsidialen Vertreter im Oval Office. Ob es denn wirklich so sei, dass die ländlichen Gebiete inzwischen fest in der Hand der Evangelikalen seien, hatte mich eine Freundin in einer Mail gefragt. North Dakota ist der Bundesstaat mit den wenigsten Atheisten und den – gemessen an der Bevölkerung – meisten Kirchen der Vereinigten Staaten. Also ist dies wohl der richtige Ort, um mit etwas anzufangen, was ich sowieso schon lange vorhatte: mit regelmäßigen Gottesdienstbesuchen.

Recherchen im religiösen Bereich sind mir grundsätzlich unbehaglich. Ich bin geprägt von einer Kultur, in der Glaubensfragen als persönliche Angelegenheit gelten, daher empfinde ich derlei Recherchen als Eindringen in die Privatsphäre. Andererseits aber lässt sich ein Faktor schwerlich als »privat« definieren, der einen großen Einfluss auf Politik und Gesellschaft hat. Ich habe das Dilemma zu lösen versucht, indem ich immer dann, wenn Begegnungen über die öffentliche Veranstaltung des Gottesdienstes hinaus stattfanden, mein Vorhaben ebenso wie bei allen anderen Gesprächen offen benannt habe und besonders darauf achtete, hinsichtlich meiner eigenen Position keinen falschen Eindruck zu erwecken. Mich also nicht in das Vertrauen meines Gegenübers einzuschleichen. Ein Unbehagen blieb dennoch.

In der Gemeinde Beach mit ihren etwas mehr als 1 000 Einwohnern, kurz vor der Grenze nach Montana gelegen, gibt es fünf Kirchen verschiedener christlicher Konfessionen. Zum Vergleich: Im etwa gleich großen niedersächsischen Rethen, dem Geburtsort meines Großvaters, gibt es eine. Ich entscheide mich für einen evangelisch-lutherischen Gottesdienst, der Glaubensrichtung, in der ich selbst erzogen worden bin.

Die Rituale sind vertraut, die Inhalte sind es auch. Der Gottesdienst ist würdig und unpolitisch. Einziger Hinweis auf Tagesaktualität: Der in den Fürbitten ausgesprochene Wunsch, die Truppen möchten Erfolg haben mit ihrer Aufgabe, Frieden zu stiften im Irak, und heil nach Hause kommen. Unter dem Dach dieser Formulierung können sich Leute ganz unterschiedlicher politischer Überzeugungen zusammenfinden.

Zufällig werden an diesem Sonntag einige Jugendliche konfirmiert, und hier ist etwas üblich, was ich von zu Hause nicht kenne. Die Konfirmanden erzählen vor ihrer Einsegnung der Gemeinde ein

Erlebnis, bei dem sie sich Gott nahe gefühlt haben. »Ich habe mich Gott nahe gefühlt, als ich in den Badlands gecampt habe und beobachtete, wie die Sonne über dem Horizont aufstieg«, sagt Briar Sime. Die Badlands vor der Haustür zu haben: Das muss dazu führen, dass die Natur mit all ihrer Schönheit und mit all ihren Schrecken ganz eng mit dem eigenen Leben und mit dem eigenen Glauben verwoben ist.

Die Badlands sind in einem der weniger berühmten Nationalparks in den USA gelegen, offiziell benannt nach dem 26. Präsidenten der USA, Theodore Roosevelt, der schon im späten 19. und frühen 20. Jahrhundert ein engagierter Naturschützer war. Es kommen viel weniger Besucher hierher als zum Grand Canyon, in den Yosemite Park oder nach Yellowstone – North Dakota ist eben abgelegen. Dabei ist der Anblick spektakulär: Vor Millionen von Jahren haben Flüsse tiefe Schluchten in den Fels der heute trockenen Landschaft gegraben. Die Ablagerungen der verschiedenen Zeitalter lassen das Gestein in unterschiedlichen Farben leuchten, vor allem frühmorgens und abends vor der Dämmerung: nicht nur grau, sondern auch silbern, rötlich und rosa. Briar ist gewiss nicht der Einzige, der hier ein religiöses Erlebnis hatte.

In unmittelbarer Nähe der Badlands habe ich auf einer Gästeranch übernachtet. Die meisten der Besucher kommen dorthin, um auszureiten, andere gehen auf die Jagd. »Es sind alles Städter«, sagt Chris spöttisch. Chris und seine Frau Elvira arbeiten seit sieben Monaten auf der Ranch, sie als Köchin, er als »Mann für alles«. Zu seinen Aufgaben gehört es, das erlegte Wild auf die Ranch zu transportieren und es fachgerecht so zu zerlegen, dass die Hobbyjäger es schön portioniert mit nach Hause nehmen können. Wir kommen an der Bar der Gästeranch ins Gespräch. Fast alle Männer tragen große Westernhüte mit riesigen Krempen. Die Frauen hängen sich bei ihren Helden ein und lauschen dem Jägerlatein so bewundernd, als hörten sie es zum ersten Mal. Ganz großes Kino.

Chris, Elvira und ich haben einander ein paar Mal angegrinst. Es gibt nichts, was Fremde schneller verbindet, als wenn sie sich gemeinsam wortlos über andere Leute lustig machen. Schließlich fragt Chris, was mich denn in diese Gegend verschlagen habe. Ich mag darauf nicht ganz offen antworten. Wenn ich jetzt ein Interview führe, dann ist das Einverständnis zerstört, das ich so genieße, weil es in einer unvertrauten Umgebung ein seltenes und kostbares Glück ist. Stattdessen wird eine Gesprächshierarchie hergestellt. Mein mit mir selbst geschlossener Kompromiss, an den ich mich auch auf der weiteren Reise in ähnlichen Situationen halte: keine Nachnamen.

Die Antwort, ich wolle drei Monate nur so durchs Land fahren, stellt beide ohnehin völlig zufrieden. Schließlich tun sie selbst schon ihr ganzes Leben lang nichts anderes. Mit einem Wohnwagen, der aus den Siebzigerjahren stammt, mit vier Hunden und mit ebenso vielen Vögeln reisen sie, wohin es sie gerade zieht. Natürlich sind sie nicht krankenversichert. Das sagen sie nicht nur, das sieht man auch. Elvira hat nur noch wenige Vorderzähne. Beide trinken zu viel. Auch das sieht man.

Was man außerdem sieht und spürt: wie zufrieden, ja glücklich beide sind. Ganz zart, ganz rücksichtsvoll gehen sie miteinander um. Nach zehn Jahren Ehe. Wir sind uns schnell einig, dass Minnesota irgendwie blöd ist. Obwohl: »Du hättest in den Norden fahren müssen!« Ja, und Fargo und überhaupt alle Städte kann man vergessen. Wisconsin hingegen ist toll, natürlich. Und wenn ich nach Washington State käme, dann müsse ich immer ganz dicht an der kanadischen Grenze entlangfahren. Die Leute seien freundlicher, die Landschaft sei schöner, alles sei billiger als anderswo. Über Montana braucht man gar nicht zu reden. Das ist sowieso wunderbar. Kalifornien? Na, wenn ich da unbedingt hin will, dann nur in den Norden. Alles andere sei nicht zu ertragen.

Wir schwelgen in schönen Erinnerungen und schmecken kommende herrliche Erlebnisse vor. Chris und Elvira können es erkennbar kaum aushalten, dass ich morgen – schon morgen! – abreise. Abreisen darf. So gerne würden auch sie weiterziehen. Sie sind jedoch nicht unvernünftig, deshalb werden sie den Winter über auf der Gästeranch bleiben. »Aber im Frühjahr, wenn uns der Hafer sticht«, sagt

Elvira, »dann nehmen wir unseren Wohnwagen und ziehen wieder los.« Mit allen vier Hunden. Und mit den Vögeln.

Man muss in einer Situation wie meiner aufpassen, sich nicht von der Romantik der Straße einfangen zu lassen. Man muss allerdings auch aufpassen, dass man Glück nicht nur dann als solches akzeptiert, wenn dessen Form ins eigene Weltbild passt. Mir ist der Gedanke zuwider, dass Chris und Elvira ohne jede soziale Sicherheit sind, dass sie sich keine Arztbesuche leisten können, dass sie im Alter völlig mittellos sein werden. Aber ich muss zugeben: Die beiden führen offenbar genau das Leben, das sie führen wollen. Ob es klug ist, was sie tun, geht mich nichts an.

Ich kann verstehen, dass sie eifersüchtig auf meine Weiterfahrt nach Montana sind. John Steinbeck nannte die Gegend »ein großes Stück Pracht und Herrlichkeit«. Die Dimensionen seien riesig, aber nicht überwältigend, das Land strotze von Gras und Farben und die Berge seien von der Art, wie er sie erschaffen würde, wenn Berge jemals auf seiner Agenda stünden. »Für andere Staaten empfinde ich Bewunderung, Respekt, Anerkennung, sogar eine gewisse Zuneigung, aber bei Montana ist es Liebe, und Liebe ist schwer zu erklären, wenn man verliebt ist.«

Mir geht es ähnlich. Vor ein paar Jahren war ich schon einmal hier gewesen, und ich hatte mich damals gar nicht trennen mögen. Die ganze Reise über habe ich mich jetzt schon auf Montana gefreut, und Montana begrüßt mich dann auch herzlich. In Gestalt der ehemaligen Lehrerin Karen Teeters, die seit ihrer Pensionierung stundenweise im Besucherzentrum am Rande der Autobahn arbeitet.

Diese Besucher- oder Willkommenszentren, die an den großen Straßen immer unmittelbar hinter der Grenze eines neuen Bundesstaates liegen, sind etwas Wunderbares. Man bekommt Landkarten, Broschüren, Coupons für ermäßigte Hotelpreise, Informationen über Sehenswürdigkeiten jedes Interessengebiets. Das Beste: Die Mitarbeiter sind kenntnisreich, freundlich und geben sich große Mühe, die Antworten auch auf komplizierte oder dumme Fragen herauszufinden. Alles ohne Gegenleistung. Nicht einmal ein Trinkgeld wird erwartet.

Bei Karen Teeters geht das Engagement über professionelle Freundlichkeit hinaus – sie hat Lust auf ein Gespräch. Also folge ich ihr ein paar Meilen bis ins Café ihres Heimatdorfes Wibaux. 600 Einwohner hat der Ort, nicht einmal drei Quadratkilometer groß ist er. Ein Marktflecken. Die Kellnerin des Cafés ist eine ehemalige Schülerin, die Karen sofort stolz vom Sieg in einem Sportwettbewerb erzählt. Am Nachbartisch sitzen andere junge Leute von der High School, an der sie bis vor ein paar Monaten unterrichtet hat. Wieder werden ein paar Worte gewechselt. Die 65-Jährige ist hier zu Hause.

Dabei ist sie, wie sie selbst sagt, ein »Fremdgewächs«. Sie stammt aus dem Bundesstaat Washington an der Pazifikküste und sie hat sich vor über 40 Jahren auf einer Reise in ihren Mann verliebt, einen Rancher. Es habe Jahre gedauert, bis sie sich an die Mentalität hier gewöhnt habe: »Manchmal kann ich die Macho-Haltung hier im Mittleren Westen schwer aushalten.« Immer noch.

Auch nach Jahrzehnten glücklicher Ehe hat Karen Teeters keinen romantischen Blick auf den Beruf des Rinderzüchters. Im Gegenteil: »Wenn ich nicht als Lehrerin gearbeitet hätte, dann hätten wir das Land vermutlich nicht mehr«, sagt sie nüchtern. Sie brachte im Jahr knapp 38 000 Dollar nach Hause. Außerdem standen ihr so nützliche Sozialleistungen zu wie eine Krankenversicherung für die ganze Familie – für viele Angestellte ist das fast noch wichtiger als das Gehalt, gerade wenn der Ehepartner selbstständig ist. Geld war trotzdem immer knapp bei den Teeters. Deshalb musste der Mann gelegentlich auf einem Ölfeld arbeiten. »Aber seine Wurzeln waren auf der Ranch.«

Ungefähr 20 Dollar pro Stunde müsse man heute hier bekommen, um die Familie überhaupt anständig durchbringen zu können, meint die gepflegte ältere Dame. Der staatlich festgesetzte Mindestlohn liegt bei 6,25 Dollar. Im Vergleich der jährlichen Durchschnittseinkommen aller 50 US-Staaten steht Montana mit etwas mehr als 25 000 Dollar auf Platz 47.

Der Sohn hat die Leidenschaft des Vaters geerbt. Die Mutter war nicht begeistert: »Ich habe zu ihm gesagt: Wenn du die Ranch übernehmen willst – bitte, gerne, aber lern einen anständigen Beruf, damit du dir dieses teure Hobby leisten kannst.« Der Sohn fügte sich. Er machte eine Ausbildung als Computer- und Telekommunikationstechniker. Und stellte die Ranch von Rinderzucht auf Schafe um. Die verheiratete Tochter hat nach dem College eine Anstellung im öffentlichen Gesundheitsdienst gefunden. Man merkt Karen Teeters nicht nur den Stolz auf ihre Kinder an – man spürt auch heute noch, was für ein Stein ihr damals vom Herzen gefallen sein muss, als die Kinder einen aus ihrer Sicht vernünftigen Weg eingeschlagen haben.

Ich erzähle ihr von meinem Gespräch mit James Randy: von seiner Freude über die derzeit hohen Preise, von seinem Optimismus, von dem Sohn, der das College abgebrochen hat. Sie zieht die Mundwinkel nach unten: »Es stimmt, dass man derzeit gutes Geld verdient, aber lange hatten wir hier Preise für Landwirtschaftsprodukte wie in den Fünfzigerjahren. Wer sagt, dass das nicht wieder so sein wird?« Den Verzicht auf eine College-Ausbildung hält sie für unverantwortlichen Leichtsinn: »Für 80 Prozent aller Jobs braucht man irgendeine Qualifikation, die über einen einfachen Schulabschluss hinausgeht.« Wieder einmal – wie so oft auf dieser Reise – wünsche ich mir, verschiedene Gesprächspartner an einem Tisch zusammenbringen zu können. Was würde James Randy zu ihren Argumenten sagen?

Karen Teeters wäre über Widerspruch nicht überrascht. Sie fühlt sich noch immer als Außenseiterin, obwohl sie fast ihr gesamtes erwachsenes Leben hier zugebracht hat. Montana tendiert mehrheitlich zu den Republikanern – sie ist überzeugte Demokratin: »Viele kleine Geschäftsleute halten sich selber für einen Teil des Big Business und wählen entsprechend. Es macht mich rasend.« Für »gierig und korrupt« hält sie Regierung und die Großkonzerne. »Wir haben uns weltweit in einen so großen Schlamassel hineingeritten, dass der nächste Präsident über ganz besonders große diplomatische Fähigkeiten verfügen muss. Er braucht eine gute Idee, wie wir aus dem

Schlamassel wieder herauskommen.« Selbstverständlich ist sie gegen den Irakkrieg, was für eine Frage! »Wir sollten nicht tun, was die Sowjetunion getan hat: uns in den Bankrott reiten, um Kriege in aller Welt zu führen.«

Der Ehemann von Karen Teeters ist 72 Jahre alt und nicht gesund. Das Paar lebt in dem Stadthaus, in dem vor Jahrzehnten schon ihre Schwiegermutter die Monate des Schuljahres verbringen musste, damit der Sohn den Unterricht besuchen konnte. Die Ranch, 40 Kilometer nördlich von Wibaux, war damals zu abgelegen, Schulbusse gab es noch nicht. Ob die beiden auch, wie so unendlich viele andere, eine Fahne der Vereinigten Staaten vor ihrem Haus haben? »Ja«, sagt Karen. »Aber wir hissen sie nur an Feiertagen, weil es uns zu mühsam ist, sie jeden Abend einzuziehen.« Warum wird die Fahne denn überhaupt von Privatleuten gehisst? Mir ist das sehr fremd. Sie begreift, zögert, lacht ein bisschen verlegen: »Weil wir patriotische Gefühle haben, nehme ich an.« Was heißt das? »Dass wir stolz sind auf unser Land. Auf den idealistischen Teil dessen, wofür die USA stehen: freie Rede, freie Religionsausübung. Was gar nichts an dem ändert, was ich über Gier und Korruption gesagt habe.«

Landauf, landab: Fahnen. Der Stolz auf Amerika. Der Patriotismus. Die Hymne, selbst beim Kleinstadtrodeo ein selbstverständlicher Teil des Programms. Auch der Clown nimmt seinen Hut ab und schaut ergriffen. Aber meinen sie eigentlich alle dasselbe, wenn sie dasselbe sagen?

Wo ich denn als Nächstes hinwolle, fragt mich Karen am Ende unseres Gesprächs. Zum Schlachtfeld am Little Bighorn, dorthin, wo im Juni 1876 verbündete Indianervölker einen letzten großen Sieg über die US-Armee und General Custer errungen haben – und damit ihre endgültige Niederlage und die Zwangsumsiedlung in die Reservate besiegelten. Sie schaut betrübt. Ja, die Situation der Indianer in den Reservaten sei schlimm, und niemand scheine etwas Sinnvolles einzufallen, wie die Lage verbessert werden könne. Alle bisherigen Versuche seien ja gescheitert. Den Indianern sei so viel Unrecht angetan worden. »Es bedrückt mich. Sehr.«

Viele ihrer Landsleute wurden und werden im Blick auf die Vergangenheit nicht von Schuldgefühlen geplagt. Der Schauspieler John Wayne, der das 1971 in einem Interview sogar ausdrücklich betont hat und außerdem erklärte, er sei von der Überlegenheit der weißen Rasse überzeugt, ist fast 30 Jahre nach seinem Tod unverändert populär. Seine Fans sehen in ihm und seinen Rollen die Verkörperung der starken, von amerikanischen Idealen durchdrungenen Führungspersönlichkeit, die in der Zeit der Eroberung des Westens alle Hindernisse und Widerstände überwand. Allerdings hat auch Dustin Hoffman zahlreiche Anhänger, der in dem Film *Little Big Man* 1970 einen Mann spielte, der bei Weißen und bei Indianern aufgewachsen ist und zeitlebens zwischen den Kulturen stand. Höhepunkt ist eine satirisch verfremdete Darstellung der Schlacht am Little Bighorn, in der George Armstrong Custer als größenwahnsinniger, ja als verrückter General gezeichnet wird.

John Steinbeck machte Halt am Schlachtfeld, um »General Custer und Sitting Bull« die Reverenz zu erweisen. Mit seiner Verneigung vor dem Indianerhäuptling war er seiner Zeit weit voraus. Custer Battlefield hieß der Ort bis 1991, der vom National Park Service verwaltet wird und wo Gedenksteine die genauen Orte bezeichnen, an denen tote Soldaten lagen. Es gibt auch einige wenige Gedenksteine für gefallene Indianer, erkennbar jüngeren Datums. »Seit wann werden Schlachtfelder nach einem Verlierer benannt?«, hatte Karen Teeters sarkastisch gefragt. Die Nachfahren der indianischen Kämpfer fragten sich das auch. Proteste von Indianerorganisationen führten dazu, dass das Gelände heute Little Bighorn Battlefield heißt, und inzwischen werden auch nicht mehr ausschließlich die US-Kavalleristen dort geehrt. 2003 ist ein Denkmal für die indianischen Gefallenen fertiggestellt worden. 127 Jahre nach dem großen militärischen Sieg ihrer Völker.

Die Ausstellung und ein Informationsfilm im Besucherzentrum sollen nun erkennbar versuchen, beiden Seiten gerecht zu werden. Einfach scheint das bis heute nicht zu sein. Alle seien »Gefangene ihrer Zeit gewesen«, heißt es in dem Film: »Alle waren Patrioten auf ihre jeweils eigene Art.« Es ist merkwürdig: Die Trauer über die toten Soldaten ist bis heute spürbar – über die Indianer wird hingegen in einem Ton gesprochen, als seien es Fremde. Respektierte Fremde zwar, aber eben Fremde. Immerhin: Man bemüht sich hier. Bis in alle kleinen Ortschaften hat sich die politische Korrektheit noch nicht herumgesprochen. In Beach hatte ich einen verwitterten historischen Gedenkstein gefunden, auf dem zu lesen stand, General Custer sei 1876 hier ganz in der Nähe vorbeigekommen, »um die feindseligen Sioux zu bezwingen«.

Ironischerweise liegt das Schlachtfeld in der Crow-Reservation, die schon 1851 gegründet wurde – ein Vierteljahrhundert vor dem Gefecht. Etwa 8000 Indianer leben heute auf dem knapp 7800 Quadratkilometer großen Gebiet, einer Fläche, die fast doppelt so groß ist wie der Bundesstaat Rhode Island. Das ist die große Mehrheit der Crow, die in ihrer eigenen Sprache Apsaalooke heißen: Kinder des großschnäbeligen Vogels. Im Unterschied zu anderen Völkern sind sie niemals von ihrem angestammten Land vertrieben worden. Die Reservation liegt in ihrer alten Heimat, in der sie schon Tausende von Jahren gelebt hatten. Deshalb sind die meisten Familien einfach hiergeblieben und nicht in die Städte abgewandert.

Im Gebäude der Stammesregierung, das gut ausgeschildert ist, werde ich ins Büro des »Secretary of Cultural Education« gebeten, nachdem ich erklärt habe, mehr über das Leben hier erfahren zu wollen. In dem Raum sitzen zwei Frauen und ein Mann. Er beachtet mich nicht, als ich mich vorstelle und mein Anliegen erkläre, sondern arbeitet weiter am Computer. Die eine Frau bedeutet mir, ich solle mich hinsetzen und warten. Das tue ich. Etwa eine Viertelstunde lang. Die zweite Frau hat inzwischen den Raum verlassen. Die erste sitzt mir schweigend gegenüber. Keine Konversation. Schließlich steht der Mann auf, kommt zu mir herüber.»So.« Wir tauschen Visitenkarten aus, er setzt sich hin. Das Ganze kommt mir vor wie ein Spiel. Wenn deutlich gemacht wurde, wer wen wie lange warten lassen kann, dann ist die Hackordnung definiert. Warum hat er das nötig?

Weil er in seinem Leben so oft und so tief gedemütigt wurde, dass er jede Gelegenheit ergreift, um die eigene Bedeutung zu betonen. Niemals ist mir irgendwo sonst auf der Welt eine so tiefe Verbitterung begegnet, nicht einmal in Afrika, wo die Erinnerung an den Kolonialismus noch frisch ist. George Reed, dessen Position in der teilautonomen Stammesregierung mit der eines Ministers zu vergleichen ist, wie er sagt, kommt fast sofort auf seine Kindheit zu sprechen. In der Kleinstadt Hardin, unmittelbar außerhalb der Reservation gelegen, ist der heute 70-Jährige Anfang der Fünfzigerjahre zur Schule gegangen. Jeden Tag ging er damals an der Bar 4 Acres vorbei. Im Fenster stand ein Schild: »Zutritt für Indianer und Hunde verboten.« Das Schild gebe es heute nicht mehr, aber die Feindseligkeit sei geblieben.

»Am liebsten würde ich die Weißen totschlagen«, sagt der Kulturminister. Er scheint Gefallen an seiner Provokation zu finden und bekräftigt:»Ich wünschte, ich hätte schon gelebt, als die Pioniere auf der Mayflower herüberkamen. Ich hätte die Männer getötet und mir die Frauen und Kinder genommen.« George erzählt mir, sein Spitzname sei »Sunny Joe – sonniger Joe«. Besonders treffend gewählt finde ich den nicht.

Als er erst einmal ins Reden kommt, merkt man ihm an, wie froh er ist, dass sich jemand für sein Elend interessiert und bereit ist, ihm zuzuhören.»Dies ist das 21. Jahrhundert, aber die Regierung behandelt uns wie im Mittelalter. Wenn ich mein Land verpachten will, brauche ich eine Genehmigung. Wenn ich einen Kredit bei der Bank aufnehmen will, kann ich es nicht als Sicherheit einsetzen. Also ist es für mich praktisch wertlos.« Warum ist das so? Er schaut mich an und stößt nur ein Wort hervor, schreit es fast heraus: »Rassismus.«

Das ist eine arg schlichte Begründung. Schließlich ist die Rechtslage kompliziert. Das Land gehört ihm nicht nur individuell, sondern es gehört außerdem seinem Volk, also auch seinen Nachfahren. Könnte er es als Sicherheit für einen Kredit einsetzen, dann gehörte es der Bank, falls er den Kredit nicht bedient. Das wäre über kurz oder lang das Ende der Reservationen – und spielte ausgerechnet jenen in die Hände, die ohnehin finden, nun müsse aber langsam mal Schluss sein mit Privilegien für die Indianer.

Aber wenn George Reed von seinen Erfahrungen erzählt, dann verstehe ich, dass er inzwischen alles, was ihm missfällt, unter dem Stichwort »Rassismus« abheftet. Früher habe er selbst etwas Landwirtschaft betrieben. Aber er sei sein Getreide nicht losgeworden – ein weißer Bekannter habe es für ihn verkaufen müssen. Jetzt verpachtet er den Boden für 2000 Dollar im Jahr. An einen weißen Farmer. So war das ja eigentlich auch nicht gedacht.

»Auf dem Papier sind wir eine der reichsten einheimischen Bevölkerungsgruppen in den USA – in der Realität eine der ärmsten. Wir haben Kohle, Öl und Gas, die Eisenbahn führt durch unser Land. Und wir haben nichts davon.« Im Gegenteil, denke ich. Die Crow können noch froh sein, dass man ihnen das Land nicht irgendwann ganz weggenommen hat. Anderen Indianervölkern ist das passiert, als sich ihre Reservationen plötzlich als wertvoll erwiesen. »Die Weißen wollen mit uns nichts zu tun haben. Wir sind nicht Teil ihres Wirtschaftskreislaufs.« Allenfalls einer von zehn Bewohnern des Reservats habe Arbeit. Einige seien im Büro für indianische Angelegenheiten angestellt, andere stellten Kunsthandwerk her, das sie an Touristen verkauften. Die übrigen säßen herum, täten nichts, lebten von der staatlichen Fürsorge.

Was tut er selbst denn eigentlich genau? »Ich bin Minister. Ich muss unsere Regierung im Hinblick auf unser kulturelles Erbe leiten. Ich muss sie daran erinnern, dass Wasser und Land heilig sind. Aber neun – von zehn Mal werde ich übergangen.« Völlig unbegreiflich ist mir das nicht. Konkreteres ist George Reed nämlich nicht zu entlocken, trotz mehrfacher Nachfrage. Alle anderen seien eben Ja-Sager, knurrt er. »Ich bin eine einsame Stimme in der Wildnis.«

Ich würde ihn so gerne sympathisch finden. Aber es ist nicht leicht. Das Büro sieht aus, als könne es nur noch mithilfe einer Planierraupe aufgeräumt werden. Chaotisch. Überall liegen Berge von Papier, teilweise zerrissen und zerknüllt. Dazwischen Bonbontüten, Essensreste, Kaugummipäckchen. Als ich um ein Glas Wasser bitte, wird mir ein benutzter Pappbecher gereicht:»Das ist alles, was wir haben.«

Die Frau, die bisher schweigend unser Gespräch verfolgt hat, ergreift das Wort:»Wir waren hier zuerst. Die Weißen haben aber alles so eingerichtet, wie sie es wollten. Alles hier ist für sie, nichts ist für uns.« So, wie sie spricht, könnte sie die Tochter von George Reed sein. Es stellt sich heraus: Sie ist es. Die 47-jährige Cecilia Biglake arbeitet als Bürokraft für ihren Vater.

Ihr kann ich die Frage stellen, die ich einem 70-Jährigen nicht mehr stellen kann: Warum bleibt sie in der Reservation? Warum zieht sie nicht weg, wie die große Mehrheit der Angehörigen anderer Indianervölker? Beide schauen mich fassungslos an.»Wir haben einen engen Familienzusammenhalt«, antwortet Cecilia.»Ich will nicht weg. Hier sind meine Wurzeln.« Und die Kinder? Die gehörten auch hierher. Allerdings, so räumt die Mutter ein, sprächen die inzwischen besser Englisch als Crow.»Aber sie verstehen Crow sehr gut.«

»Das ist seit mehr als 5000 Jahren unsere Heimat«, bekräftigt der Vater.»Wir wurden niemals vertrieben. Wir wurden niemals besiegt.« Niemals besiegt? Würde ein Wettbewerb um die absurdesten Sätze veranstaltet, die ich während der Reise hörte – dieser Satz hätte gute Aussichten auf die Spitzenposition. Er erinnert mich an etwas, was ich in einem Buch über Vietnam gelesen habe. Ein hochrangiger US-Offizier sagte vor einigen Jahren zu einem vietnamesischen Kollegen:»Wir haben keine einzige Schlacht verloren.« Und der antwortete:»Stimmt. Aber das ist ziemlich irrelevant, oder?«

Als ich mich verabschieden will, fordern mich beide auf, doch noch einen Kaffee mit ihnen zu trinken. Sie scheinen Vertrauen gefasst zu haben, und ich fühle mich schuldig. Weil ich nur noch weg will. Die Atmosphäre ist erstickend. Die lähmende Trauer und die Wut bereiten mir körperliches Unbehagen. Dabei weiß ich doch, dass Unterprivilegierte nicht verpflichtet sind, gütig und weise zu sein. Wie schrieb Bertolt Brecht?»Auch der Hass gegen die Niedrigkeit verzerrt die Züge.« Alles wahr, alles richtig. Aber ich will trotzdem nur noch weg. Ich solle ihn unbedingt wissen lassen, wenn das Buch erschienen sei, das ich schreiben wolle, ermahnt mich George Reed. Er wolle den Teil über Montana lesen. Notfalls würde er jemanden finden, der diesen Abschnitt aus dem Deutschen übersetzte. Danach gleicht mein Abschied eher einer Flucht. Das zumindest, so tröste ich mich, würde dem Kulturminister gefallen, wüsste er es. Im Felde bleibt er unbesiegt.

Beim Hinausgehen erinnere ich mich, dass mich vorhin ein Mann – ein Indianer – darauf aufmerksam gemacht hat, dass ich das Licht am Auto angelassen hatte. Ich hätte nie gedacht, dass ich für diese kleine freundliche Geste einmal derart dankbar sein würde. Sie ist so wunderbar alltäglich. Und völlig frei von jeder historischen Belastung.

Gründerväter? Mayflower? Unabhängigkeitskrieg? Wir mögen vieles darüber wissen und schon in der Schule gelernt haben, aber die gefühlte Gründungsgeschichte der Vereinigten Staaten sind die Mythen von Indianern und Cowboys. Hollywood, aber mehr noch die Produzenten sentimentaler Fernsehserien wirken auf uns ein, wenn wir Kinder sind – und später tragen wir die Bilder lebenslang mit uns herum, in denen der harte, gefährliche Existenzkampf im Wilden Westen mit dem Weichzeichner auf einen erfüllten Traum von Freiheit, Abenteuer, Naturverbundenheit und glücklichem Familienleben reduziert wird.

Montana ist eine der Regionen, in denen der Mythos seinen Ursprung hat. Die Realität war viel weniger romantisch als die Kinofilme, natürlich, aber nicht weniger aufregend. Was mich immer wieder aufs Neue verblüfft, obwohl ich es doch eigentlich weiß: in welch kurzem Zeitraum sich das Leben hier von Grund auf verändert hat und welch ungeheure Chancen und Möglichkeiten der Westen denen geboten hat, die das Glück hatten, Gelegenheiten zu bekommen, und das Talent, Gelegenheiten zu ergreifen.

Das Leben von Conrad Kohrs, dessen ehemalige Ranch im Deer Lodge Valley sich in Montana besichtigen lässt, ist ein Beispiel dafür. 1835 im deutschen Wewelsfleth geboren, wanderte er in die Neue Welt aus und kaufte die Ranch 1866, gerade 30 Jahre alt, von John

Grant für 19 200 Dollar. Als Kohrs 1920 im Alter von 85 Jahren starb, wurde er der »Rinderbaron« genannt. Die Ranch war 400 000 Hektar groß. Geschätzter Wert des Besitzes: 1,6 Millionen Dollar. Eine damals fast unvorstellbar große Summe.

Was zwischen dem Ankauf seiner Ranch und seinem Tod lag: das Jahr 1870, in dem etwa eine Million Büffel in der Region getötet wurden. Das Jahr 1883, in dem die Northern Pacific Railroad seine Ranch erreichte und durchquerte – in demselben Jahr hatte der Präsident von Union Pacific Railway den letzten »Nagel« in die zweite transkontinentale Schienenverbindung geschlagen. Der Winter 1886, in dem scharfer Frost und Futtermittelknappheit etwa die Hälfte des Viehbestandes von Conrad Kohrs das Leben kostete. Er lieh sich 100 000 Dollar von der Bank und holte seine Verluste innerhalb von drei Jahren wieder herein. 1886 gab es schon über eine Million Rinder in Montana – und inzwischen weniger als 350 wilde Büffel auf dem gesamten Territorium der Vereinigten Staaten. Das Jahr 1889, in dem Montana als 41. Bundesstaat in die USA aufgenommen wird.

Conrad Kohrs hatte übrigens bereits 1892 Strom in seinem Wohnhaus, viele seiner Nachbarn mussten darauf noch etwa vier Jahrzehnte warten. Sie dürften ihn verabscheut haben. Man möchte ja nicht in Klischees denken, aber die Vorstellung ist unabweisbar, wie die Frauen ihre Männer fragten, warum die Kohrs eigentlich schon so lange elektrisches Licht hätten und sie noch immer nicht und ob sich das nicht endlich mal ändern ließe. Und überhaupt. Die edlen Möbel für die Villa des Rinderbarons kamen aus Chicago. Gelegentlich reisten Kohrs und seine Frau für Ferienaufenthalte zurück in die alte deutsche Heimat. Was müssen die Verwandten aus Amerika dort für ein Aufsehen erregt haben! Wie viele kleine Bauernjungen wohl davon geträumt haben, selber in der Neuen Welt »ihr Glück zu machen«, wenn sie erst einmal erwachsen sein würden?

Das Bild des reichen Onkels aus Amerika ist in Europa tief im kollektiven Bewusstsein verankert. Im Gegensatz zu den vielen, vielen Auswanderern, von denen man zu Hause nie wieder gehört hat und die irgendwo verdorben und gestorben sind. Am Tag nach meinem Besuch auf der Ranch von Conrad Kohrs komme ich an einigen Kreuzen am Straßenrand vorbei. Hier liegen drei Männer begraben, die Ende des 19. Jahrhunderts tot aufgefunden wurden. Goldgräber vermutlich. Wer sie waren, woher sie kamen, wohin sie wollten – man weiß es nicht.

Der Tag, an dem ich die Gräber sehe, ist passenderweise Halloween. Das Fest der Geister und Toten. Ohnehin habe ich heute ein ganz privates Halloween-Erlebnis. Endlos weit fahre ich durch einsame Wälder, vorbei an drohenden »Zutritt-verboten«-Schildern mitten im Nichts, auf einer schmalen, ungeteerten Straße in die alte Geisterstadt Garnet, die Ende des 19. Jahrhunderts während des Goldrauschs gegründet und noch vor 1920 weitgehend verlassen worden ist. Dort, inmitten alter Blockhütten, die einst ein Hotel, ein Saloon, der Kramladen, eine Arztpraxis und Wohnhäuser waren, bin ich mutterseelenallein. Obwohl der Ort vom National Park Service gemanagt wird und es dort auch herrliche große Parkplätze gibt, auf denen mein kleines weißes Auto völlig verlassen steht.

Ich fürchte mich nicht so sehr vor Gespenstern, obwohl der Geist von Marion Dahl eigentlich auftauchen müsste, die während der Prohibition in den Dreißigern des letzten Jahrhunderts hier eine illegale Kneipe betrieben hat und bis Mitte der Sechzigerjahre als letzte Einwohnerin über die verlassene Stadt wachte. Ich fürchte mich jedoch mehr vor irgendeinem Einsiedler, der entweder verrückt oder interessiert an meinem Bargeld oder beides ist. Natürlich kommen weder Frau Dahl noch ein Einsiedler. In solchen Situationen kommt nie jemand. Aber es gruselt schön.

Mit meiner Leidenschaft für Geisterstädte bin ich nicht alleine. Im ganzen Mittleren Westen und Westen der USA gibt es ungezählte verlassene Siedlungen, und sie werden alljährlich von vielen tausend Reisenden besucht. Manchmal stehen nur noch ein paar Mauern, manchmal sind in den Häusern ganze Wohnungseinrichtungen zurückgelassen worden. Wenn wie hier der National Park Service die Stätte verwaltet, dann werden die Gebäude nicht etwa restauriert –

das würde dem Prinzip der Geisterstadt ja widersprechen –, sondern »der Verfall wird aufgehalten«. Was ein sehr viel komplizierteres Verfahren ist, als man denken könnte.

Ruinen haben Menschen immer und überall fasziniert, aber eine amerikanische Geisterstadt ist nicht dasselbe wie das römische Pompeji. Nicht an Katastrophen und an die Gefahr des plötzlichen Todes mitten im Leben erinnert sie, sondern sie steht für zerstobene Träume. Einerseits. Andererseits aber eben auch für die Möglichkeit eines Neuanfangs. Die Bewohner sind ja nicht umgekommen, sondern zu neuen Ufern aufgebrochen. Deshalb liegt in der amerikanischen Geisterstadt nicht nur die Wehmut des Abschieds, sondern stets auch die Hoffnung auf eine weitere Chance. Die Weite des Landes, der Platz, der zur Verfügung stand und noch immer steht, haben es den Menschen ermöglicht, weiterzuziehen, wenn sie dort, wo sie siedelten, das nicht oder nicht mehr fanden, weswegen sie hergekommen waren.

Montana ist etwas größer als Deutschland, hat aber weniger als eine Million Einwohner. Das prägt den Blick auf die Welt und auf das eigene Leben. Der Mythos von der ewig nomadisierenden Gesellschaft, vom ungebundenen Wanderer auf der Suche nach dem Glück: hier ist er entstanden. Mit der Realität hat er – gerade hier – so wenig zu tun wie die meisten Mythen. Mobil sind die Leute vor allem in den Städten. Die große Mehrheit derer, mit denen ich in ländlichen Regionen gesprochen habe, lebt hingegen schon seit Jahrzehnten am selben Ort, oft bereits in der zweiten oder dritten Generation.

Die Weiterfahrt in den Nordwesten des Landes führt durch eine der schönsten Landschaften, die ich jemals gesehen habe. Nach den riesigen Prärielandschaften des Südostens schlängelt sich hier die Straße vorbei an idyllischen Seen in dramatischen Bergkesseln der Rocky Mountains, deren Gipfel schneebedeckt sind. Es ist schade, dass man nur gelegentlich einen Blick zur Seite werfen kann und ansonsten gut beraten ist, den Blick starr auf den Asphalt zu heften, das Lenkrad fest umklammert.

Vor einigen Jahren gab es in Montana tagsüber gar keine Geschwindigkeitsbegrenzungen. Heute gibt es sie, aber sie werden allenfalls für freundliche Empfehlungen gehalten. Vor allem Lastwagenfahrer überholen einen selbst dann gerne, wenn man – um genau das zu vermeiden – mit 120 Stundenkilometern die kurvige Straße entlangprescht. Auch hier hat es sich offenbar noch nicht herumgesprochen, dass der Verkehr in den USA angeblich völlig entspannt und aggressionsfrei dahinfließt. Die beruhigende Autosuggestion, es werde schon nichts passieren, wird immer wieder durch Tierkadaver und Kreuze am Wegesrand gestört, die mit frischen Blumen geschmückt sind.

Aber ich fühle mich hier so wohl, dass nicht einmal diese Todesrallye meine gute Laune trübt. Dem Reiseplan folgend, muss ich Montana jetzt allmählich verlassen – und fahre, als ich mich dieser Einsicht endgültig nicht mehr verschließen kann, sofort frohgemut zwei Stunden in die falsche Richtung. Übrigens das einzige Mal auf dieser Reise. Man muss kein Psychologe sein, um zu merken: Ich will hier einfach noch nicht weg.

Der Umweg führt mich in den Ort Polson, wo ein seltsames Museum zu besichtigen ist: »Wunder von Amerika«. Darin werden unübersichtlich und ungeordnet alte Waagen, Spielzeug, Taschenuhren, Sättel, Waffen, Musikinstrumente, Fotoapparate und sogar Militärfahrzeuge und Motorräder ausgestellt. Zwischendurch stehen Sinnsprüche und politische Bekenntnisse: »Amerika ist großzügig. Wir haben freigebig jeder anderen Nation der Welt Geld und/oder Nahrung gegeben.« Und: »Unsere Vorfahren hatten ihre Wurzeln in vielen Ländern, aber sie alle kamen nach Amerika, den Schmelztiegel für die Freiheit.« Ja, vor allem die Sklaven.

Gegründet hat das Museum 1985 die 72-jährige Frau, die mir die Eintrittskarte verkauft, zusammen mit ihrem Mann, einem ehemaligen Schweißer: »Um zu zeigen, wozu Freiheit die Menschen befähigen kann.« Taschenuhren und Harfen? Eine Errungenschaft der freien Welt? Erst halte ich sie nur für etwas verschroben. Aber dann kommt Joanne Mangels ins Plaudern und erzählt, dass sie als junge

Mutter aus Südkalifornien herkam, um ihre Kinder in der Schule vor »Kriminalität und Gewalt« zu schützen. Auf meine verwirrte Nachfrage, was sie denn meine, setzt sie zunächst den weltweit gleich aussehenden »Ich-will-ja-nichts-gesagt-haben«-Gesichtsausdruck auf. Um dann, wie ebenfalls weltweit üblich, eben doch etwas zu sagen. Leider.

Die Integrationspolitik war das Problem. Plötzlich kamen schwarze Kinder in die »netten Teile der Stadt« und der 7-jährige Sohn ihrer Schwester habe Karate lernen müssen, um sich zu schützen. Sie wolle ja nichts gegen die Neger – »Negroes« – gesagt haben, aber »alle Schulen waren plötzlich gemischt«. Und: »Die Indianer wollen ja auch am liebsten abgeschottet in ihren Reservaten leben, weil sie selbst entscheiden möchten, was gut für ihre Kinder ist.« So kann man die Geschichte der Reservate also auch betrachten.

Mein Widerwille ist größer als mein Interesse. Das ist unprofessionell, natürlich, aber so etwas kommt vor. Joanne Mangels erklärt trotzdem ausführlich, was sie meint: »Die Leute hier mögen die Indianer nicht, weil hier welche leben. In Südkalifornien sind sie ganz vernarrt in die Indianer, da gibt es schließlich keine. Da suchen sie auf ihrer Ahnentafel bis in die vierte Generation zurück und sind beglückt, wenn sie irgendwo auf einen Indianer oder eine Indianerin stoßen.« Mit den Schwarzen sei das ähnlich.

Irgendwann habe ich genug, lächle sie ganz lieb an und sage: »Mein Mann ist übrigens schwarz.« Die Scheidung ist mir vorübergehend entfallen. Joanne Mangels öffnet den Mund. Schließt ihn wieder. Öffnet ihn erneut. Heraus fällt ein gequältes: »Oh. Wie interessant.« Dann sammelt sie sich und holt mit letzter Kraft zum Gegenschlag aus: »Ihr Deutschen habt schließlich die Juden umgebracht.« Interessanter Hinweis an diesem Punkt der Unterhaltung. Ich antworte: »Stimmt. Und dafür schämen wir uns heute.« Das Gespräch endet frostig.

Danach habe ich nichts mehr dagegen, nach Idaho weiterzufahren. Um es vorwegzunehmen: Idaho wird für mich zur größten Überraschung der ganzen Reise. Ich wusste vorher nicht viel über diesen Staat, nur dass dort besonders gute Kartoffeln wachsen. Davon abgesehen schien mir Idaho immer sehr weit hinter den sieben Bergen gelegen zu sein. Wer hier lebt, der muss einfach zu dumm oder zu antriebslos sein, um sich wegzubewegen. Andere Gründe kann es nicht geben, sich in Idaho zu vergraben. Dachte ich.

In der Bar in Post Falls, in der ich am späten Nachmittag eine Kleinigkeit essen will, bestelle ich Kartoffelbrei. Wenn schon, denn schon. Rebecca, die junge Serviererin, erzählt mir, dass die Kartoffeln, die man hier zu normalen Preisen bekomme, gar nicht aus Idaho stammten. Die seien alle für den Export bestimmt. Ganz stimmen kann das nicht – ich werde hier in Supermärkten immer wieder Kartoffeln aus Idaho sehen. Aber ich hätte trotzdem auf die versteckte Warnung hören sollen. Das Püree in dieser Bar ist jedenfalls nicht dazu angetan, den Ruhm der Kartoffel aus Idaho zu mehren.

Meine Enttäuschung darüber ist größer, als der Anlass das eigentlich rechtfertigt. Aber ich habe das amerikanische Essen inzwischen wirklich gründlich satt. Vor einigen Tagen in Montana hatte der Schutzpatron der Reisenden offenbar Mitgefühl mit mir und führte mich – ungeplant und unerwartet – ins Grand Hotel nach Big Timber. Das Hotel darf man sich zu großartig nicht vorstellen. Es stammt aus dem Jahr 1890 und legt vor allem Zeugnis davon ab, dass die Ansprüche an Komfort damals geringer waren als heute. Aber das Menü! Zarteste Entenbrust, ein delikater Salat aus Spinat und Erdbeeren. Am liebsten hätte ich eine Woche hier verbracht. Auch die Freude über diese Mahlzeit war größer, als der Anlass es rechtfertigte.

John Steinbeck schrieb: »In den Speiselokalen an den Landstraßen ist das Essen hygienisch, geschmacklos, farblos und immer absolut gleich gewesen. Es scheint fast, als ob es den Gästen egal wäre, was sie essen, solange es nur keinen Charakter hat, der sie in Verlegenheit bringen könnte.« 1960 schon! Die Sätze beweisen, dass die schönsten Analysen, die man sich ausdenkt, barer Unfug sein können. Ich war überzeugt, dass erst der Siegeszug der Mikrowelle die massenhafte Herstellung dessen ermöglicht hat, was in Landgaststätten der USA als Essen bezeichnet wird.

Ein Irrtum also. Aber ich weiß nicht, ob die Hersteller des geschmacksfreien Garnichts zu Steinbecks Zeit tatsächlich bereits die ganze Bandbreite ihrer Möglichkeiten ausgeschöpft hatten oder ob er sich einfach nicht hatte vorstellen können, welches Ausmaß an kulinarischer Langeweile in Zukunft noch möglich sein werde. Und welche Formen der Tischkultur schon einige Jahre nach seiner Reise flächendeckend üblich sein würden. Heute deutet es auf ein Lokal gehobener Qualität hin, wenn die Speisen nicht auf einem Plastikteller, sondern auf Keramik und sogar noch mit Metallbesteck serviert werden. Die Bitte um eine zweite Gabel, damit sich der süße Sirup des Pfannkuchens nicht mit dem Käse des Omeletts verbindet, trifft regelmäßig auf Ratlosigkeit. Der Wunsch wird einfach nicht verstanden. Was wiederum mir unbegreiflich ist.

In den Küstenstaaten kann man auf Fisch oder Meeresfrüchte ausweichen, mancherorts – vor allem in Texas – gibt es gutes Rindfleisch. In den Südstaaten findet man oft wunderbare regionale Gerichte. Die Nachfrage nach frischen Produkten, auch aus biologischem Anbau, wächst und wirkt sich segensreich auf die Gemüsestände mancher Supermärkte und auf das Angebot einiger Delis aus, wie hier ein Imbiss genannt wird, bei dem man Sandwiches kaufen kann. Aber insgesamt ist die ländliche Küche so trostlos, vor allem im Mittleren Westen und in den Binnenstaaten des Westens, dass ich nach einiger Zeit selbst den traditionellen Fast-Food-Ketten einige Vorteile abzugewinnen imstande bin. Immerhin kann man sich dort darauf verlassen, dass das Bratfett nicht ranzig ist.

Steinbeck nahm von seinem vernichtenden Urteil das Frühstück aus, »das überall gleichbleibend wundervoll ist, wenn man Schinken und Eier und Bratkartoffeln mag«. Wundervoll ist nicht das Wort, das ich wählen würde, seit die Bratkartoffeln nicht mehr frisch sein müssen, sondern meist halb gar aus der Tüte in die Pfanne kommen. Aber ich gebe zu: Das Frühstück ist essbar. Gut essbar sogar. Allerdings denke ich, dass dies nur so lange gilt, bis ein Verfahren entwickelt ist, Spiegeleier verzehrfertig abzupacken. Wenige Tage nachdem mich dieser Verdacht zum ersten Mal beschlichen hat, wird mir ein bereits abgepelltes, eiskaltes hartes Ei serviert. Fest in Plastik eingeschweißt. Ein erster Schritt, so steht zu befürchten.

Was sagt es über eine Gesellschaft aus, wenn man in den Städten unvergleichlich viel besser essen kann als auf dem Land, wo die Nahrungsmittel doch produziert werden? An kaum einer anderen Stelle seines Buches geht John Steinbeck derart hart mit seinen Landsleuten ins Gericht wie dort, wo er über das Essen schreibt:»Wenn diese Leute ihre Geschmackspapillen so weit haben verkümmern lassen, dass sie geschmackloses Essen nicht nur annehmbar, sondern wünschenswert finden, wie steht es dann mit dem Gefühlsleben der Nation?«

Es ist verführerisch, einen so dramatischen Zusammenhang herzustellen – und ganz sicher hilft es, Aggressionen abzubauen. Ich glaube trotzdem, dass die Erklärung für das erbärmlich schlechte Essen weniger kompliziert ist. Die inzwischen hochgelobte Bauernküche war im größten Teil der Welt nie so gut, wie romantisierend oft behauptet wird. Ich weiß: Es gibt Ausnahmen. Von welcher Regel gibt es die nicht? Aber ich weiß auch, wovon ich rede. In den meisten fruchtbaren Binnenregionen Afrikas sind die Mahlzeiten, die natürlich aus ganz frischen Produkten hergestellt werden, vollständig einfallslos. Mit Salz gewürzt, und wenn man großes Glück hat, auch noch mit Curry. Wer meint, das sei in Deutschland anders und tiefe Verachtung für die Omnipräsenz des Tomatenketchup in den USA hegt, sei an den Siegeszug des Maggi-Gewürzes in der Küche erinnert, die heute gerne als gute Hausmannskost verklärt wird.

Verfeinerung des Essens entsteht durch den Kontakt mit anderen Völkern und deren Essgewohnheiten, also durch kulturellen Austausch. So paradox es sich anhört: Die Restaurantketten und das allgegenwärtige Ketchup in den USA sind für mich kein Hinweis auf eine Entfremdung von der bäuerlichen Existenz und den Freuden des Landlebens. Im Gegenteil. Ich halte es auch nicht für einen Zufall, dass man in den USA dort besonders schlecht isst, wo die Entfernungen groß sind und das Land einsam ist. Worum es Bauern und später auch Arbeitern – die allesamt wussten, was eine schlechte

Ernte und Viehseuchen zu bedeuten hatten – sehr lange in erster Linie ging: dass niemand hungrig vom Tisch aufstehen musste. Daran hat sich offensichtlich nichts geändert. Die durchschnittlichen Portionen in Landgasthöfen der USA reichen für drei. Das ist allerdings ein schwacher Trost.

Viele junge Leute in den USA haben andere Sorgen als die Qualität des Essens. Ihnen geht es um das Trinken, genauer: um das Trinken von Alkohol. Die Altersgrenze in diesem Zusammenhang ist zu einem Symbol für die Frage geworden, wie ernst man junge Leute nimmt – und für wie groß man ihre Fähigkeit hält, eigene Entscheidungen verantwortlich zu treffen.

Der junge Mann, der als einziger Gast außer mir an dieser Bar in Post Falls sitzt, findet die junge Serviererin Rebecca erkennbar ziemlich toll. Er möchte gerne flirten, und er sucht eine Einflugschneise: Das sei doch absurd, dass man im Alter von 18 oder 19 Jahren zwar wählen und auch im Krieg erschossen werden könne, aber erst im Alter von 21 Alkohol trinken dürfe. Rebecca ist 20, das hat sie uns erzählt, und ich sehe ihr Gesicht vereisen. »Mit 18 ist man noch sehr abenteuerlustig und macht eine Menge Unfug«, sagt sie abweisend, aus all der Erfahrung eines langen Reifeprozesses heraus.

Der Junge, obwohl schon 25 Jahre alt, muss noch eine Menge lernen. Jemandem, der so lange gewartet hat und endlich auf der Zielgeraden ist – in fünf Wochen feiert Rebecca ihren 21. Geburtstag –, sollte man nicht erzählen, dass das Warten überflüssig war. In einer Bar arbeiten darf sie übrigens schon früher und auch Cocktails mixen. Nur trinken darf sie diese Cocktails nicht. Das finde nun ich den Gipfel der Heuchelei. Aber ich werde mich hüten, das zu sagen. Zumal die kühle Temperatur des Gesprächs gerade etwas steigt.

Rebecca regt sich über den latenten Rassismus gegenüber Indianern auf, ein Thema, dem ich an diesem Tag besonders viel abgewinnen kann. Der junge Mann offenbart sich: Er sei aus Puerto Rico, gewissermaßen, jedenfalls zu einem Viertel. Eine seiner Großmütter stamme von dort. Sie sei nach einigen Jahren des Aufenthalts auf dem

Festland der USA in ihre Heimat zurückgegangen. Weil die Vereinigten Staaten einfach nicht Puerto Rico waren. Weil es dort auch sehr schön sei. Und eben ihr Zuhause.

Ich mag diese Geschichte. Sie bricht mit der verbreiteten Überzeugung, die USA seien die Vorstufe des Paradieses. »Sie kommen aus Deutschland?«, hatte mich eine Kassiererin in einer Tankstelle gefragt. »Oh, Sie müssen ja so glücklich sein, hier zu sein. Sie wollen gewiss nicht mehr zurück, oder?« Doch, eigentlich schon.

Rebecca mag die Geschichte offenbar auch. Jedenfalls taut sie auf. Und erzählt, dass sie aus dem Süden von Idaho stammt und sich hier im Norden so wohlfühlt, dass sie nie mehr woanders leben will. Der junge Mann sieht das ganz ähnlich. Er arbeitet für eine Firma, die Klimaanlagen herstellt, und er ist aus der Hauptstadt Washington hierhergezogen. Er habe den Verkehr dort nicht mehr ertragen, die Hektik. Hier sei die Luft besser und die Landschaft schön. Hier wolle er bleiben.

Da ist er nicht der Einzige. Seit 1970 hat sich die Bevölkerungszahl in Idaho verdoppelt. Es ist einer der am schnellsten wachsenden Bundesstaaten der USA. Von wegen nur Kartoffeln. Traditionell haben schon immer Holzindustrie, Papierverarbeitung und Minen für verschiedene Bodenschätze eine Rolle gespielt, aber in den letzten Jahren verzeichnen vor allem die Sektoren Wissenschaft, Technologie und Tourismus eindrucksvolle Wachstumsraten. Noch liegt das Bruttoinlandsprodukt pro Kopf deutlich unter dem nationalen Durchschnitt – Rangplatz 41 aller Bundesstaaten. Die Arbeitslosenrate mit 2,9 Prozent aber auch. Idaho wirkt wie eine Region mit Zukunft.

Besonders vielversprechend sieht die Lage in Sandpoint aus. Knapp 100 Kilometer südlich von Kanada am Fuße der Selkirk Berge mit ausgedehnten Skigebieten und am Nordufer des großen Sees Pend Oreille gelegen, ist die 6000-Einwohner-Stadt in den letzten Jahren von wohlhabenden Naturliebhabern entdeckt worden. Nicht nur als Ort, an dem man gut Urlaub machen kann, sondern auch als möglicher neuer Lebensmittelpunkt.

Von Chris und Cecilia Hopper beispielsweise. Noch lebt das Ehepaar mit drei Töchtern in Südkalifornien. Aber da gefällt es ihnen schon lange nicht mehr. Es sei zu teuer, überfüllt, zersiedelt. »Wir mögen die Leute hier«, sagt Cecilia. »Sie haben noch einen Sinn für wahre Werte. In Kalifornien ist alles eine große Show. Es geht nur um Geld, um das teuerste Auto. Der Sinn für Familie, für die Menschen ist verloren gegangen.«

Jetzt haben die beiden ein Grundstück am See gekauft. 4000 Quadratmeter für 700000 Dollar. Die Immobilienpreise in Sandpoint sind in den letzten Jahren explodiert – trotz der Krise auf dem Markt. Um 35 Prozent sind sie allein in den letzten zwei Jahren gestiegen. Chris und Cecilia Hopper wollen nun ein Haus bauen und erst einmal einige Monate des Jahres hier verbringen. Später, wenn die Töchter auf dem College sind – die jüngste ist 11 –, möchten sie dann ganz hierherziehen.

Wovon wollen sie leben? Chris Hopper ist »im Versicherungswesen tätig«. Konkreter wird der 45-Jährige nicht, aber es wird schon deutlich, dass er nicht als Vertreter von Tür zu Tür ziehen muss. Er überlegt, hier in Sandpoint eine Zweigstelle seines Unternehmens zu eröffnen. Die Angestellten in Kalifornien könne er auch von Idaho aus mit dem Computer anleiten. »Dank des Internets kann ich überall arbeiten.« Die künstlichen Fingernägel von Cecilia sehen teurer aus als alles, was ich je an den Händen einer Frau gesehen habe, Brillantringe ausgenommen.

»Ich habe sehr wenig Mitgefühl mit Amerikanern, die über geringe Einkommen oder die angeblich schlechte Wirtschaftslage klagen«, sagt Chris Hopper. »Was du erreichst im Leben, ist das, was dich zu einem besseren Menschen macht.« Anstrengen müsse man sich eben. »Geschenkt wird einem nichts«, ergänzt seine Frau. Die Indianer seien dafür das beste Beispiel: Alkoholismus, schlechte Ausbildung, Selbstmitleid. »Sie bringen einfach nichts zustande«, erklärt Chris. »Sie erwarten Unterstützung, wollen sich aber selber keine Mühe geben.« Als ich einwende, es sei vielleicht ein bisschen viel verlangt, wenn die Leute, denen man Land weggenommen hat, nun auch noch die Werte der Eroberer teilen sollen, schauen mich beide fassungslos an.

Ob sie sich in Sandpoint wirklich so wohlfühlen werden, wie sie jetzt glauben? Wie leicht wird ihnen wohl die Eingewöhnung fallen? Einiges, so glaube ich, wird doch etwas anders sein, als das Ehepaar es jetzt erwartet. Auch in Idaho sind nicht alle Leute immerzu damit beschäftigt, die Werte hochzuhalten, die die Hoppers angeblich so schätzen. Bevor ich hierherfuhr, habe ich ein wenig im Internet gesurft und bin dabei auf ein Forum gestoßen, in dem engagiert über dies und jenes diskutiert wird, was in der Kleinstadt so vor sich geht. Der Eintrag einer Frau hat mich besonders fasziniert.

»Ich bin traurig, dass es so weit kommen musste, aber ich finde, das Sandpoint Forum muss wissen, dass eine giftige, verlogene Diebin unter uns ist. Sie ist für einige Zwischenfälle verantwortlich, die traumatisch waren für mich, meinen Mann und mein kleines Mädchen Martha. Am 22. Juni trat ich aus meinem Haus, um die Zeitung zu holen. Zu meinem Entsetzen stellte ich fest, dass mein glänzender, pinker Flamingo von meinem Rasen verschwunden war. Mein Mann, meine Tochter und ich begannen zu suchen. Nach einer halben Stunde lehnte ich mich erschöpft an den Zaun. Gedankenverloren in den Garten der Nachbarin schauend, machte ich eine schockierende Entdeckung. Da war mein Flamingo, mitten auf ihrem Rasen!

Natürlich ging ich hinüber und bot ihr erst einmal sehr höflich einige frisch gepflückte Himbeeren an, bevor ich mich nach dem Flamingo erkundigte. Ihre Antwort? Sie habe gesehen, wie Martha ihn herumgestoßen habe, bis er auf ihrem Rasen landete. Also gehöre er jetzt ihr und sie würde ihn nicht zurückgeben. Überflüssig zu sagen, dass ich mich sehr aufgeregt habe. Damit begann der Ärger.

Seither hat sie uns unzählige Probleme bereitet. Mein Mann hat mir erzählt, dass sie mehrfach versucht hat, ihn zu verführen, und sie ist sogar so weit gegangen, ihre Unterwäsche in seinem Auto zu deponieren, um uns auseinanderzubringen. Gestern früh fand ich die Aufschrift »Du hässliche Schlampe« auf unserer Garagentür. Ich finde das sowohl beleidigend als auch unzutreffend. Ich habe mich immer sehr dezent gekleidet und schon viele Komplimente wegen meines Auftretens bekommen.

Also, Sandpoint, was soll ich tun? Ich fürchte, die Polizei wird mir nicht helfen, da diese Dame mit einem Polizisten verheiratet ist (und mit einem schlechten dazu, erinnert sich jemand an den Skandal?). Ich brauche wirklich jede Hilfe, die ich bekommen kann.«

Entweder spinnt hier jemand – oder hat einen skurrilen Sinn für Humor. Dachte ich. Dachte der Erste, der auf das Posting geantwortet hat, offenbar auch und empfahl ihr, die Geschichte dem Fernsehen als Drehbuch anzubieten. Antwort: »Glauben Sie mir, das ist keine Sitcom. Neben dieser Frau zu wohnen, ist die Hölle. Ich kann nachts nicht mehr schlafen, weil ich mir solche Sorgen mache. Was kommt als Nächstes ... wache ich auf und muss feststellen, dass meine preisgekrönten Rosen zerfetzt worden sind? Ganz offen, ich fürchte um mein Leben.«

Danach kommt die Diskussion richtig in Gang. Andere Leidgeprüfte behaupten, ähnliche Erfahrungen gemacht zu haben, und erkundigen sich, ob es sich um eine Dame dieses Namens und mit jener Adresse handelt? Was bestätigt wird. Nach einem kurzen Austausch über die genaue Funktion und den Verantwortungsbereich ihres Mannes wird erörtert, welche Gegenmaßnahmen vorstellbar sind. Wie gesagt: Das wahre Grauen lauert hinter Butzenscheiben.

Die bedauernswerte Rosenzüchterin und Flamingobesitzerin will ich nicht so dringend kennenlernen. Ich bin nicht sicher, ob ich über hinreichend Mitgefühl für ein Gespräch mit ihr verfüge. Aber den Moderator des Internet-Forums möchte ich treffen. Wir verabreden uns auf halber Strecke zwischen Sandpoint und seiner Ranch in einem Gemischtwarenladen – es gibt, denke ich, kein präziseres Wort für das Geschäft als diese altmodische Bezeichnung – , und wir setzen uns davor auf eine Holzveranda. Trinken Kaffee, der gegen die grimmige Kälte hilft, und rauchen Kette.

Michael White hat viele Hüte, die er aufsetzen kann. Er ist nicht nur Internet-Moderator, sondern auch Pferdezüchter, Immobilienmakler und ehemaliger Oberförster. Der 43-Jährige sieht aus wie Robert Redford in diesem Alter, wenn auch mit Brille. Jedes Wort von der Flamingo-Geschichte glaube er, wie er behauptet: »Die Hinweise waren zu konkret für eine Erfindung. In einer kleinen Stadt passiert viel.«

Allerdings verändere sich Sandpoint. Es zögen immer mehr Leute wie Chris und Cecilia Hopper hierher, und die Wirtschaftsstruktur werde allmählich umgebaut. »Die Firmen, die sich hier ansiedeln, brauchen Manager, Designer und Computerspezialisten. Das bietet der lokale Arbeitsmarkt nicht. Die meisten Leute hier arbeiten im Dienstleistungssektor, und der wird schlecht bezahlt.« Eine gute Ausbildung habe in der Region auf der Liste der Prioritäten nicht besonders weit oben gestanden. »Die Eltern haben in der Holz verarbeitenden Industrie gearbeitet oder in den Minen und gedacht, das würden ihre Kinder auch einmal tun. Aber inzwischen sind die staatlichen Wälder eher für die Erholung gedacht als für die Holzindustrie.«

Für ihn als Makler seien die steigenden Preise auf dem Immobilienmarkt natürlich wunderbar – für die Bevölkerung nicht. Die Leute fänden immer schwerer bezahlbaren Wohnraum und müssten deshalb immer weiter hinaus aufs Land ziehen. Was wiederum höhere Kosten für den langen Anfahrtsweg zur Arbeit nach sich zöge. Ich muss an Provincetown in Massachusetts denken. So dürfte es dort auch einmal angefangen haben. Die Statistik bestätigt den Trend: Auch in Sandpoint gibt es immer weniger Kinder. Noch 1990 waren 23 Prozent der Einwohner jünger als 16 Jahre. 2005 waren es nur noch 16 Prozent. Die Altersgruppe der 45- bis 64-Jährigen stieg dagegen von 20 auf 32 Prozent an.

»Die Leute wären entsetzt, wenn man ihnen sagte, der Sozialismus wäre für viele von ihnen die bessere Regierungsform«, meint Michael White. »Dabei ist es einfach wahr.« Er ist nicht so sicher, dass die Demokraten bei der nächsten Wahl den Sieg davontragen werden. »Alles, was du als Republikaner tun musst, ist: Schwenke die Fahne, rede über Waffen und Religion - und schon wählt die ganze

Unterschicht republikanisch. Gegen ihr eigenes Interesse.« Ich gebe zu bedenken, dass ich auf der Reise bisher zwar viele überzeugte Republikaner getroffen habe – aber niemanden, der auch nur ein freundliches Wort über George W. Bush verloren hätte. Im Gegenteil: Ein böser Witz über den Präsidenten ist in jeder Bar ein sicherer Lacher. »Ja, heute«, erwidert Michael. »Viele Leute begreifen wirklich erst jetzt, nach zwei Legislaturperioden, was sie sich da eingehandelt haben.« Er sei ziemlich verzweifelt: »Es ist hart, ein Amerikaner zu sein in diesen Zeiten. Schlimm genug, dass sie Bush das erste Mal gewählt haben - aber noch mal? Wo lebe ich?« Er wirft den Kopf zurück und lacht.

Dann wird er ernst: »Mehr und mehr unserer demokratischen Freiheiten werden einfach weggespült.« Der Patriot Act, der bürgerliche Rechte im Kampf gegen den Terrorismus einschränkt, sei genau das Gegenteil von dem, was der Name behaupte: »Völlig unpatriotisch. Ein Bruch unserer Verfassung. Mit der Verordnung für saubere Luft ist es dasselbe: Sie erlaubt mehr Luftverschmutzung.«

Es ist das erste Mal auf dieser Reise, dass ein Gesprächspartner von sich aus die Einschränkung demokratischer Freiheiten anspricht. Ich bin sicher, dass auch Leute wie Karen Teeters in Montana, Susan und Mary-Jo Avellar in Massachusetts oder Joe Ilg in Wisconsin keine Anhänger des Patriot Acts sind. Aber sie haben ihn nicht von sich aus erwähnt, als sie darüber sprachen, was ihnen an der Regierungspolitik missfällt. Ich glaube, dies liegt daran, dass die Gefahr, als Terrorverdächtiger ins Netz der Fahnder zu geraten, in den ländlichen Gebieten der Vereinigten Staaten nach wie vor verschwindend gering ist. Fast ebenso gering übrigens, wie ein Opfer von Terroristen zu werden. Niemand, mit dem ich gesprochen habe, hat davor Angst. Auch Michael nicht. New York und Washington sind weiter weg von den Kleinstädten und Bauernhöfen dieses Landes, als sich mit Kilometerangaben ausdrücken lässt.

Im vergangenen Jahr hat Michael White seinem Vater eine Reise nach Deutschland geschenkt. Abends, wenn der alte Mann im Bett lag, zog er mit einem Bekannten, der fließend Deutsch spricht, durch bayerische Kneipen. »Ich würde nicht sagen, dass ich auf offene Feindseligkeit gestoßen bin. Aber es war knapp davor.« Ständig habe er die Politik des Weißen Hauses verteidigen sollen. Was ihm, wie man sich vorstellen könne, nicht leichtgefallen sei.

Es empört mich immer wieder, wenn ich feststelle, dass jeder Araber in den USA befürchten muss, für einen Verbündeten von Osama bin Laden gehalten zu werden. Ich finde es ungeheuerlich, dass in einem Land, dessen Gründungsmythos in der Suche nach religiöser Freiheit besteht, der Präsidentschaftskandidat Barack Obama mit einer Flüsterkampagne diskreditiert werden soll, die ihm unterstellt, er sei Muslim. Aber die Einwohner der Vereinigten Staaten sind nicht die Einzigen, die Stellvertreterkriege führen. Ich kann mir gut vorstellen, mit welcher selbstgerechten Überheblichkeit der Reisende aus den USA in Deutschland konfrontiert worden ist. Wenn man schon keine Gelegenheit hat, dessen Präsidenten ins Gesicht zu sagen, was man von ihm hält, dann muss eben ein Pferdezüchter aus Idaho dafür herhalten. Daran finden auch Leute nichts Verwerfliches, die Rassismus in jeder anderen Form entschieden ablehnen.

Was ist er denn nun eigentlich – Makler oder Pferdezüchter? Michael lacht. »Beides.« Aufgewachsen ist er in New Orleans und hat dann Forstwissenschaft und Ökosystem-Management in Texas studiert. Seit 1990 lebt er in Idaho, zunächst in einer Blockhütte ohne Strom mitten im Wald. 15 Jahre hat er in diesem Wald als Förster gearbeitet. Heute gehört ihm eine 13 Hektar große Ranch, auf der er Pferde züchtet. »Aber ohne meine Frau wäre das nicht zu schaffen.« Vieles wäre ohne sie nicht zu schaffen, meint der vierfache Vater, dessen jüngstes Kind gerade sieben Wochen alt ist. »Vorausschauende Planung ist nicht meine starke Seite.« Sagt er und grinst.

Aller Verzweiflung über die politischen Verhältnisse zum Trotz: Michael White macht den Eindruck eines glücklichen Mannes. Er bestätigt das: Ja, er führe genau das Leben, das er führen wolle, und er habe auch schon immer im Westen leben wollen, seit seine Eltern mit ihm in seiner Kindheit das erste Mal hierher gereist seien. Als Junge habe er Westernfilme geliebt, und diese Leidenschaft präge manche seiner Gefühle noch heute: »Mein Verstand sagt, dass die Waffengesetze verschärft werden müssen. Aber ich besitze selber viele Waffen, ich gehe gern auf die Jagd und – ja, ich liebe meine Waffen auch.« Er zuckt etwas ratlos mit den Schultern. »Mir ist schon klar, dass das ein Widerspruch in sich ist.«

Was hält eigentlich jemand, der ein ökologisches Fach studiert und die politische Grundhaltung von Michael White hat, von gentechnisch veränderten Nahrungsmitteln? Er wisse, dass das in Europa ein großes Thema sei, antwortet er, und er selbst achte auch darauf, biologisch angebaute Lebensmittel zu kaufen. Das Obst der großen Supermärkte schmecke ihm einfach nicht. Außerdem sei es natürlich ein großes Problem, dass man heute vieles von dem noch nicht wissen könne, was man in 20 Jahren wissen werde, und dann seien die Genveränderungen schwer rückgängig zu machen.

Michael White sagt all die Sätze, die Kritikern der Genmanipulationen gut gefallen würden, aber er sagt sie seltsam unbeteiligt. Irgendwann merkt er es selbst, beugt sich vor und unterbricht sich: »Wissen Sie – nicht einmal mich erreicht dieses Thema wirklich. Wir sind einfach nicht daran gewöhnt, von möglichen Gefahren auch selbst betroffen zu sein. Also: Richtig betroffen. Wir haben – wir haben einfach so ungeheuer viel Platz.«

Es ist dunkel geworden, und inzwischen hilft auch der Kaffee nicht mehr gegen die Kälte. Außerdem muss ich ohnehin zurück, ich bin zum Abendessen eingeladen. Ein seltenes Vergnügen. Von Justine Murray, einer Köchin des Hotels, in dem ich wohne. Die Kellnerin war zu ihr in die Küche gelaufen, nachdem sie erfahren hatte, dass ich aus Deutschland komme. Sie interessiere sich doch so für Europa, da draußen säße eine Europäerin. Ob Justine nicht mal mit ihr reden wolle? Glücklicherweise wollte sie genau das.

Die 31-Jährige kann einem den Glauben an den amerikanischen Traum wiedergeben. Leicht hat es die alleinerziehende Mutter eines 13-jährigen Sohnes und einer elfjährigen Tochter im Leben nicht gehabt bei ihren Versuchen, ohne Ausbildung sich und die Kinder durchzubringen. Sie stammt aus der Kleinstadt Dixon in Illinois und hat schon viele Jobs gehabt. In Wisconsin arbeitete sie als Bewährungshelferin. Aber dort hielt sie es nur ein Jahr aus. »Die Gefängnisse sind völlig überfüllt, und man sperrt die Leute einfach weg. Drogenabhängige werden behandelt wie Schwerverbrecher, statt dass man ihnen hilft. Und es gab so viel Korruption. Die Kleinen hängt man, die Großen lässt man laufen.« Da ist das Wort schon wieder: Korruption. Ich kann auch in diesem Zusammenhang nicht beurteilen, ob der Vorwurf berechtigt ist. Aber inzwischen habe ich Rauch an zu vielen verschiedenen Stellen gesehen, um noch glauben zu können, dass da nirgendwo ein Feuer ist.

Justine hat bei einer Tafel für Obdachlose gearbeitet, als Gärtnerin, als Verkäuferin in einem Teegeschäft. »Ich war mal so arm, dass ich kaum genug Geld für das Essen nach Hause brachte. Nur 9000 Dollar habe ich in einem ganzen Jahr verdient. Da hatte ich das Gefühl, ich könne eigentlich auch aufgeben.«

Sie hat nicht aufgegeben. Es fällt schwer, sich vorzustellen, dass diese energische, lebenslustige Frau, die wunderbar laut und ansteckend loslachen kann, jemals nicht mehr weiterwusste. Sie nickt: »Ja, ich weiß auch nicht warum, aber irgendwann hat es einfach klick gemacht. Das Wichtigste ist, an dich selbst zu glauben. Und inzwischen glaube ich an mich.« Sie zog nach Sandpoint, weil sie gerne wollte, dass ihre Kinder eine Waldorfschule besuchten, und hier gibt es eine, die vergleichsweise niedrige Gebühren verlangt. Für Justine war sie immer noch zu teuer, wie sich herausstellte, aber in anderer Hinsicht hatte sie Glück: Der Manager des Hotels, in dem sie arbeitet, gab ihr, wie sie sagt, »eine Chance«.

Sie habe sich früher nie fürs Kochen interessiert, aber seit sie diesen Arbeitsplatz gefunden habe, habe sie auch zu Hause immer wieder neue Gerichte ausprobiert, und inzwischen mache ihr das großen Spaß. Seit zwei Jahren arbeitet sie jetzt in dem Hotel: »Meine finanzielle Situation hat sich so stabilisiert, es ist unglaublich.« Kürzlich konnte sie sogar einige Tage Urlaub machen an der Küste von Oregon. 20000 Dollar verdient sie jetzt im Jahr. Das ist immer noch ungefähr ein Drittel weniger als das Durchschnittseinkommen in

Idaho, aber es genügt für die Familie. Zumal Justine keine hohen Ansprüche hat: Sie besitzt weder Auto noch Fernseher. »Teilweise wegen des Geldes, aber auch aus Überzeugung.« Autos verpesteten die Umwelt, und sie wolle auch nicht, dass ihre Kinder all diese fürchterlichen Nachrichten im Fernsehen sähen: »Sie sollen nicht den Eindruck bekommen, dass sie in einer bösen Welt leben, vor der man Angst haben muss.«

Das kleine Reihenhaus, in dem Justine mit den Kindern lebt, ist geschmackvoll eingerichtet. Sohn und Tochter haben beide ein eigenes Zimmer, die Mutter schläft im Wohnzimmer. An der Wand hängt das Porträt einer jungen Frau in Öl – eine Freundin, die Künstlerin ist, hat es ihr geschenkt. Die Schlafecke, ein Esstisch mit einigen Stühlen, eine offene Einbauküche und ein Computer: das ist alles, was in dem geräumigen, schlichten Raum steht. Bisher hat Justine Murray nur 230 Dollar im Monat an Miete zahlen müssen, noch einmal dieselbe Summe kam als staatliche Unterstützung hinzu. Die wird demnächst wegfallen, weil die Köchin dafür inzwischen zu viel verdient. Aber das macht ihr keine Sorgen: »Ich bin noch lange nicht am Ende meiner Möglichkeiten. Es gibt so viel, was ich machen kann.« Gerade hat sie ein Angebot bekommen, für Partys ein Büfett zu liefern. Ich bin überzeugt, dass es den Gästen schmecken wird. Das selbst gemachte Sushi, das sie mir an diesem Abend vorsetzt, ist hervorragend.

Die elfjährige Cora kommt herein. Sie bittet ihre Mutter um Geld, damit sie am nächsten Tag ein Geburtstagsgeschenk für eine Freundin kaufen kann. Justine gibt ihr fünf Dollar. »Es ist schön, dass so etwas kein Problem mehr ist«, sagt sie. »Wissen Sie, ich habe das Gefühl, mir selber etwas bewiesen zu haben. Und es geschafft zu haben.« Doch, ja, sie sei stolz auf sich.

Viertes Kapitel
Die Suche nach neuen Ufern
und die Vertreibung aus dem Paradies

»In Leavenworth müssen Sie übernachten«, war mir in Sandpoint geraten worden. Die Hotelangestellten nahmen regen Anteil an meinen Plänen, seit ich mit Justine gesprochen hatte. »Sie stammen doch aus Bayern – da fühlen Sie sich dann wie zu Hause.« Es ist erstaunlich, wie weitverbreitet die Annahme ist, man wolle in der Fremde vor allem die Heimat wiederfinden.

Zunächst geht es jedoch nach Spokane im Bundesstaat Washington. Theoretisch liegt das knapp 50 Kilometer östlich von Coeur d´Alene in Idaho, aber beide Städte sind zu einem riesigen Moloch zusammengewachsen. Ein nicht enden wollender Teppich von Einkaufszentren, Motels und Tankstellen beginnt schon lange vor der eigentlichen Stadtgrenze. Charley, der Hund von John Steinbeck und sein Reisebegleiter, war in Spokane krank und hatte auch noch das Pech, an einen unfähigen Tierarzt zu geraten. Ich verstehe nicht, wie irgendein Lebewesen in dieser Umgebung gesund bleiben kann.

Ein paar Kilometer weiter ändert sich die Landschaft. Vorbei ist es zunächst mit den schroffen Felsen und den endlos scheinenden Nadelwäldern von Idaho. Große Weiden und Felder liegen in einer weiten Ebene, sanfte Hügel hinten am Horizont. Eine schöne und beruhigende Gegend, aber auch ein bisschen eintönig. Es bleibt nicht lange so. Erneut verändert sich die Vegetation. Obstbäume statt Felder, die Gegend wird wieder bergiger. Plötzlich ein steiler Pass:

Ich bin im Kaskaden-Gebirge, das sich von Kanada bis Nordkalifornien zieht. Und erreiche wenig später Leavenworth.

Dort soll ich mich also zu Hause fühlen? Na ja. Vermutlich fänden Indianer die Karl-May-Festspiele in Bad Segeberg auch etwas seltsam. Alte Lüftlmalerei an oberbayerischen Bauernhäusern hat wenig zu tun mit dem Dekor hiesiger Etablissements, das aussieht wie mit der Schablone gemalt. Auf den Speisekarten steht die Schweinshaxe neben dem Hamburger, bei Veranstaltungen spielt die »Edelweiss Tanzgruppe«. Disneyland auf Bayerisch. Dennoch: Man vermutet Sehnsucht, denkt an heimwehkranke, traditionsbewusste Pioniere und ist gerührt. Man vermutet falsch.

Leavenworth, ursprünglich ein Ort der Holzindustrie, kämpfte ums Überleben, seit die Streckenführung der Great Northern Railroad 1927 so geändert worden war, dass die Eisenbahn hier nicht mehr hielt. Lange sah es so aus, als ob Leavenworth zu einer weiteren Geisterstadt werden würde – da hatte 1962 ein Komitee die rettende Idee: Wir machen aus unserem Dorf einen bayerischen Fremdenverkehrsort. Das kurbelt den Tourismus an.

Es hat funktioniert. Gut sogar. Jedes Jahr kommen nach Angaben der Gemeinde 2,5 Millionen Besucher hierher – mehr als tausendmal so viel, wie Leavenworth Einwohner hat! – und viele bleiben über Nacht. Sie wohnen im »AlpenRose Inn«, im »Ritterhof«, im »Edelweiss Hotel« oder im »Linderhof Inn«, das mit zwei Buben in Lederhosen für sich wirbt. Die Frau in einem Motel, in dem ich nach einem Zimmer frage, trägt etwas, das in Hamburg vielleicht als Dirndl bezeichnet werden würde. Aber ich will mich gar nicht lustig machen. Die Idee hat die Stadt gerettet, immerhin. Das ist ja nicht wenig.

Trotzdem habe ich keine Lust hier zu übernachten, schon deshalb nicht, weil es nirgendwo ein Raucherzimmer mit Internetzugang gibt. Man darf entweder rauchen – oder man hat Netz. Was interessante Rückschlüsse darauf zulässt, wie man uns Raucher sieht. Offenbar hält man uns für zu dumm, um einen Computer zu bedienen. Ich fahre also weiter.

Die Landschaft erinnert übrigens tatsächlich an die Alpen. Das hätte mich misstrauisch machen und veranlassen sollen, dieses eine Mal entweder auf Zigaretten oder auf Internet zu verzichten. Denn die Berge werden immer höher, es dunkelt – und es gibt überhaupt keine Unterkünfte mehr. Außerdem kommt Nebel auf. In genau so eine Situation sollte man sich als Alleinreisende ohne Handy nicht begeben. Ich bin todmüde und verfluche meine Dummheit, während ich mir quälend langsam den Weg aus dieser Einöde bahne. Irgendwann ist es geschafft, endlich – und dann? Dann bin ich endgültig verloren.

Der Verkehr ist plötzlich dicht und wird immer dichter. Die Straße wird breiter. Erst vier-, dann sechs-, dann achtspurig. Die Autos immer zahlreicher. Die Leuchtreklamen greller. Die Wegweiser unübersichtlicher. Panik setzt ein. Ach, was wäre ich jetzt gerne in Leavenworth oder sogar in Spokane, in einem der vorher so geschmähten Motels! Es scheint Stunden zu dauern, bis ich hier endlich eines finde, und auch das nur, weil Polizei und Feuerwehr mich daran hindern, in die Richtung weiterzufahren, in die ich eigentlich fahren will. Unfall? Atombombe? Apokalypse? Irgendetwas in der Art. Egal.

Allmählich verstehe ich, was mir vorher auf der Landkarte so seltsam vorgekommen war: Dass nämlich Seattle, immerhin die größte Stadt im Nordwesten der USA, darauf kaum größer eingezeichnet ist als umliegende Städte der Umgebung. Alles ist inzwischen zu einem einzigen Brei aus Straßen und Gebäuden verschmolzen. »Oh ja«, sagt die Rezeptionistin am nächsten Morgen, als ich feststelle, dass ich in Edmonds gelandet bin, einer Stadt mit immerhin auch 40 000 Einwohnern. »Wir sind zu einem Vorort geworden ... nur noch ein Vorort sind wir.«

Das ist nicht der Augenblick, in dem man stur daran festhalten sollte, keine Autobahnen benutzen zu wollen. Erst einmal Land gewinnen – im doppelten Sinne des Wortes. Im Vorbeifahren sieht man die Skyline von Seattle. Ein surrealer Anblick nach der einsamen Weite des Mittleren Westens. Und beides gehört zu ein und derselben Nation? Ja. Manchmal fällt die Vorstellung schwer, aber etwas habe ich in den letzten Monaten begriffen: Die USA sind tatsächlich eine Nation, so riesig sie auch sind und allen Unterschieden zum Trotz. In einem Motel in North Dakota liefen im Fernsehen gerade Bilder von den verheerenden Waldbränden in Südkalifornien, als ich bezahlte. »Schrecklich, was da unten passiert«, sagte der Angestellte. Es klang mitfühlend und traurig. In diesem Tonfall haben die Deutschen seinerzeit auch über die Opfer der Flut im Oderbruch gesprochen.

Als der Peloponnes brannte, wurde vor allem der Verlust des Kulturerbes beklagt und die Frage erörtert, ob die Touristen in Gefahr seien. Das ist nicht dasselbe. Immer wieder erkenne ich hier, wie weit entfernt Europa noch von der Einheit ist. Und immer wieder stelle ich fest: Man lernt auf einer Reise mindestens ebenso viel über sich selbst wie über die Fremde.

Irgendwann liegt Seattle hinter mir. Endlich. Ich bin wieder auf der Landstraße – und an der Küste des Pazifiks. Ein schöner Anblick und ein schönes Gefühl. Von Ozean zu Ozean zumindest habe ich dieses Land nun durchquert. Es ist also an der Zeit, wieder einmal mit jemandem zu reden, der vom Meer lebt. Ich treffe Earl Soule auf dem Deck seines Fischerbootes im Hafen von Ilwaco, wenige Meilen vor der Grenze nach Oregon. Der Gegensatz zwischen ihm und Kirk Olsen könnte größer nicht sein. Nichts hat Earl von der gelassenen Heiterkeit des Hummerfischers aus Maine. Erbittert wirkt der 61-Jährige und zeigt zugleich grimmige Genugtuung, dass jemand gekommen ist, der sich für seine Misere interessiert. Er erinnert mich ein bisschen an George Reed, den Kulturminister der Crow. Nur dass Earl Soule mich nicht warten lässt, sondern sofort und unmittelbar zu sprechen beginnt, immer schneller, fast wie ein Getriebener. Ich habe kaum eine Möglichkeit, auch nur Verständnisfragen einzuwerfen.

Das Fischereiwesen gehe kaputt, ach was, es werde kaputt gemacht. Die zuständige Behörde ignoriere alle Probleme. »Die kriegen ganz bestimmt Geld unter der Hand – viel Geld.« Das Ziel sei es, private Kleinunternehmer zu ruinieren und dann ein staatliches Monopol einzurichten. »Wenn die Vorschriften nicht geändert werden, dann wird es hier bald weder Sportfischerei noch professionelle Fischerei geben.« Das gelte für Oregon ebenso wie für Washington. Dieses düstere Zukunftsbild könnte tatsächlich bald Wirklichkeit werden. Der Lachsbestand im Pazifik ist dramatisch zurückgegangen. So dramatisch, dass – während ich dies schreibe – sogar ein vollständiges Fangverbot für dieses Jahr an der gesamten Küste der USA droht. Sollte es dazu kommen, dann wird Earl Soule sich bestätigt sehen. In seinen Augen besteht das Problem aber nicht darin, dass zu viel gefischt wird, sondern in einer Fülle absurder Regelungen und folgenschwerer Fehlentscheidungen. Lachse ziehen zum Laichen aus dem Ozean in Flüsse. Die Jungtiere leben etwa ein Jahr im Süßwasser, bevor sie stark genug sind, ins Meer zu schwimmen. »Millionen Fische sind gestorben bei dem Versuch, den Ozean zu erreichen«, sagt Earl. »Und auf dem umgekehrten Weg.« Dämme hätten die natürlichen Möglichkeiten der Wanderung zerstört, Pestizide ebenfalls viele Lachse getötet. »Ohne den Fluss gibt es keinen Ozean. Und wenn Lachse ihre Eier nicht in den Fluss legen können, dann gibt es keine Lachse im Meer.«

Der Fischer ist eigentlich gar kein Fischer mehr. Er verdient seinen Lebensunterhalt inzwischen damit, die Boote anderer zu reparieren. Vom Fischfang könne man hier nicht mehr leben, sagt er. Die Saison sei zu kurz, und die Betriebskosten für den Erwerb neuer Netze, Lizenzen und des Treibstoff seien zu hoch. Sein Boot ist 1928 gebaut worden – das sieht man ihm an. Eine rostiger, alter Kutter, von dem die Farbe abblättert. Aber man kann das Schiff wieder flottbekommen, meint der 61-Jährige. Earl Soule will es reparieren und demnächst mit seiner Frau nach Alaska hoch fahren, um wieder als Fischer zu arbeiten. »Hier gibt es nichts mehr zu verdienen. Hier gibt´s kein Geld.«

Wir sitzen in der kleinen, gemütlichen Kajüte und trinken Cola. Auf dem Tisch liegen Spielkarten, auf dem Herd köchelt das Essen. Wenn Earl nicht so wütend wäre, dann könnte das eine sehr entspannte Unterhaltung sein. Ich verstehe seinen Ärger – aber die Erbitterung scheint tief zu sitzen. Sehr tief. Seine Frau Glenda schafft es immerhin, ihn gelegentlich etwas zu beruhigen. Was macht sie eigentlich beruflich? Über das Gesicht der 59-Jährigen gleitet ein Schatten. »Ich war 18 Jahre bei der Armee. Als Feldwebel.« Vor einigen Jahren hat sie die Streitkräfte verlassen. Weil sie von einem anderen Feldwebel vergewaltigt wurde.

»Die militärischen Stellen wollten es vertuschen«, erzählt sie. »Ein Zivilgericht hat ihn dann zu 18 Monaten verurteilt. Nach zwölf Monaten kam er raus.« Glenda Soule hatte einen Nervenzusammenbruch und war lange in psychiatrischer Behandlung. Sie leidet an dem, was heute zungenfertig ein posttraumatisches Stresssyndrom genannt wird. Die Seele ist verwundet. Ihr Mann holt Akten, zeigt Papiere, Schriftwechsel, Briefe, die das Ehepaar an Senatoren in Washington und Oregon geschrieben hat. Er erzählt, wie er den Offizieren, die das Verbrechen unter den Teppich kehren wollten, Bescheid gestoßen hat: »Ich hab nicht herumgespielt. Es war mir verdammt ernst.« Was entschlossen klingen soll, klingt hilflos und gedemütigt. Earl Soule hat seine Frau nicht beschützen können.

Glenda vermisst die Armee trotzdem noch immer. »Ich mochte das Leben da. Ich mag es, wenn Dinge ihren geregelten Gang gehen und einem klaren Ablauf folgen.« Ihr Mann lacht gutmütig, endlich einmal, und schüttelt den Kopf: »Ich mag das nicht. Als Fischer gibt es auch keinen geregelten Ablauf. Da bist du von so vielem abhängig, was sich nicht regeln lässt. Das Wetter, die Gezeiten, alles mögliche.« Glenda achtet nicht auf ihn. »Ich habe die Truppen verköstigt«, sagt sie wehmütig. In der Küche hat sie gearbeitet, Kuchen waren ihre Spezialität. Die Tochter ist zur Kriegsmarine gegangen. »Sie liebt das Leben da auch.«

Der Krieg im Irak vertieft ihren Schmerz. »Die besten unserer Leute werden abgeschlachtet. Ich habe den Eindruck, unserem Präsidenten ist das scheißegal. Ich glaube, die Behörden versagen auch deshalb in so vieler Hinsicht, weil alle Mittel in den Krieg fließen.« Darin ist sie mit Earl ganz einig: »Was dieser Krieg uns kostet! Es wäre billiger gewesen, jedem unserer Bürger eine Million in die Hand zu drücken.« Ihn erinnere das alles an Vietnam. Übrigens sei auch damals das Fischereiwesen fast am Ende gewesen. »Wir haben in Asien angeblich gegen die Kommunisten gekämpft – und unterdessen kamen die Russen hierher und haben bei uns den Barsch ausgerottet. Grotesk.« Sowjetische Schiffe fischten in den Sechzigerjahren regelmäßig in den Fanggründen vor der US-Küste. Erst 1973 wurden die Fischereirechte in einem bilateralen Abkommen geregelt. »Das ist alles, was der Irakkrieg jetzt ist. Ein anderes Nam«, sagt Earl. »Dieses Land ist in einer schlechten Verfassung.« Algen hätten mehr Rechte als er und würden besser geschützt. »Sollen die doch Steuern zahlen.«

Alles, was Earl Soule von den Problemen des Fischereiwesens erzählt, lässt sich mit Studien und Fachartikeln belegen. Allerdings lassen sich darin auch gute Argumente für die strenge Begrenzung des Fischfangs finden. Aber wenn man den Columbia überquert, den größten Fluss, der vom amerikanischen Kontinent in den Pazifik fließt, dann ist es schwer vorstellbar, dass irgendetwas im ökologischen System der Gewässer aus dem Gleichgewicht geraten ist. So mächtig, so gewaltig und zugleich so ruhig bahnt er sich seinen Weg. Natürlich weiß ich, dass gerade Umweltgefahren für Laien wie mich oft schwer oder gar nicht zu erkennen sind, aber meist verdränge ich das, wenn ich nicht gerade mit jemandem geredet habe, der unmittelbar davon betroffen ist. Dabei gibt es doch kaum etwas Beunruhigenderes als die Tatsache, dass wir unseren Sinnen nicht mehr trauen können. Ein hoher Preis für den sogenannten Fortschritt der letzten Jahrzehnte.

Mehr als sechs Kilometer spannt sich die Astoria-Megler-Brücke über die Mündung des Columbia ins Meer und verbindet die Bundesstaaten Washington und Oregon. Wenn bei uns eine Flussbrücke ein paar hundert Meter breit ist, dann sind wir schon beeindruckt. An die Dimensionen in den USA kann ich mich nur schwer gewöhnen. Immer wieder stelle ich fest, dass meine Reaktion darauf von der Stimmung abhängt, in der ich mich befinde. Bin ich ausgeruht und fröhlich, dann begeistern mich Größenordnungen, die mich ängstigen, wenn ich erschöpft oder verärgert bin.

Was mögen die Entdecker Lewis und Clark gedacht haben, als sie endlich an der Mündung des Columbia standen? War ihnen der Anblick unheimlich? Empfanden sie lauteres Glück, weil sie endlich ihr Ziel erreicht hatten? Oder waren sie so sehr damit beschäftigt, ihr eigenes Überleben und das ihrer Begleiter zu organisieren, dass sie an gar nichts anderes denken konnten als an einen guten Platz für ein Nachtlager? Aufzeichnungen liefern Hinweise. Aber eben nur Hinweise, denn solche Eintragungen werden ja frühestens Stunden nach dem allerersten Eindruck geschrieben. Ich wäre so gerne dabei gewesen, als die beiden den Pazifik erreichten. Wenn ich mir aus all den verlockenden Erfindungen von Science-Fiction-Autoren eine einzige aussuchen dürfte, die Realität werden könnte: es wäre die Zeitmaschine. Mit Rückkehrgarantie.

In den letzten Wochen habe ich immer wieder den Weg gekreuzt, den die beiden Forscher und Offiziere zu Beginn des 19. Jahrhunderts genommen hatten. Am 14. Mai 1804 waren sie mit einer kleinen Gruppe handverlesener Begleiter von St. Louis aus nach Westen aufgebrochen, um im Auftrag des damaligen Präsidenten Thomas Jefferson das Land bis zum Pazifik zu erkunden und ihm Bericht zu erstatten über die Geografie, die Fauna und Flora und die Bewohner der Gegenden, durch die sie kamen. Ihre Reise ins Unbekannte war die Voraussetzung für die Eroberung und Erschließung des Westens durch die europäischen Einwanderer.

Meriwether Lewis und William Clark müssen zum Zeitpunkt der Expedition sympathische, kluge und besonnene Männer gewesen sein. Fast zweieinhalb Jahre waren sie unterwegs und nur ein einziger Mann aus ihrer Gruppe starb in dieser Zeit. An einer Krankheit, nicht etwa eines gewaltsamen Todes. Nur sehr selten kam es zu Feindseligkeiten zwischen ihnen und Indianern, meist verliefen die Begegnungen freundlich, sogar freundschaftlich. Im heutigen North Dakota schloss sich ihnen ein indianisches Ehepaar mit Baby an, das ihnen von da an als Dolmetscher behilflich war.

Den Pazifik erreichten sie am 7. November 1805. Die Gruppe stimmte darüber ab, bei welchem indianischen Volk sie vor Antritt der Heimreise im folgenden Jahr überwintern wollten – der einzige Sklave und das indianische Ehepaar hatten dasselbe Stimmrecht wie alle anderen. Für die damalige Zeit ein unerhörter Vorgang. Es ist eine traurige Ironie, dass ausgerechnet zwei Männer, die in mancher Hinsicht ein ihren Zeitgenossen völlig unbekanntes Gespür für Fairness und Gleichberechtigung hatten, mit ihren Forschungsergebnissen die Unterdrückung, Vertreibung und den Tod ungezählter Ureinwohner auf dem Gebiet der heutigen USA vermutlich in stärkerem Maße befördert haben als irgendjemand sonst. Ihre Forschungsergebnisse weckten Appetit.

Unweit der Stadt Astoria kann man heute am Originalschauplatz einen historischen Nachbau von Fort Clatsop besichtigen, dem Winterquartier der Expedition. Die rohen Holzhütten, umgeben von einem Palisadenzaun, sehen ganz anders aus als die Forts in Indianer-Baukästen von Spielzeuggeschäften oder die Festungen in John-Wayne-Filmen. Viel kleiner, winzig fast ist das Fort. Eine moderne Luxusvilla kann leicht dieselbe Fläche einnehmen wie diese Unterkunft, in der fast 40 Menschen überwintert haben – mitten in einer fremden, bedrohlichen Wildnis. Ich halte es für ein Wunder, dass hier niemand einen anderen totgeschlagen hat. Der Mut, den die Teilnehmer der Expedition bewiesen haben, ist ohnehin jenseits meiner Vorstellungskraft. Aber die Toleranz und Gelassenheit, über die sie verfügt haben müssen, finde ich noch bewundernswerter.

Nach der Besichtigung des Forts bin ich schnell wieder zurück in der Gegenwart. In Garibaldi kostet es 1 000 Dollar, wenn man Abfall auf die Straße wirft. Behaupten Straßenschilder. Überall in den USA geben solche Schilder die genauen Tarife für Müllsünder bekannt. Hey, in New Jersey kann man mit einigem Glück mit nur 200 Dollar Bußgeld davonkommen. Ein Schnäppchen!

Je höher die angedrohten Bußgelder sind, desto größer wird mein Bedürfnis, wenigstens einmal ein Bonbonpapier auf die Straße zu werfen. In Sichtweite eines Polizeifahrzeugs. Um herauszufinden, ob mir die Beamten wirklich einen Strafzettel in dieser Höhe ausstellen würden. Es ist wahr: Die Straßenränder sind hier sehr viel sauberer als bei uns in Deutschland, und das ist schön. Aber in einem Land, in dem wegwerfbare Kaffeefilter hergestellt werden und Müll-Recycling in weiten Gebieten immer noch für eine Sonderform von Exzentrik gehalten zu werden scheint, kommen mir diese Strafandrohungen schon sehr scheinheilig vor.

Ohnehin begeistert mich die Küstenstraße weniger, als ich erwartet hatte. Oregon ist eines der Rentnerparadiese der Vereinigten Staaten und außerdem ein beliebtes Ferienziel für Familien. Das merkt man der Gegend an. Kilometer um Kilometer reihen sich Motels, Campingplätze, Ferienwohnungen, Schnellrestaurants und Bars aneinander. Dagegen kann auch die schönste Landschaft nur schwer ankommen. Wenn Steinbeck und ich verheiratet gewesen wären, dann hätten wir uns hier wahrscheinlich richtig verkracht.

»John, dearest«, hätte ich gesagt. »Natürlich ist die Pazifikküste sehr hübsch und vielerorts auch wirklich beeindruckend. Aber sie ist doch sehr lang. Findest du das nicht manchmal auch ein ganz kleines bisschen langweilig: immer nur Fischerei und Tourismus? Und merkst du eigentlich, dass wir nur sehr langsam vorankommen?« Dann hätte er vermutlich gebrummelt, dass man so eine Reise schließlich nicht macht, um möglichst schnell voranzukommen, und ich hätte spitz geantwortet, dass wir dann ja auch etwas länger in Idaho hätten bleiben können. Was ihn wiederum dazu gebracht hätte, mir vorzuwerfen, dass er mich nicht verstehe und mich nicht für ihn interessiere, und schließlich sei das hier seine Heimat. Und dann hätte ich gar nichts mehr gesagt, sondern wäre beleidigt gewesen.

Glücklicherweise waren Steinbeck und ich nicht verheiratet, sodass ich ohne Diskussion irgendwann von der Küstenstraße auf die Autobahn fahren kann, die es zu seiner Zeit noch gar nicht gab. Aber die Küste bleibt trotzdem lang. Dass mich das so stört, liegt allerdings vermutlich doch mehr an mir als an der Landschaft. Wieder einmal stelle ich fest, wie viel auf einer Reise entlang zufälliger Begegnungen von der eigenen Befindlichkeit abhängt. Ich bin erkältet, und allmählich ist die Fülle der Eindrücke, die ich in den letzten Wochen gesammelt habe, zu groß, um noch Neues aufnehmen zu können.

Etwas weiter südlich, in Kalifornien, ist es John Steinbeck ähnlich ergangen: »Diese Reise war wie eine üppige Mahlzeit mit vielen Gängen, die einem halb Verhungerten vorgesetzt wird. Anfangs versucht er, alles von jedem zu essen, doch mit der Zeit merkt er, dass er einiges auslassen muss, damit er den Appetit nicht verliert und seine Geschmacksknospen nicht abstumpfen.«

Gespräche mit Menschen, die kein eigenes berufliches Interesse an einer Unterhaltung haben, lassen sich nicht erzwingen. Offenbar strahle ich in diesen Tagen aus, dass ich übersättigt bin. Sooft ich auch versuche, mit jemandem zu reden, so intensiv ich auch nach Geschichten am Wegesrand suche: es kommt nichts dabei heraus. Das verbessert die Stimmung nicht, zumal das einem als Journalistin mit einem klaren Rechercheauftrag nicht passiert. Da ist der Rahmen, innerhalb dessen ein Interview geführt wird, eben definiert und abgesteckt. Aber es lässt sich nun mal nicht ändern. Bald bin ich ja in Kalifornien, seit hunderten von Jahren das Ziel so vieler Wünsche und Träume. Da wird bestimmt alles anders, besser, schöner. Und der Schnupfen wird weg sein.

Zumindest bekomme ich im Norden dieses Bundesstaates wieder eine Gelegenheit, Vorurteile abzubauen. Bedauerlicherweise. Kalifornien ist ganz dicht besiedelt, eigentlich übervölkert? Die USA sind eine fast perfekte Dienstleistungsgesellschaft ohne Ladenschluss? Kommt darauf an. Eine Reifenpanne zwischen tausendjährigen Mammutbäumen in strömendem Regen an einem Samstagvormittag relativiert diesen Blick. Zwar wechseln mir reizende Zeugen Jehovas den Reifen sofort und missionieren mich unterdessen auch nur zurückhaltend, aber das Reserverad ist eines dieser schnuckeligen, kleinen Spielzeuge, die allenfalls für den Weg in die nächste Werkstatt gedacht sind. Also für eine Strecke von etwa fünf Kilometern. Der kaputte Reifen sei »beyond repair« – eine Reparatur an einem solchen Wrack widerspräche kalifornischem Gesetz, wie mich ein Tankwart belehrt. Da kommt Sehnsucht nach Afrika auf. Kaputt? Gibt´s dort nicht.

Hier schon. Wohin ich auch komme, die Reaktion ist stets dieselbe: »Neue Reifen? Da müssen Sie bis Montag warten. Oder ganz weit fahren.« Was ich tue: 100 Meilen. Meilen. Das sind über 150 Kilometer. Gottlob hat die Geschichte keine Pointe, sondern ich habe irgendwann einen neuen Reifen. Und der Anblick der Mammutbäume ist ja jede Unannehmlichkeit wert.

»Hat man die Redwoods einmal gesehen, hinterlassen sie einen Eindruck oder erzeugen eine Vision, die man nie wieder los wird«, schrieb Steinbeck. »Niemand hat einen Mammutbaum jemals überzeugend gemalt oder fotografiert. Das Gefühl, das sie hervorrufen, ist nicht übertragbar. Sie gebieten Stille und heilige Scheu.« Botschafter aus einer anderen Zeit seien sie, lebende Wesen, die »vielleicht Gefühle und irgendwo tief innen auch eine Wahrnehmung« hätten. »Der eitelste, oberflächlichste und respektloseste Mensch fällt in Gegenwart von Redwoods unter einen Bann des Staunens und der Ehrfurcht.«

Der eindrucksvollste dieser Riesen ist 1500 Jahre alt, fast sieben Meter dick und knapp einhundert Meter hoch. Neben ihm wird John Steinbeck auf einer Tafel zitiert – das hätte ihn bestimmt gefreut. Weniger gefreut hätte er sich vermutlich über einige Männer, die ihre Ehrfurcht, die er unterstellt, mit viel Bier und lautem Gegröle erfolgreich überspielen. Im späten 19. Jahrhundert wollte übrigens jemand den Baum fällen, um aus dem Stamm einen Tanzboden zu machen. Offenbar gibt es überhaupt keine Idee, die so blöd ist, dass nicht irgendjemand darauf käme. Eine frühe Bürgerinitiative hat diesen Frevel verhindert. Es ist beruhigend, dass es meistens auch Leute gibt, die sich derartigen Ideen widersetzen. Gelegentlich sogar erfolgreich.

Steinbeck ist an der Küste weitergefahren, aber auf dieser Strecke will ich ihm nicht folgen. Ich möchte noch ein wenig vom Landesinneren sehen, bevor ich wieder an den Pazifik zurückkehre, und so übernachte ich in Grass Valley. Die Kleinstadt liegt an der alten Straße 49, die nach dem Jahr des Goldrauschs – 1849 – benannt ist und ins Gebiet der Goldgräber führt. Aber an diesem Sonntag interessiere ich mich zunächst mehr für spirituelle als für weltliche Schätze und begebe mich ins Christian Life Center, in eine riesige Kirche der Pfingstbewegung. Das ist eine Strömung des Christentums, die in den letzten Jahren durch intensive Missionsarbeit weltweit Millionen neuer Anhänger gewonnen hat.

Innerhalb der Bewegung gibt es unterschiedliche Richtungen. Gemeinsam ist allen, dass sie dem Heiligen Geist eine besondere Bedeutung beimessen. Die Erfahrung seiner Ausgießung führt dazu, dass Gläubige in fremden Zungen – nicht in einer Fremdsprache, sondern in Lauten – sprechen. Politisch ist die Pfingstbewegung, jedenfalls in den USA, rechtskonservativ.

Der Gottesdienst im Christian Life Center wird erst in zwei Stunden beginnen, aber der Pfarrer ist schon da. Jerry Stroup ist seit fünf Jahren der Pastor in dieser Gemeinde, die, wie er versichert, im Umkreis von etwa 30 Kilometern mehrere hundert aktive Mitglieder hat. In dem Gemeindesaal neben der Kirche, wo wir uns unterhalten, stehen etwa 20 Tische mit adretten grünen Tischdecken. Hier können mindestens 150 Leute sitzen. Die meisten Pfarrer in Deutschland brauchen für die engagierten Gläubigen ihres Sprengels sehr viel weniger Möbel.

Der Pastor findet mein Vorhaben interessant, unterhält sich gerne mit mir und bietet mir an, dass ich später auch seiner Unterweisung von Missionaren zuhören dürfe, wenn mich das interessiere. Jerry Stroup hält es für ein Zeichen Gottes, dass mich mein Weg hierher geführt hat. Ob ich »wiedergeboren« werden wolle? »Wiedergeboren« ist die Übersetzung des englischen »born again« und bedeutet: Die Gläubigen haben Jesus Christus als ihren persönlichen Erlöser anerkannt. Mit dem Glauben an Reinkarnation hat das also nichts zu tun. Ganz schlüssig erscheint mir das Konzept nicht, denn das Bekenntnis zu einer christlichen Kirche schließt doch den Glauben an Jesus zwangsläufig mit ein. Wozu dann noch einmal dieser weitere Schritt?

Ich möchte jedenfalls jetzt nicht wiedergeboren werden, was Jerry Stroup traurig macht. Er schaut mich betrübt an und fragt, ob er für mich beten dürfe. Selbstverständlich darf er das, allerdings habe ich nicht erwartet, dass er damit nun sofort und auf der Stelle beginnen würde. Es ist für mich eine sehr fremde und etwas peinliche Situation, als der weißhaarige, ältere Mann laut und ausführlich in dem riesigen Gemeindesaal, in dem nur wir beide sitzen, Gott anruft, dass der mich auf den rechten Weg und zu der Erkenntnis führen möge, heute nun doch wiedergeboren werden zu wollen. Angenehm finde ich das nicht. Aber ich kann einem Pfarrer, von dem ich Hilfe bei der Ausübung meines Berufes erwarte, wohl kaum einen Vorwurf machen, wenn auch er seinen Beruf ausübt.

Als nach längerer Zeit das Gebet beendet ist, erzählt mir Jerry Stroup, dass heute ein ganz besonderer Tag für die Gemeinde ist. Ein Prediger aus den Philippinen sei zu Gast. Deshalb trage er, Jerry, heute auch dieses hellblaue Hemd mit asiatischer Stickerei: »Er soll sich hier wohlfühlen.« Vor einem halben Jahr ist der Pastor aus Grass Valley selbst auf den Philippinen gewesen, ein Erlebnis, das ihn tief beeindruckt hat. »Ich habe mehrere Wunder dort erlebt und war Zeuge, wie Blinde wieder sehen und Gelähmte wieder laufen konnten.«

Der Glaube an Wunderheilungen ist Bestandteil der offiziellen Lehre der Pfingstbewegung. Ich weiß das, aber ich schaue Jerry Stroup dennoch etwas zweifelnd an. Meint er das wirklich ernst? Ja, das meint er völlig ernst. Er erzählt davon mit derselben Selbstverständlichkeit, mit der er vermutlich auch darüber sprechen würde, dass es am Vortag geregnet hat. Auf dieser Reise hat er den Prediger kennengelernt. »Er hat die Vision, dass in drei Jahren jeder – jeder einzelne – Bewohner der Philippinen wiedergeboren sein wird. Das hat mich so berührt, dass ich ihn gleich nach Kalifornien eingeladen habe.«

Die etwa fünf Prozent der Philippinos, die sich zum Islam bekennen, dürften von der Vorstellung weniger begeistert sein. Wie steht Jerry Stroup eigentlich zu Muslimen? Er schaut mich freundlich lächelnd über seine Brille hinweg an: »Wir lieben die Muslime, aber sie alle brauchen Jesus.« Und die Juden? Die Frage ist dem Pfarrer erkennbar nicht so angenehm. Er zögert, druckst ein wenig herum und meint schließlich: »Gewissermaßen liegen ja die Wurzeln des Christentums im Judentum begründet.« Was heißt? Jerry Stroup wird einer Antwort enthoben, weil in dem Augenblick mehrere Gemeindemitglieder eintreffen, die an der Bibelstunde vor dem Gottesdienst oder an der Unterweisung von Missionaren teilnehmen wollen.

Das Verhältnis zwischen Juden und fundamentalistischen Christen ist kompliziert. Einerseits stehen Evangelikale verschiedener protestantischer Kirchen, deren Gemeinsamkeit im Glauben an die buchstäbliche Unfehlbarkeit der Heiligen Schrift besteht, fest an der Seite des israelischen Staates, weil aus der Bibel hervorgeht, dass dieses Land den Israeliten von Gott gegeben wurde. Die Position ist weitverbreitet, Israel habe einen unwiderruflichen Anspruch auf alle Gebiete innerhalb der biblischen Grenzen und dies dürfe kein Gegenstand von Verhandlungen irdischer Politiker sein. Andererseits können nach evangelikalem Glauben nur Menschen in den Himmel kommen, die überzeugt sind, Jesus Christus sei Gottes Sohn gewesen. Nun wird aber der Satz, dass die Juden in die Hölle kommen, auch in den USA durchaus als antisemitisch verstanden. Weshalb Jerry Stroup gewiss ganz froh ist, dass unser Gespräch an dieser Stelle unterbrochen wird.

Ohnehin hält er sich mit Stellungnahmen zu aktuellen Streitfragen auffallend zurück. Dabei sind die Evangelikalen inzwischen eine politische Macht in den Vereinigten Staaten, deren Einfluss beständig wächst. Bei den Präsidentschaftswahlen 2004 kamen aus ihren Reihen mehr als 40 Prozent der Stimmen für die Republikaner. Das zentrale Glaubensprinzip dieser Christen, dass die Bibel wörtlich verstanden und geglaubt werden müsse, also nicht interpretiert und in einen zeitgeschichtlichen Kontext gestellt werden dürfe, hat weitreichende tagespolitische Konsequenzen: im Kampf gegen Abtreibung und Stammzellenforschung, in der Nahostpolitik, bei den Lehrplänen für Schulen und Universitäten.

Evangelikale Christen lehnen die Evolutionstheorie ab und glauben, dass Gott die Menschen so erschaffen hat, wie es in der Schöpfungsgeschichte steht. Die Anhänger der radikalsten Form der Bibeltreue meinen, es gebe die Erde seit etwa 6000 Jahren. Andere Evangelikale erklären allerdings, sechs Tage göttlichen Wirkens entsprächen einem deutlich längeren Zeitraum menschlicher Rechnung. Gemeinsam kämpfen sie dafür, dass dieser sogenannte Kreationismus als gleichberechtigte Alternative zur Evolutionstheorie an Schulen gelehrt wird. Eine landesweite Volksabstimmung über das Gesetz der Schwerkraft werde vorbereitet, spottete kürzlich der Publizist Jack Huberman. Andere spotten nicht. Umfragen zufolge glaubt inzwischen über die Hälfte der Bevölkerung in den USA, Gott habe die Menschen vor höchstens 10000 Jahren erschaffen.

Jerry Stroup lässt sich auf Detaildiskussionen über dieses und andere umstrittene Themen nicht ein. »Wir glauben an die Bibel«, sagt er fest. Das muss genügen. Auch in der Unterweisung für Missionare, die jetzt beginnt, hält er sich streng an technische und logistische Fragen – an diesem Sonntag erörtert er keine theologischen Inhalte. Zufall? Oder ist das meiner Anwesenheit geschuldet? Der Pfarrer bittet die beiden Gemeindemitglieder, die für diese Veranstaltung gekommen sind, um Entschuldigung dafür, dass er heute die schriftliche Zusammenfassung der Lehrinhalte vergessen habe. Leider.

Missionare sind im Verständnis dieser Kirche keine Männer und Frauen, die Ungläubige hauptberuflich bekehren, womöglich noch in fremden Ländern, sondern Pfingstler, die sich in ihrem Alltag darum bemühen, Menschen zur Wiedergeburt zu veranlassen. Der Familienvater Clyde, der als Küchenhilfe arbeitet, ist sehr schweigsam. Deborah, Angestellte bei einer Versicherung, zeigt sich hingegen von meiner Anwesenheit begeistert und möchte unbedingt erreichen, dass ich heute wiedergeboren werde. Ihr eigenes Leben habe sich dadurch grundlegend verändert, erzählt die 60-Jährige. »Früher bin ich unduldsam und sehr zielorientiert gewesen. Heute habe ich viel mehr Mitgefühl mit anderen Menschen.«

Zielorientiert kommt mir Deborah immer noch vor. In mir keimt der Verdacht, dass die Bemühungen um meine Bekehrung ein wesentliches Element des Gottesdienstes sein werden, sollte ich daran teilnehmen. Das möchte ich vermeiden. So verabschiede ich mich nach der Unterweisung mit dem Hinweis, dass ich noch eine lange Fahrt vor mir habe.

In Idaho spürte man den herannahenden Winter, in Washington war ich in den Herbst hineingefahren, und hier in Kalifornien bin ich im deutschen Spätsommer. Ein merkwürdig verwirrendes Erlebnis, das mich allmählich jedes Gefühl für die reale Jahreszeit verlieren lässt. Von kahlen Bäumen über Herbstlaub hin zu grünen Alleen – das ist nicht vergleichbar mit einem Flug aus dem grauen November in südliche Sonne. Ich komme mir vor, als werde ein Film rückwärts abgespult. In Auburn findet ein Weihnachtsmarkt statt. Absurd erscheint mir das.

Im Hinblick auf den Einfluss, den die Natur auf den Alltag auch moderner Menschen hat, sind die USA keine Einheit. Zum ersten Mal in meinem Leben bereise ich ein Land, dessen Einwohner nicht alle dasselbe Bild vor Augen haben, wenn ein bestimmter Monat genannt wird. Ja, Amerika ist sehr groß.

Gold County, El Dorado County. Es ist keine Frage, welches historische Ereignis hier für das wichtigste der Region gehalten wird. Verständlicherweise. Noch 1840 lebten im Gebiet des heutigen Kalifornien nur etwa eintausend Europäer. Am 24. Januar 1848 entdeckte der Zimmermann James Marshall, der für den Unternehmer John Sutter eine Sägemühle bauen sollte, Gold im Fluss American. Ende 1849 gab es bereits 90 000 Goldsucher in Kalifornien.

Nur wenige sind reich geworden, und auch Marshall und Sutter brachte der Fund kein Glück. James Marshall wurde bis an sein Lebensende von Goldsuchern verfolgt, die glaubten, er habe magische Kräfte, mit denen er Schätze aufspüren könne. Im Alter von 75 Jahren starb er als verarmter Alkoholiker. John Sutter hatte zunächst vergeblich versucht, den Fund geheim zu halten. Der Deutsche, der nach Betrugsvorwürfen in der schweizerischen Firma seines Vaters aus Europa geflohen war und Frau und Kinder der staatlichen Fürsorge überlassen hatte, wollte in Amerika eine Utopie verwirklichen.

Er plante den Aufbau einer Siedlung, die sich vollständig selbst versorgen konnte: Neu-Helvetien.

Kalifornien gehörte damals noch zu Mexiko. Erst 1848, nach dem Krieg zwischen Mexiko und den USA, gewannen die Vereinigten Staaten die Kontrolle über das Gebiet, und erst 1850 wurde Kalifornien als 31. Staat in die Union aufgenommen. Der Gouverneur von Mexiko stellte Sutter knapp 200 Quadratkilometer Land für Neu-Helvetien zur Verfügung. Als dort Gold gefunden wurde, scheint der Siedler sofort gewusst zu haben, was dies für ihn bedeuten würde: das Ende seiner Träume.

John Sutter behielt recht. Der Aufbau der Siedlung kam zum Erliegen – alle gruben nach Gold. Zunächst nur mit Messern und Löffeln, später mit Pfannen und Schaufeln. Noch später, als im Fluss nichts mehr zu holen war, wurde in den Bergen mit hydraulischen Geräten gearbeitet. John Sutter verlor alles, was er besaß. Die Goldsucher ergriffen Besitz von seinem Land, schlachteten sein Vieh, stahlen sein Werkzeug. Seine verlassene Frau las in der Zeitung einen Bericht über Goldfunde auf »Sutter´s« und schickte daraufhin zunächst den ältesten Sohn in die USA, später kam sie selbst mit den anderen Kindern nach. Ob diese Wiedervereinigung nach 16 Jahren eine Freude für ihn gewesen ist? Mit dem Sohn hat er sich jedenfalls überworfen. Der hatte als Geschäftsmann eine viel glücklichere Hand als der Vater und hat sich seinen Platz in der Geschichte als Gründer der heutigen kalifornischen Hauptstadt Sacramento erobert. Der alte Sutter neidete dem Jüngeren wohl den Erfolg, der ihm selbst versagt blieb.

Heute befindet sich auf einem Teil des ehemaligen Sutter-Landes bei Coloma ein kalifornischer State Park mit Museum. Frei übersetzt ist das ein Naherholungsgebiet, das vom Bundesstaat verwaltet und finanziert wird. Dort habe ich ungewöhnliches Glück. Ich treffe einen Ranger. Ein State-Park-Ranger ist nicht etwa der Mann, der die Eintrittskarten abreißt, sondern ein hoch qualifizierter Beamter, im Regelfall ein Akademiker, der Polizeigewalt ausüben darf - und entsprechend ausgebildet ist – und darüber hinaus noch über Spezialkenntnisse verfügt. Mark Michalski hat Umweltplanung und Umweltmanagement studiert.

Er steht vor einer alten Holzbrücke, die über den Fluss führt, und beantwortet begeistert alle Fragen einer Familie zu dem Ausstellungsgelände. Mit alle Fragen meine ich: alle Fragen. Es wird schon etwas geben, was Mark Michalski über die Geschichte von John Sutter, James Marshall und den Goldrausch nicht weiß – aber weder die Familie noch ich wollen irgendetwas wissen, worüber er nicht ausführlich Auskunft geben könnte. Verständlich und bar jeder Überheblichkeit des Experten. Ich höre zu, lerne und freue mich über den Eifer des Rangers, der ungemein ansteckend ist. Die Familie, die eigentlich nur die Brücke überqueren wollte, kann sich kaum losreißen. »Sie mögen Ihren Beruf, oder?«, frage ich, als sie sich dann doch verabschiedet hat. »Ich liebe ihn«, antwortet er mit Inbrunst. »Was wollen Sie wissen?«

Als ich ihm mein Anliegen erkläre, lässt die Begeisterung nach. Eigentlich möchte er seinen Namen nicht veröffentlicht sehen, und es wäre ihm auch lieber, wenn ich den State Park, für den er verantwortlich ist, möglichst unkenntlich machte. Er bekomme nämlich große Probleme mit seinen Vorgesetzten und mit der Pressestelle, wenn er mit einer Journalistin redete. Selten – nein: nie! – habe ich mich in den USA so zu Hause gefühlt wie in diesem Augenblick. Diese Sorge kenne ich gut. Von ungezählten Beamten in deutschen Ministerien und anderen Behörden.

Mark Michalski ist ein mutiger Mann und ein realistischer dazu. Er kommt zu der Erkenntnis, dass ihm ein in Deutschland veröffentlichtes Buch wohl kaum schaden kann – und er findet zugleich die bestehenden Probleme so schwerwiegend, dass er dafür auch bereit ist, ein gewisses persönliches Risiko einzugehen. In Kalifornien gibt es nämlich inzwischen mehr State Parks als Ranger. Genauer: Es gibt 278 State Parks und 250 Ranger.

Die State Parks in Kalifornien sind unterfinanziert – grotesk unterfinanziert. Allein für die Reparatur bereits bestehender Mängel fehlen derzeit rund 900 Millionen Dollar. Wenn nicht schnell Abhilfe geschaffen wird, dann wird sich diese Summe in den nächsten Jahren vervielfachen. »Es ist nicht toll, wenn es vier Jahre lang durchs Dach des Museums regnet und man das Leck nur mühsam mit Planen abdecken kann«, sagt der Ranger. »Vor allem dann nicht, wenn man unschätzbar wertvolle und unersetzliche historische Gegenstände hat.«

Etwa ein Drittel aller Planstellen für die State Parks sind unbesetzt. Die Bezahlung hat nicht Schritt gehalten mit der Gehaltsentwicklung anderer Polizisten. Um dennoch Bewerber zu finden, sind die Ansprüche an die Qualifikation in den letzten Jahren deutlich gesenkt worden. Weil es nicht genügend Ranger gibt, werden regelmäßig wertvolle Funde von Ausgrabungsstellen gestohlen.

Kalifornien ist noch immer der am schnellsten wachsende Staat der USA. 1960 gab es hier 15 Millionen Einwohner, heute sind es über 37 Millionen. Dafür reichen die Wasservorräte nicht aus. Der Versuch, die Energieversorgung durch Deregulierung zu sichern, bewirkte das Gegenteil: steigende Preise und dramatische Engpässe. Als Einzelstaat wäre Kalifornien weltweit die achtgrößte Wirtschaftsmacht – aber das Haushaltsdefizit ist von 14,5 Milliarden auf 16 Milliarden Dollar angeschwollen. Wo anfangen? Ausgerechnet bei den Naherholungsgebieten? Es ist verständlich, wenn die Regierung andere Prioritäten setzt. Zugleich aber bedeutet das: Die Lebensqualität sinkt. Also das, wofür Kalifornien berühmt ist.

»Die Städte dehnen sich immer mehr aus, wir verlieren offene, unbebaute Flächen«, sagt Mark Michalski. In den Sechzigerjahren hätte das die Bevölkerung noch aufgeschreckt, damals sei die Umweltbewegung jung und stark gewesen. Heute? Liege sie am Boden. »Parks wie dieser hier werden zu Inseln. Zu winzigen Inseln.« Wenn er die Zeit findet, mit Besuchern zu reden, dann macht dem Ranger der Beruf noch immer Spaß, den er seit 30 Jahren ausübt. Aber der größte Teil seiner Arbeit besteht in der Verwaltung. Der Verwaltung des Mangels.

»Ich denke in letzter Zeit immer häufiger darüber nach, zu kündigen«, sagt der 53-Jährige. »Aber bis zur Pensionierung werde ich schon noch durchhalten.« Und dann? Wird es überhaupt einen Nachfolger für ihn geben? Im Januar 2008 hat Gouverneur Arnold Schwarzenegger den Entwurf für das neue Haushaltsjahr vorgelegt. Er sieht die Schließung von 48 State Parks vor, um Kosten zu senken. Nicht einmal zehn Millionen Dollar können damit eingespart werden. Das lässt keinen Zweifel mehr daran zu, welchen Stellenwert die Regierung den Naherholungsgebieten und dem historischen Erbe einräumt. Jeder Staat braucht engagierte Beamte. Aber jeder Staat kann selbst dem engagiertesten Beamten die Liebe zum Beruf austreiben. Kalifornien scheint da auf gutem Wege zu sein.

Von der schmalen, kurvigen Straße 49, die durch eine freundliche Gebirgslandschaft mit dichten Wäldern führt, fahre ich in Richtung Südwesten, vorbei an schroffen, kahlen Bergen und kargen Ebenen, und erreiche schließlich Salinas, den Geburtsort von John Steinbeck. Hier und im wenige Kilometer entfernten Küstenort Monterey ist er aufgewachsen, hier ist seinem Leben und seinem Werk ein Museum gewidmet. Hier steht: Rosinante.

Kein Nachbau, sondern der originale Kleinlaster mit Campingaufbau, in dem der Dichter die Vereinigten Staaten umrundet hat. Rosinante ist grün! Flaschengrün! Nicht cremefarben, wovon ich stets überzeugt war, warum auch immer. Und sie heißt gar nicht Rosinante, wie in der deutschen Übersetzung des Buches. Sondern »Rocinante«. Steht auf dem Auto.

Plötzlich merke ich, dass mir Tränen in die Augen steigen. Es gibt Künstler und Geistesgrößen, die ich mag oder sogar verehre. Andere verabscheue ich. Wieder andere, viele andere, lassen mich gleichgültig. Aber niemals zuvor habe ich tief im Inneren gespürt, dass die berühmten Toten, an die wir uns heute noch erinnern, einmal tatsächlich lebendige Menschen gewesen sind. Mit Ängsten, Freuden, Schwächen. Dass ihnen ihre Bedeutung für die Nachwelt – jedenfalls meistens – weniger wichtig gewesen sein dürfte als Alltagsärger. Dass sie manchmal lustig waren, manchmal wütend. Oder gelangweilt, verliebt, einsam.

Die Gespräche mit John Steinbeck, die ich unterwegs geführt habe, hätten bislang ebenso gut Auseinandersetzungen mit der Hauptfigur eines Romans sein können. Erst hier, beim Anblick von Rocinante, versteht mein Gefühl, was bis dahin nur mein Kopf wusste: dass John Steinbeck tatsächlich gelebt hat. Dass er nun schon seit fast 40 Jahren tot ist und dass ich ihn niemals mehr werde treffen können. Nicht einmal theoretisch. Gänzlich überraschend überfällt mich tiefe Trauer. Als sei ein guter Freund gestorben.

Das mag sich vermessen anhören, ändern kann ich es nicht. Vorsichtig drehe ich mich um, und als ich ziemlich sicher bin, dass gerade niemand herschaut, streichle ich Rocinante zweimal über den Kotflügel. Dabei komme ich mir albern vor. Aber was sein muss, muss sein.

Die Nacht verbringe ich in Monterey. Von der »Straße der Ölsardinen«, der Cannery Row, der John Steinbeck ein literarisches Denkmal gesetzt hat, ist nur der Name geblieben – und den gab es in der Zeit, in der sein Roman spielt, nur als Spitznamen. Offiziell hieß die Cannery Row damals noch Ocean View Avenue. Dort, wo bis zur Mitte des letzten Jahrhunderts die Konservenfabriken standen, reihen sich heute Andenkenläden, Fischrestaurants und Modegeschäfte aneinander. Das Städtchen ist hübsch herausgeputzt, nicht kitschig, sondern nett.

Steinbeck hat den Wandel noch erlebt, und er hat ihm nicht gefallen. Dabei hat er selbst erkannt, dass er der Halbinsel von Monterey »unrecht« tat: »Sie ist ein schöner Ort, gut verwaltet und fortschrittlich.« Aber sie war eben nicht mehr sein Zuhause, nicht mehr der Ort seiner Erinnerungen. »Meine Abreise war eine Flucht.« Was wohl auch damit zusammenhing, dass sich der überzeugte Demokrat – wieder einmal – mit seinen republikanisch gesinnten Schwestern zankte: »Pardon wurde nicht gegeben und nicht erbeten.«

Ich habe in Monterey keine Verwandtschaft und ich fliehe nicht, sondern ich fahre am nächsten Tag in Richtung Osten. Der weite Rückweg hat begonnen. Vorbei geht es an den riesigen Ölfeldern im Gebiet um Lost Hills. Selbst wenn man nie etwas von knappen Ressourcen und der drohenden Energiekrise gehört hätte: Hier käme noch dem unbedarftesten Reisenden der Verdacht, dass im Öl wohl kaum die Zukunft liegt. Kilometer um Kilometer pressen Tausende und Abertausende rostiger Pumpen, die an Metallskulpturen urzeitlicher Tiere erinnern, die letzten Vorräte aus der Erde. So weit das Auge reicht. Um 23 Prozent ist die Rohölproduktion in Kalifornien seit 1996 gefallen, während zugleich der Verbrauch steigt. Längst vergangen sind die Tage, in denen die Region sich selbst versorgen konnte. Sie werden nicht wiederkommen. Jedenfalls nicht mit Öl.

In der Mojave-Wüste wäre man wieder einmal schlecht beraten, wollte man den eigenen Sinnen trauen. Wüsste man es nicht besser: man würde in weiten Gebieten nicht ahnen, dass man sich in einer Wüste befindet. Riesige Blumenplantagen und Getreidefelder liegen an der Straße. »Food grows where water flows – Nahrung wächst dort, wo es Wasser gibt« steht auf großen Schildern.

Die künstliche Bewässerung der Wüste, in die wegen des Bevölkerungsanstiegs immer mehr Siedler drängen und in der immer neue Städte gegründet werden, ist ein eindrucksvoller Beweis dafür, was der Mensch einer feindlichen Umgebung abtrotzen kann. Einerseits. Andererseits muss dafür Grundwasser heraufgepumpt werden. Umweltschützer warnen vor der Zerstörung des sensiblen Ökosystems der Mojave-Wüste mit ihren vielen berühmten Joshua Trees, einem Agavengewächs, das bei uns als Yuccapalme bezeichnet wird. Zu der das »Death Valley« gehört, in dem schon einmal eine Temperatur von 56,7 Grad Celsius gemessen wurde. Und das luxuriöse Spielerparadies Las Vegas mit seinen Springbrunnen, das ich dieses Mal nicht besuchen werde, weil es nicht in einem Staat am Rande der USA liegt, sondern im angrenzenden Binnenstaat Nevada.

Stattdessen übernachte ich in dem kleinen Mojave, benannt nach der riesigen Wüste, die den Ort umgibt. Etwa 4000 Einwohner leben hier. Das Internet liefert im Regelfall noch über den unbedeutendsten Flecken eine Vielzahl von Informationen. Unter der Überschrift »Things to do – Dinge, die man tun kann« wird auch über Mojave behauptet, es gebe viele mögliche Vergnügungen. Dann folgt ein einziger Eintrag: »Sofort weiterfahren!« Das klingt nach einem guten Rat. Selbst die Schnellrestaurants sehen hier noch langweiliger aus als anderswo, und das will etwas heißen.

Am nächsten Morgen ist es vorbei mit der Langeweile. Mitten in der Mojave-Wüste stoße ich endlich auf den Menschen, nach dem ich schon so lange gesucht habe. Ich wusste immer, dass ich ihm eines Tages begegnen würde und nur geduldig sein musste, aber manchmal wollte ich doch beinahe verzagen. Dann jedoch sitzt er da wirklich, an der alten Route 66 als einziger Gast im Bagdad Café – ausgerechnet! – und frühstückt. Ein überwältigendes Gefühl. Er ist es! Mein erster bekennender Bush-Anhänger!

Republikaner habe ich unterwegs viele getroffen, auch Leute, die zugeben, George W. Bush gewählt zu haben. Aber ich musste den halben Kontinent umrunden, bis ich endlich mit jemandem spreche, der das noch immer für die richtige Entscheidung hält. »Herpes ist inzwischen beliebter als Bush«, sagte kürzlich der Kabarettist Dean Obeidallah unter tosendem Beifall seines Publikums.

Der sympathische kalifornische Farmer mit Schnauzbart im Bagdad Café findet hingegen, dass Präsident Bush »die Grenzen sicherer« gemacht habe. Dem brummigen alten Wirt, der ein Wahlplakat für Hillary Clinton ins Fenster gestellt hat, fällt beinahe die Kaffeekanne aus der Hand. Mein Bush-Anhänger heißt Eric Archbick, ist 52 Jahre alt und begeisterungsfähig: »Er hat die Muslime das Fürchten gelehrt.« Der Wirt murmelt, dass man »den« erschießen sollte. Es bleibt offen, wen er meint. Eric: »Jetzt behaupten sie, dass der Irak nicht an den Anschlägen vom 11. September beteiligt war. Das ist Quatsch.« Warum? »Der Irak gehört zum Mittleren Osten. Die mögen uns dort alle nicht.« Wenn das so ist - warum dann beim Irak haltmachen? Warum nicht auch Ägypten bombardieren, beispielsweise? Der Wirt bekommt Spaß an der Unterhaltung. Er grinst. Eric hält den Vorschlag jedoch durchaus für bedenkenswert: »Ja, wenn sie aggressiv werden.«

Über Umweltprobleme redet er übrigens engagiert, nachdenklich, kenntnisreich. »Wenn du 4000 Häuser in der Wüste bauen willst, dann darfst du das. Und woher kommen Strom und Wasser?« Die würden den allgemeinen Ressourcen entnommen. Das gilt allerdings auch für die Farm von Eric Archbick, auf der er Viehfutter anbaut. Aber es ist nachvollziehbar, dass gerade er das weniger problematisch findet als neue Ansiedlungen.

Eric meint, die Vorschriften zum Schutz der Umwelt seien nicht streng genug. Er schüttelt den Kopf, spricht von Dürre. Es falle weniger Regen als früher. Ich frage, wie er denn die Haltung seines Lieblingspräsidenten zu Klimaschutz und globaler Erwärmung findet. Eric wird still, schaut vor sich auf den Tisch. Ganz langsam wird er rot. Die Frage ist ihm peinlich. Das wiederum ist mir peinlich. Ich entschuldige mich, ihn in Verlegenheit gebracht zu haben, und meine das ernst. Er lächelt ein bisschen schief.

Das Bagdad Café hieß früher Sidewinder. Ende der Achtzigerjahre entstand hier der Film *Out Of Rosenheim – Bagdad Café* mit Marianne Sägebrecht in der Rolle der bayerischen Jasmin Münchgstettner, die sich in der kalifornischen Wüste eine neue Existenz aufbaut. In den USA folgte darauf 1990 auch noch eine Fernsehserie mit dem Titel *Bagdad Café*. In einer Hauptrolle: Whoopi Goldberg. Natürlich hat das Lokal den werbewirksamen Namen beibehalten, und zusammen mit einem malerisch verrosteten Motel-Schild daneben gibt das Ensemble nette Fotomotive her.

Aber das ist auch schon alles, was nostalgische Touristen locken kann. Ein bisschen wenig, um von der parallel verlaufenden Interstate 40 auf die legendäre Route 66 abzubiegen, die einst die bedeutendste Straßenverbindung der USA zwischen Ost und West war. Vom Mythos der fast 4000 Kilometer langen Strecke zwischen Chicago und Los Angeles ist hier nichts mehr geblieben. Stattdessen: Schlaglöcher. Dann doch lieber wieder zurück auf die Autobahn.

In der gleichgültigen Arroganz gegenüber diesem Denkmal aus Asphalt, das eine große Rolle gespielt hat in der amerikanischen Geschichte, drückt sich für mich eine Haltung aus, die ich auch andernorts in Kalifornien zu spüren glaube: Die Überzeugung, dieser Teil des Landes sei ohnehin wunderbar und von jeher das Ziel so vieler Sehnsüchte ganz unterschiedlicher Menschen, dass man sich gar nicht weiter anstrengen müsse.

Eine derartige Selbstzufriedenheit verstimmt. Selbst ich als Reisende, die mit der sich verschlechternden Infrastruktur allenfalls am Rande zu kämpfen hat, bin jetzt dankbar für den Abschied von Kalifornien. Zu mühsam ist es, hier in ländlichen Gebieten ein Motel mit Internetverbindung zu finden. Eine geöffnete Werkstatt. Jemanden, der auf eine Frage freundlich Auskunft gibt. All das gibt es. Aber eben nicht so oft wie andernorts in den USA. Der goldene Staat, wie er sich selbst nennt, wirkt schlecht gelaunt.

Du bist Orplid, mein Land? Aus der Nähe bekanntlich nie. Aber die Ernüchterung in Kalifornien geht über die Erkenntnis hinaus, dass es ein Paradies auf Erden nicht gibt. Hier scheint gerade ein langer Traum zu Ende zu gehen.

Die alte Route 66 führt auch durch Arizona. Dieser Staat muss sich um den Tourismus keine Sorgen machen, allein der Grand Canyon zieht jedes Jahr etwa fünf Millionen Besucher an. Aber ein bisschen Geld lässt sich ja auch mit weniger bedeutenden Attraktionen einnehmen – wenn man denn bereit ist, sich etwas Mühe zu geben und für sich zu werben. In der Kleinstadt Kingman ist man dazu bereit. Hier lässt sich ein liebevoll eingerichtetes Museum besichtigen, das die Geschichte der Route 66 erzählt. Immerhin 100 000 Reisende kommen jährlich hierher.

Wieder einmal begegnet mir John Steinbeck. »Die Mutterstraße« hat er die 66 in seinem Roman *Früchte des Zorns* genannt, und das war nicht freundlich gemeint. Er nannte sie auch: »Die Straße der Flucht«. In der Zeit der Wirtschaftskrise nach dem Zusammenbruch der Börsen 1929 und einer verheerenden Dürre zogen Hunderttausende in der Hoffnung auf ein besseres Leben nach Westen – nach Kalifornien. Dort waren die armen Verwandten nicht willkommen. Nur acht Prozent der Neuankömmlinge durften bleiben. Man muss es den Amerikanern in den USA lassen: Sie diskriminieren nicht. Die eigenen Landsleute werden auch nicht besser behandelt als ausländische Immigranten, wenn sie den Wohlstand bedrohen.

Die Route 66 wäre allerdings wohl nie zum Mythos geworden, hätten sich auf ihr vor allem Szenen der enttäuschten Hoffnungen, der Armut und der Verzweiflung abgespielt. Im Museum hängen auch Bilder von Aufschwung und guten Tagen. Die untere Mittelschicht fröhlich und entspannt auf dem Weg in den Familienurlaub, den sie sich leisten konnte. Fotos aus den Fünfzigerjahren. Damals haben auch meine Eltern zum ersten Mal Urlaub in Italien gemacht – ihre Hochzeitsreise – und die Fahrt war seinerzeit noch etwas ganz Besonderes gewesen.

Ganz entspannt ziemlich viel Geld für etwas ausgeben zu können, was nicht ist: Das fing in Westdeutschland für breitere Schichten damals gerade erst an. Europa war vom Krieg zerstört. Die USA waren das nicht. Vielleicht ist seinerzeit bei uns das Gefühl entstanden, in den Vereinigten Staaten sei doch alles im Grunde genau wie bei uns – nur besser. Die Kühlschränke seien eben größer und moderner. Mit der lockenden, aber unbekannten Neuen Welt der Vergangenheit hatte das Amerika-Bild der Fünfzigerjahre jedenfalls nichts mehr zu tun.

Amerika wird nicht kleiner. Es bleibt riesig. So vieles gibt es, was ich in Arizona gerne – oder gerne wieder einmal – anschauen würde. Aber allmählich habe ich das Gefühl, dass mir die Zeit davonläuft, zumal ich bald nur noch durch mir unbekanntes Terrain reisen werde. Also gebe ich Gas und fahre nach Süden. Zur mexikanischen Grenze. Durch eine Landschaft, die zum Schönsten gehört, was ich in den USA zu sehen bekomme – und in der alles noch größer zu sein scheint als anderswo. Tiefe, dramatische Schluchten, riesige, waldbedeckte Bergketten, Wüsten mit Tausenden von bizarr geformten Kakteenbäumen. Überall möchte ich bleiben. Nirgendwo darf ich bleiben.

Einen kurzen Zwischenaufenthalt lege ich wenigstens in der Nähe von Phoenix ein, an einem der ungezählten Freilichtmuseen, die von der Geschichte der Pioniere erzählen. Vor mir geht eine

Schulklasse. Die Kinder sind ungefähr zehn Jahre alt, sehr viele hispanischer, viele andere asiatischer Herkunft. Die Lehrerin weist auf die Steine am Wegesrand hin: »Seht ihr das? Das ist Vulkangestein. Vor vielen, vielen Jahren war hier alles vulkanisch.«

Wenn sich die Kreationisten mit ihrer Forderung durchsetzen, dass die wörtliche Auslegung der Bibel gleichberechtigt neben wissenschaftliche Erkenntnisse gestellt werden soll – muss die Lehrerin dann künftig sagen: »Vor vielen, vielen, allerdings möglicherweise vor höchstens zehntausend Jahren war hier alles vulkanisch«? Die Kreationisten leisten Verzicht auf bemerkenswert viele Bildungsinhalte.

Phoenix also. 1960, zur Zeit der Reise von John Steinbeck, lebten dort weniger als 440 000 Menschen. Als ich zum ersten Mal herkam, in der zweiten Hälfte der Achtzigerjahre, waren es ungefähr doppelt so viele. Heute hat die Hauptstadt von Arizona mehr als 1,5 Millionen Einwohner. Um rund 25 Prozent ist sie seit dem Jahr 2000 gewachsen, mehr als jede andere Stadt in den USA außer Las Vegas. Sie erstreckt sich inzwischen auf der gigantischen Fläche von über 1300 Quadratkilometern – da kommt nicht einmal Los Angeles mit. Man hat das Gefühl, die Autobahnen dieser Stadt nie wieder verlassen zu können ... ewig wird man hier bleiben müssen ... ein einsamer Satellit auf einer unendlichen Umlaufbahn ... na ja, einsam eigentlich nicht. Also: einer von Millionen Satelliten auf vier Rädern.

Auch die Gesamtbevölkerung in Arizona wächst schneller als in jedem anderen Staat der USA. Von Bevölkerungsexplosion kann man zwar kaum sprechen, wenn in einem Land, das ungefähr so groß ist wie Polen, etwa 6,3 Millionen Menschen wohnen. Aber noch 1960 waren es eben nur 1,3 Millionen. Brisant sind ohnehin weniger die absoluten Zahlen als vielmehr die veränderte Zusammensetzung der Bevölkerung. Auf 29 Prozent ist der Anteil der Latinos offiziellen Behördenangaben zufolge inzwischen gestiegen – das ist weniger als in New Mexico, wo der Anteil bei 44 Prozent liegt, oder als in Kalifornien und Texas mit jeweils 36 Prozent. Aber seit 2003 bringt die hispanische Bevölkerung in Arizona mehr Kinder zur Welt als die weiße nichthispanische Bevölkerung, und wenn das so bleibt, dann werden Latinos im Jahr 2035 dort die Mehrheit der Bevölkerung stellen.

Wäre die Welt so, wie ich sie mir wünschte, dann würden die Alteingesessenen die Neuankömmlinge freudig und voller Interesse an deren anderen kulturellen Gepflogenheiten begrüßen und die Einwanderer würden sich rücksichtsvoll an die Sitten und Gebräuche ihrer neuen Heimat anpassen. Beide Seiten würden verstehen, dass sie in wirtschaftlicher Hinsicht voneinander profitieren und gerne gemeinsam Feste feiern. Leider ist die Welt nicht so, wie ich sie mir wünsche. Einwanderung führt oft zu Rassismus und Feindseligkeit, auf beiden Seiten übrigens.

Das Bild vom »Schmelztiegel«, der die Vereinigten Staaten angeblich sein sollen, gehört zu den verlogensten Gemeinplätzen der Geschichtsschreibung. Träfe die Behauptung zu, dann gäbe es in großen Städten weder Chinatown noch Little Italy, wo viele Einwohner bis heute nicht einmal Englisch sprechen. Was allerdings nicht zwangsläufig von Ausgrenzung zeugen muss, sondern auch von Abschottung zeugen kann. Beide Möglichkeiten widerlegen das Klischee, und das wenigstens taktvoll. Es gibt auch weniger harmlose Hinweise auf Parallelgesellschaften. Den Hurrikan »Katrina« beispielsweise. Von dem später noch die Rede sein wird.

Wie viele illegale Einwanderer gibt es derzeit in den USA? Ich weiß es nicht. Für keine andere Angabe in diesem Buch habe ich auch nur annähernd vergleichbar viel Aufwand betrieben wie dafür, eine wenigstens halbwegs zuverlässige Antwort auf diese Frage zu finden. Am Ende weiß ich nicht mehr als die Autoren des Internet-Lexikons Wikipedia: Es sind zwischen sieben und 20 Millionen. Die Zahl zwölf Millionen wird in diesem Zusammenhang gerne genannt, ist aber auch nicht besser belegt als andere Angaben.

Was man immerhin weiß: Seit 2001 hat der Grenzschutz mehr als sechs Millionen Mexikaner in den USA aufgegriffen und zurückgeschickt. Um den illegalen Grenzübertritt zu erschweren, wird derzeit an einem Zaun gebaut, der mehr als 1100 Kilometer lang sein soll, wenn er fertig ist. Falls er fertig wird. Der Plan ist seit Jahren politisch umstritten.

In Nogales zieht sich schon seit 1994 ein hoher Zaun mit Stacheldraht durch die Stadt, denn dort verläuft die Grenze mittendurch: Der kleinere Teil liegt in den USA, der größere in Mexiko. Sind hier die Aggressionen zwischen den verschiedenen Bevölkerungsgruppen mit Händen zu greifen? »Nein«, sagt Melisa Woolfolk. »Hier gibt es nicht die Angst, dass die Mexikaner den Leuten in den USA die Arbeit wegnehmen. Das ist nicht wie in Phoenix oder so.«

Im Rahmen eines kleinen Grenzverkehrs können die Einwohner der Stadt ziemlich mühelos hin- und herwechseln. Nur ins Landesinnere dürfen sie nicht weit reisen. Die bedrohlichen Folgen des Wohlstandsgefälles zwischen Mexiko und den USA spielen erst einige Kilometer nördlich von Nogales eine Rolle: Hunderttausende illegaler Grenzgänger riskieren jedes Jahr den Tod durch Hitze, Durst und Schlangenbisse in unwegsamem Gelände, um den strengen Kontrollen auf den Straßen zu entgehen. Aber auch in Nogales gilt das geschriebene Gesetz oft weniger als die Gesetze des Existenzkampfes. »Natürlich nutzen Mexikaner die Chance, illegal hier zu arbeiten«, erklärt Melisa und zuckt die Schultern. »Was soll´s.«

Die entspannte Haltung ist wenig überraschend. Schließlich ist es die Verwandtschaft, die zu Besuch kommt. Gerade mal sechs Prozent der Einwohner im US-Teil von Nogales sind nicht mexikanischen Ursprungs. Die Stadt sieht anders aus als andere Orte in den USA. Auffallend wenig Fahnen wehen hier. Die meisten Gebäude sind ein bisschen heruntergekommen. Billigläden beherrschen auch im Zentrum das Bild, neben riesigen Parkplätzen für Tagesausflügler nach Mexiko. Der Strom fließt in beide Richtungen. Ohne die Käufer aus dem Nachbarland würde die Stadt den größten Teil ihrer Einnahmen aus Umsatzsteuern verlieren. Das Durchschnittseinkommen in Nogales ist nur halb so hoch wie im übrigen Arizona, allerdings kosten auch Reihenhäuser nur die Hälfte. Wenn man gerade erst aus dem riesigen Phoenix und dem schicken Tucson gekommen ist, fühlt man sich bereits diesseits der Grenze wie in der Dritten Welt. Melisa Woolfolk gehört zu denen, die es schon jetzt weit gebracht haben – und sie will noch höher hinaus. Die 31-Jährige verdient als Sekretärin bei der Feuerwehr 30000 Dollar im Jahr, dreimal so viel wie Durchschnittsverdiener in dieser Stadt. Außerdem studiert sie politische Wissenschaften in Tucson und würde langfristig gerne Juristin werden. Der typische Weg einer jungen Frau aus Nogales ist das nicht.»Du findest hier niemanden sonst, der so ist wie ich«, sagt die auffallend schöne Studentin mit den langen, schwarzen Locken, die eher wie ein junges Mädchen wirkt.Vor allem wegen ihrer überschäumenden Energie, um die sie manche 20-Jährige beneiden dürfte.»In der Schule waren auch meine Klassenkameradinnen noch sehr engagiert. Dann haben sie alle das Engagement irgendwie verloren. Das einzige Ziel für ein Mädchen ist Heirat und die Gründung einer Familie.«

Melisa ist unverheiratet, und ihr kann niemand unterstellen, dass sie nicht bereit wäre, sich zu engagieren. Ich lerne sie kennen, als sie abends an der Ecke eines großen Einkaufszentrums steht und Vorübergehende anspricht. Sie sammelt Unterschriften für die Abwahl des Bürgermeisters. Vetternwirtschaft, Gewerkschaftsfeindlichkeit und allgemeine Unfähigkeit wirft sie ihm vor.

Den Feuerwehrleuten seien ihre Zulagen gekürzt worden:»Ich habe gestandene Männer gesehen, die weinend ihre Frauen angerufen und gesagt haben, dass sie den Kredit für ihre Häuser nicht mehr zahlen können.Weil plötzlich 200 oder 300 Dollar weniger auf dem Gehaltsscheck waren.« Melisa arbeitet gerne als Sekretärin bei der Feuerwehr.»Ich habe da gewissermaßen 48 große Brüder. Das mag ich. Und ich kann es nicht leiden, wenn man meine Brüder schlecht behandelt.« Risikolos ist ihre Parteinahme nicht:»Man hat mir und anderen gedroht, dass wir gefeuert werden, wenn wir diese Unterschriftenaktion unterstützen. Aber es ist unser verfassungsmäßiges Recht, uns daran zu beteiligen.«

Die Liste der Unterschriften, die sie mir zeigt, ist recht lang. Dennoch wird es nicht zu einem Abwahlverfahren des Bürgermeisters kommen. Sechs Tage nach diesem Gespräch stirbt der erst 38-Jährige überraschend an Herzversagen.

In Melisa Woolfolk lassen sich die Chancen und auch die Probleme von Parallelgesellschaften wie unter einem Mikroskop besichtigen. Sie ist in beiden Welten fest verankert: im hispanischen, überwiegend ärmlichen Teil der US-Gesellschaft und in jenem Teil, der gelegentlich euro-amerikanisch genannt wird und stolz auf die Pioniere der ersten Stunde ist. Diese doppelte Identität ist wunderbar und schrecklich zugleich. »Ich habe sehr, sehr gewichtige Gründe dafür, hierzubleiben – und sehr, sehr gewichtige Gründe dafür, die Stadt zu verlassen.«

In Nogales ist sie verwurzelt. »Mein Großvater war hier Bürgermeister, meine Eltern leben hier. Den Sinn für Familie und Gemeinschaft – den würde ich vermissen, wenn ich wegginge.« Andererseits macht ihr Bekanntenkreis sie wütend. Nicht gelegentlich, sondern täglich. »Du läufst gegen diese Wand von Opposition. Nicht einmal Aggression. Sondern schlichte Ignoranz.« Gemeint ist, wie sie ausdrücklich betont, nicht Unkenntnis. Sondern Gleichgültigkeit: »Dieses ›Es ist mir egal‹.« Das sei die allgemeine Haltung. »Die Antwort auf alles und jedes:› Ich will da nicht reingezogen werden‹. Das ertrage ich nicht. Öffentlicher Nahverkehr? Nicht mein Problem. Gesundheitswesen? Nicht mein Problem. Von wegen. Es geht alle an.« Die Mentalität der Latinos sei schauerlich rückständig, vor allem hier im Grenzgebiet.

Die Strenge, mit der Melisa Woolfolk über die hispanische Mentalität spricht, missfällt mir. Ich tue mich schwer mit solchen pauschalen Urteilen, und ich möchte mich damit auch gar nicht leichttun. Zwischen Ressentiment und nüchterner Analyse verläuft bei diesem Thema ein sehr schmaler Grat.

Vor unserem Gespräch hatte ich ein Zimmer im Best Western Motel gebucht, allerdings noch nicht bezogen. Ich kann es auch nicht beziehen. Die Rezeptionistin scheitert trotz erkennbar redlicher Versuche bei ihren Bemühungen, eine Schlüsselkarte so zu programmieren, dass sich die Tür damit öffnen lässt. Umzug ins benachbarte Americana. 55 Dollar die Nacht, in den USA ein Durchschnittspreis für ein ordentliches Motel.

Die Tapete wirft Blasen – jedenfalls dort, wo sie nicht in Fetzen von der Decke hängt. Die einzige Glühbirne des Raumes spendet ein zu düsteres Licht, um die Tastatur des Laptops erkennen zu können. Das Waschbecken ist zerbrochen, die Badewanne so verrostet, dass ich sie nicht benutzen mag. Internet, wie versprochen? Fehlanzeige. »Wir müssen dafür immer ein paar Zimmer ausprobieren«, erklärt der freundliche und sehr langsame Hotelangestellte, der mit mir gemächlich den Flur entlanggeht, als ich betone, dass ich auf das Netz nicht verzichten will. Alles Zufall. Hoffe ich. Als Beleg für die Analyse von Melisa Woolfolk möchte ich das nicht werten. Ist das nun gebotene Vorsicht gegenüber Verallgemeinerungen oder ein Hinweis darauf, dass ich meinen Blick auf die Welt nicht durch die Realität verändern lassen will?

Am nächsten Tag mache ich einen Abstecher in den mexikanischen Teil der Stadt. Melisa verbringt dort mindestens einen Abend in der Woche: »Es gibt herrlichen Fisch und viel bessere Bars und Restaurants als bei uns. Es ist einfach mehr los.« Bei der Ausreise aus den USA werde ich gar nicht kontrolliert, bei der Wiedereinreise flüchtig. Genau wie alle anderen Leute, die vor und hinter mir in der Schlange stehen. Der Grenzübertritt ist derart unkompliziert, dass ich ihn gleich zweimal hintereinander mache – weil mir bei der ersten Rückkehr in die USA auffällt, dass ich vergessen habe, die Möglichkeit des Einkaufs zollfreier Zigaretten zu nutzen. Das lässt sich ja nachholen. Mit einem Zeitaufwand von weniger als zehn Minuten.

Das Frühstück in Mexiko ist köstlich. Frischer Orangensaft, frische Obstplatte. Billig. Die meisten Tagesausflügler aus den USA scheinen andere Ziele zu haben. Unmittelbar hinter der Grenze gibt es eine Fülle von Zahnarztpraxen. In weiten Teilen der USA lässt sich der soziale Status am Zustand der Zähne ablesen. Wer in Nogales lebt, hat offenbar eine preiswerte Alternative zu verfaulten Stümpfen im Mund. Ja, der Strom der Grenzgänger fließt in beide Richtungen. Hier.

Etwa 30 Kilometer nordwestlich von Nogales werde ich auf einer abgelegenen Landstraße von einer Grenzpatrouille angehalten. Ich bin 50 Jahre alt, weiß, eine Frau und ich bin allein unterwegs. Ein kurzer Blick ins Wageninnere genügt den Beamten, um mich weiterzuwinken. Die typischen Verdächtigen sehen anders aus. Ist das Rassismus oder Vernunft? Ich habe ja wirklich niemanden im Kofferraum.

Knapp eine Autostunde von Nogales entfernt werden Besucher in die Vergangenheit zurückversetzt – in jene Zeit, als der Westen tatsächlich noch wild war. Tombstone, Ende des 19. Jahrhunderts ein rasch wachsender Ort in der Nähe einer Silbermine, hätte eigentlich wie so viele andere Siedlungen in Arizona zur Geisterstadt werden müssen, sobald der Reichtum erschöpft war. Aber die Stadt ist, wie sie von sich selbst werbend behauptet, »too tough to die – zum Sterben zu zäh«. Heute lebt sie vom Tourismus. Täglich wird hier mehrfach eine Schießerei nachgestellt, die Schießerei am O.K. Corral, an der 1881 die legendären Revolverhelden Wyatt Earp und Doc Holliday beteiligt waren. Einwohner der Stadt laufen in der Mode von damals durch Straßen, die aussehen wie damals. Aber das wirklich Interessante an dieser Stadt ist der alte Friedhof »Boothill – Stiefelhügel«. Der seltsame Name deutet darauf hin, dass die meisten, die hier liegen, nicht friedlich im Bett gestorben sind, sondern mitten aus dem Leben gerissen wurden. Mit den Stiefeln an den Füßen.

Manche Touristen laufen hier grölend und lachend herum, posieren für Fotos und amüsieren sich prächtig über bizarre Grabinschriften: »Hier liegt George Johnson, 1882 irrtümlich aufgeknüpft.« Die genauere Erklärung des Lynchmordes an dem vermeintlichen Pferdedieb: »He was right, we was wrong but we strung him up and now he´s gone – er hatte recht, wir hatten unrecht, aber wir haben ihn aufgehängt und jetzt ist er tot.«

Sehr komisch. Aber George Johnson ist keine Figur aus einer Filmkomödie. Er hat wirklich gelebt, ebenso wie alle anderen, die hier beerdigt sind. Zum Beispiel Will DeLoge, der beim Kartenspiel getötet wurde. Verone Gray, der Selbstmord begangen hat. Holo Lucero, umgebracht von Indianern. John Heath, aus dem Gefängnis gezerrt und vom Mob gelyncht. Viele, viele Tote, deren Namen niemand mehr kennt und deren Grabkreuze nur die Todesursachen vermerken. Erschossen. Von Apachen getötet. Ermordet. Ertrunken. Im Unterschied zu zahlreichen angeblich historischen Gebäuden in Tombstone ist der Friedhof echt. Wild war der Westen. Romantisch war das Leben nicht. Nur wenige Frauen sind hier beerdigt. »Margarita - stabbed by Gold Dollar, erstochen von Gold Dollar«. Und die Bordellbesitzerin Ah Lum. Spitzname: China Mary.

Der Goldrausch und der Bau der ersten transkontinentalen Eisenbahn, für den viele Arbeitskräfte gebraucht wurden, hatte von Mitte des 19. Jahrhunderts an zahlreiche Chinesen nach Amerika gelockt. Bis in die Vierzigerjahre des 20. Jahrhunderts waren sie eine der am stärksten diskriminierten Minderheiten in den USA - aber einigen gelang es dennoch, ihr Glück zu machen. So auch Ah Lum, die nicht nur die inoffizielle Herrscherin des Rotlichtdistrikts von Tombstone war, sondern sich auch erfolgreich als Arbeitsvermittlerin und Geldverleiherin sowie als Betreiberin eines Glücksspieletablissements betätigte. Die Chinesin war eine mächtige und angesehene Frau, die trotz ihres ausgeprägten Geschäftssinns als ausgesprochen warmherzig galt. Als sie 1906 im Alter von 67 Jahren an Herzversagen starb, gab ihr fast die ganze Stadt das letzte Geleit.

Ah Lum ist eine Ausnahme. Alt wurde kaum jemand in Tombstone. Das Gräberfeld ist ein Acker der enttäuschten Hoffnungen, der zerstörten Lebensentwürfe und der unerfüllten Träume.

Lebensentwürfe werden auch heute noch zerstört. Im Regelfall auf weniger dramatische, aber nicht auf weniger traurige Weise. Einige Kilometer vor Safford, südwestlich der Pinaleno Mountains, veranstaltet Linda Moore einen Garage Sale. Sie verkauft nicht aus dem Überfluss heraus einiges, was ihr lästig geworden ist. Sie verkauft Gebrauchsgegenstände. Einen Dampfkochtopf. Teller und Gläser. Werkzeug. Eine Leiter, eine Schubkarre. Man müsste kein Wort mit Linda Moore in Arizona und mit Laura Dutter-Nelson in Wisconsin geredet haben – ein einziger Blick auf ihre privaten Flohmärkte genügte, um die sozialen Unterschiede zwischen beiden Frauen zu erkennen.

Laura Dutter-Nelson ist College-Absolventin, und ihr Mann verdient so viel, dass sie nicht allein aus materiellen Gründen berufstätig zu sein braucht. Linda Moore arbeitete 15 Jahre lang in der Delikatessen-Abteilung eines Supermarkts. »Ich habe mich nie krankgemeldet, niemals«, erzählt sie über diese Zeit. Dann kam der 13. September 2005. Linda stürzte während ihrer Schicht und zog sich eine schwere Knieverletzung zu. »Seither kann ich nicht mehr lange stehen, nicht schwer heben, keine Treppen steigen.«

Die 54-Jährige läuft an Krücken, bewegt sich mühsam, hinkt. Nach dem ersten Sturz lief sie von Arzt zu Arzt. Fest stand bald: Sie brauchte eine Operation. Was nicht feststand: Wer dafür zahlen muss. Der Arzt der Berufsgenossenschaft meinte, die schwerwiegenden Folgen des Sturzes seien auf eine Vorerkrankung zurückzuführen. Das würde bedeuten, dass sie zumindest einen Teil der Behandlungskosten selbst tragen muss.

Während sie auf die Diagnose und auf die Analyse der eigenen Krankheitsgeschichte wartete, saß Linda zu Hause herum und fühlte sich nutzlos. »Und leer.« Also zwang sie sich, wieder zur Arbeit zu gehen. »Ich hätte das nicht tun sollen, die Schmerzen wurden immer schlimmer. Aber ich habe einfach starke Medikamente genommen.« Am 17. November 2006 fiel sie erneut hin. Danach war auch das zweite Knie kaputt.

Linda zieht die Hosen hoch: Lange Narben und Nähte ziehen sich die Beine herunter. Beide Knie wurden in Operationen ersetzt. Ob und wie viel sie dafür selbst bezahlen muss, weiß sie noch nicht. Irgendwann kam einmal eine Rechnung über 10 000 Dollar. Unabwendbare Schulden? Sie hat keine Ahnung.

Linda Moore hat sich einen Rechtsanwalt genommen. Großes Vertrauen in ihn hat sie nicht. Er ruft nicht zurück, und als sie ihn endlich einmal erreichte, fragte er nur: »Was wollen Sie? Wir werden das nicht durchkämpfen.« Immerhin habe ja das Unternehmen der ehemaligen Angestellten bereits 1800 Dollar Abfindung gezahlt.

Damit sei die Angelegenheit doch erledigt. Nein, kein Kommafehler: 1800 Dollar. »Ich glaube, ich bin für ihn als Fall einfach nicht lukrativ genug, als dass sich sein Engagement lohnen würde«, meint Linda resigniert.

Am Rande ihres Grundstücks steht jetzt ein Schild: »Zu verkaufen«. Linda und ihr Mann werden demnächst ihr Eigenheim gegen einen Wohnwagen eintauschen. Sie möchte gerne nach Florida ziehen, zur Tochter: »Ich finde, es ist Zeit für uns, das Kapitel abzuschließen und neu anzufangen.« Der Ehemann will hierbleiben. Er arbeitet bei einem Reifenhändler und er hat Angst, woanders keine Anstellung mehr zu finden. Seine Frau hat auch Angst, aber vor etwas anderem: »Ich fände es demütigend, hier, wo mich alle kennen, in einem Trailer-Park zu leben.« Plötzlich bricht es aus ihr heraus: »15 Jahre lang hatte ich einen Job und ein Leben. Dann bin ich hingefallen. Und jetzt?« Jetzt ist sie berufsunfähig. Nur in einem Büro könnte sie noch arbeiten: »Dafür bin ich doch nicht qualifiziert. Ich habe nicht einmal einen High-School-Abschluss.«

Linda möchte mir gerne ihr Haus und ihr Grundstück zeigen. Für einige wenige Augenblicke scheint sie vergessen zu können, dass sie schon in wenigen Wochen hier nicht mehr leben darf. Überraschend jung und sehr hübsch sieht die Frau mit den langen blonden Haaren auf einmal aus, als sie mir den Garten erklärt, den sie hier mitten in der Wüste angelegt hat. Mit Kakteen, liebevoll gestalteten Einfriedungen aus sorgfältig ausgewählten Steinen, sogar Rosenstöcken. »Gottes kleines Paradies habe ich das immer genannt«, sagt sie. Eichhörnchen kämen regelmäßig hierher. Dann beginnt sie zu weinen.

Im Haus steht der kostbarste Schatz von Linda Moore: eine Sammlung von Engeln, teilweise selbst gebastelt, teilweise gekauft. Glas, Tüll, Draht, Rauschgold, Samt. »Wir werden dafür keinen Platz haben im Wohnwagen. Eigentlich wollte ich die Engel heute auch verkaufen. Aber ich kann mich noch nicht trennen.« Ihr katholischer Glaube ist das Einzige, was ihr derzeit Halt und Trost bietet. »Ich will doch nicht klagen. Aber ich empfinde mich nur noch als Last, und ich schäme mich so, dass mein Mann die ganze Bürde alleine tragen muss.«

195000 Dollar sollen Haus und Grundstück einbringen. Gibt es denn schon Interessenten? Ja, sagt Linda Moore zögernd. Möglicherweise sei sogar der Vertrag schon unterzeichnet, genau wisse sie das nicht. Das klingt so, als ob das Ehepaar gar nicht mehr die Kontrolle über die Verkaufsverhandlungen habe. Zwangsversteigerung? Ich frage nicht nach. Man muss auch nicht alles wissen wollen.

Viel Freundlichkeit ist mir schon begegnet auf meiner Reise – aber niemand war je so großzügig wie Linda. Ob ich wirklich nichts essen wolle? Aber wenigstens einen Kaffee dürfe sie mir noch bringen? Vielleicht doch ein ganz kleines Stück Kuchen dazu? Ob ich denn einen Platz zum Schlafen hätte? Sie würde sich freuen, wenn ich heute bei ihnen übernachtete.»Motels sind doch so teuer.« Als ich alle Angebote ablehne, auch kein Picknickpaket will und schon im Auto sitze, humpelt sie noch einmal ins Haus. Dann kommt sie zurück und schenkt mir einen kleinen, orangefarbenen Engel mit Perlenflügeln.»Der soll Sie beschützen.«

Es ist seltsam, dass ich ausgerechnet hier eine so traurige Begegnung habe, denn eigentlich hatte mich Safford deshalb neugierig gemacht, weil alle verfügbaren Informationen über die Stadt auf eine große Erfolgsgeschichte hindeuten. Natürlich widerspricht der Einzelfall einer unglücklichen Frau dem nicht. Er drückt nur auf die Stimmung.

Dass es mit Safford aufwärtsgeht, bestätigt bereits der Augenschein. Die Zubringerstraße zur etwa 50 Kilometer entfernten Autobahn wird gerade vierspurig ausgebaut. Auf dem Weg zum Discovery Park, einer Ausstellung und Studienstätte des Eastern Arizona College zum Thema Astronomie, entsteht eine große Siedlung mit Energiesparhäusern. Die werden dringend gebraucht: Eine neue Kupfermine soll von 2008 an ausgebeutet werden. Dank moderner Technologie angeblich fast ohne Umweltverschmutzung, weshalb diese industrielle Entwicklung wohl auch den weiteren Zuzug von Rentnern nicht behindern wird, die hier unweit des mächtigen Mount Graham ihren Lebensabend verbringen wollen. Schon in den letzten Jahren sind viele gekommen. Sie schätzen das abwechslungsreiche Freizeitangebot, das vom Golfplatz in der Wüste bis zu Bergwanderungen reicht, bei denen seltene Pflanzen und Tiere zu sehen sind. Auf dem Mount Graham steht übrigens auch ein Observatorium – mit dem stärksten Teleskop der Welt.

Innerhalb der nächsten zehn Jahre soll sich die Einwohnerzahl des ehemals abgelegenen Provinzstädtchens Safford verdoppeln, in dem derzeit etwas mehr als 9000 Leute leben. Neue Arbeitsplätze, wissenschaftliche Höchstleistungen und zugleich ein Rentnerparadies. In Safford hat die Zukunft begonnen.

»Technologie ist der neue Wilde Westen«, sagt John Ratje. Soll heißen: Darin liegt heute die Chance auf Erfolg, Ruhm, Reichtum und Glück von Pionieren der Gegenwart. Der 61-jährige Ingenieur ist College-Dozent und Leiter des Obervatoriums auf dem Mount Graham. Vor einigen Jahren hat er das Projekt des Discovery Parks entwickelt. Gerade überwacht er den Fortschritt einiger »Führer von morgen«, wie die Internetseite des Parks die Studenten etwas vollmundig nennt. Es geht, anspruchsvoll genug, um Raketentechnik.

Monatelang haben sich die Absolventen eines Physikkurses auf den heutigen Tag vorbereitet. Raketen aus Papier werden abgeschossen, sollen auf einer genau berechneten Bahn in einem exakten Winkel fliegen und so landen, dass ein rohes Ei innerhalb des Modells nicht zerbricht. Schwierig. Sehr schwierig. Und spannend: »5-4-3-2-1-Abschuss!«

»Das war exzellent!«, ruft John. Patrick Young, ein junger Indianer mit langen schwarzen Haaren, hat eine Punktlandung hingelegt. Das wird ein A, die bestmögliche Note. Seine Mutter, die ebenso wie andere Eltern zum Zuschauen gekommen ist, strahlt glücklich. Die Krankenschwester trägt ein T-Shirt mit der Aufschrift »stolze Apachen-Mama«. Patricks Vater züchtet Pferde. Die Familie hat nie in einem Reservat gelebt.

Hat Patrick eigentlich das Gefühl, dieselben Chancen zu haben wie seine weißen Kommilitonen? Oder fühlt er sich in irgendeiner Hinsicht diskriminiert? Nur sehr selten hat jemand so erkennbar ungern mit mir gesprochen wie dieser Student. Er wendet den Blick ab, schweigt. Lange. Schließlich sagt er leise: »Ich möchte niemanden beleidigen.« Dann bittet er mich darum, ihn zu entschuldigen. Er will sein Raketenmodell noch einmal genau untersuchen.

Das Lob von John Ratje für Patrick Young klang in meinen Ohren etwas übertrieben. Es erinnerte mich an die Begeisterung, mit der manche Eltern von Kleinkindern so tun, als würden sie deren im Sandkasten gebackene Kuchen tatsächlich verspeisen. Aber vielleicht ist das ungerecht. Man verlangt viel von einem einzelnen Lehrer, soll er nach Jahrhunderten der Misstöne jetzt ganz selbstständig den richtigen Ton treffen, ohne hilfreiche Richtlinien für jeden Einzelfall.

In mancherlei Hinsicht ist eine Reise, wie ich sie unternehme, tatsächlich ein Mikrokosmos des normalen Lebens. Ich fange an, mich daran zu gewöhnen: Über Tage hinweg erlebe ich kaum etwas Bemerkenswertes. Langweilig ist es oft gerade dort, wo ich besonders interessante, aufschlussreiche Begegnungen erwarte. Dann, ganz plötzlich, verdichten sich innerhalb weniger Stunden die Gegensätze der Gesellschaft, die Vergangenheit und die Zukunft, die Hoffnungen und die Enttäuschungen von Menschen zu einem nur scheinbar wirren neuen Mosaik. Das den Blick aufs Ganze verändert.

Idaho und Arizona: nicht die Orte, an die der Rest der Welt als Erstes denkt, wenn es um die Zukunft der Vereinigten Staaten und um die Frage nach dem Fortbestand der Führungsrolle der derzeit einzigen Weltmacht geht. Aber gerade dort habe ich Neugier, Engagement und eine große Bereitschaft zur persönlichen Anstrengung vorgefunden, die ich in Kalifornien vermisste. Möglicherweise ist das Zufall. Aber vielleicht zeichnet sich der Wandel vom Gestern zum Heute auch genau so ab, und vielleicht vollzog sich ein solcher Wandel niemals anders als unauffällig. Abzulesen nur an scheinbar unbedeutenden Kleinigkeiten. Und irgendwann unumkehrbar.

Werden meine heute 19-jährige Tochter und deren Freunde in 30 Jahren nach Arizona fahren, um einen Blick in die Zukunft zu werfen? Oder doch lieber nach Bombay? Oder gibt es für sie dann ohnehin keine Alternative mehr zum Schwarzwald, weil private Flugreisen bis dahin längst verboten sind? Nichts von alledem vermag ich heute einzuschätzen. Aber sagen kann ich: Ich habe in den Vereinigten Staaten auf meiner Reise nichts Interessanteres gefunden als Idaho und Arizona.

Weiter geht es nach New Mexico. Auf der Straße nachdrückliche Warnungen vor Sandstürmen. Ich bin auch schon auf Evakuierungsrouten für den Fall drohender Hurrikans gefahren. Und auf Fluchtwegen für Tsunamis. Die sind offenbar nicht allein ein Problem der Neuzeit: Am 26. Januar 1700 ist eine riesige Flutwelle, mehr als 15 Meter hoch, an der Pazifikküste in Oregon über alles Leben am Ufer hereingestürzt. In Kalifornien habe ich an Häusern den Hinweis gesehen, das Gebäude sei nicht erdbebensicher gebaut. An Straßenschilder mit gezeichneten Klapperschlangen habe ich mich mittlerweile gewöhnt, die gibt es in vielen Bundesstaaten. Die Natur als Bedrohung: Was in Deutschland eine seltene Ausnahme ist, gehört hier fast überall zum Leben. Tiefe Dankbarkeit erfüllt mich für die Geborgenheit, die meine Heimat bietet und die ich bisher ganz selbstverständlich hingenommen habe.

An der Autobahn liegt die Stadt Truth or Consequences. Nichts an ihr ist bemerkenswert – außer dem Namen: Wahrheit oder Konsequenzen, ein Spiel, das es auch bei uns gibt und »Wahrheit oder Pflicht« heißt. 1950 war Truth or Consequences in den USA der Titel eines populären Hörfunkprogramms. Moderator Ralph Edwards versprach, die Sendung werde künftig aus der ersten Stadt ausgestrahlt, die sich nach seiner Show benannte. Der Gemeinderat von Hot Springs nahm ihn beim Wort.

Wahrscheinlich muss man in dieser Gegend jede Gelegenheit zu netter Unterhaltung ergreifen, die sich bietet. Wild, karg und wieder einmal sehr einsam ist das Land, in dem es außer Wüste und Bergen wenig gibt. Aber schön ist es hier. New Mexico hat den höchsten Bevölkerungsanteil an Indianern nach Alaska – mehr als zehn Prozent – und den höchsten Anteil hispanischer Einwanderer. Das sieht man den Dörfern und Städten an: Im Pueblo-Stil werden auch heute noch viele Gebäude errichtet. Zum Beispiel das Gericht im Städtchen Socorro.

Berüchtigt und berühmt ist der Ort aus zwei Gründen: Am 16. Juli 1945 wurde ganz in der Nähe die erste Atombombe gezündet. Am 24. April 1964 soll hier ein UFO gelandet sein. Seither haben sich die Außerirdischen allerdings nicht mehr blicken lassen, und ich kann das verstehen. Wenn ich auf einem fremden Planeten feststellen müsste, dass seine Bewohner eine Atombombe für eine brauchbare Erfindung halten – ich würde auch kopfschüttelnd auf Nimmerwiedersehen verschwinden.

Da mit Gesprächspartnern aus dem All also nicht zu rechnen ist, muss ich mich irdischen Themen zuwenden. Schon lange wollte ich mir eine Gerichtsverhandlung anschauen, vor allem deshalb, weil Kriminalfälle, Ermittlungsarbeit und Prozesse in den Vereinigten Staaten auf noch größeres Interesse stoßen als bei uns. Mehrere Fernsehkanäle füllen fast ihr gesamtes Programm mit diesen Themen, auch Nachrichtensender zeigen regelmäßig Sondersendungen dazu, und manche Verdächtige sind prominenter als Popstars.

Die Frage nach dem Motiv – im sogenannten Reality-TV bei uns ein zentraler Aspekt – spielt übrigens nur eine geringe Rolle. Es geht fast ausschließlich um die Frage, ob und wie ein Täter überführt werden kann. Verständnis für Gesetzesbrecher ist in den USA keine mehrheitlich akzeptierte gesellschaftliche Norm. Das spiegelt sich in manchen Gesetzen wider, die mir fremd sind und von denen ich inständig hoffe, dass sie mir und meinem Land auch fremd bleiben werden. Nicht nur die Todesstrafe. Ein anderes Beispiel: Die Gemeinde, in der sich ein Sexualstraftäter nach Verbüßung seiner Haft niederlässt, wird über dessen Identität und Strafregister informiert. In Connecticut habe ich auf einer Polizeiwache das Foto eines 80-jährigen schwarzen Mannes gesehen. Daneben stand: »Diese Person wird nicht von der Polizei gesucht.« Und: »Es besteht ein hohes Risiko, dass diese Person erneut Sexualstraftaten begeht.« Im Alter von 80 Jahren? Erstaunlich.

Ein weiteres Beispiel: In Kalifornien riskieren Straftäter seit 1994 nach der dritten Verurteilung lebenslange Haft, und zwar unabhängig von der Schwere der dritten Tat. Was unter anderem dazu führte, dass ein dreifacher Familienvater wegen des Diebstahls einiger Kindervideos nun den Rest seines Lebens im Gefängnis verbringen muss. Ob derlei drakonische Urteile die Gesellschaft übrigens tatsächlich sicherer machen, ist umstritten. Dramatische Verfolgungsjagden, bei denen Unbeteiligte gefährdet werden, haben jedenfalls zugenommen, seit viele Flüchtige befürchten müssen, für immer weggesperrt zu werden.

Weniger um Zweckmäßigkeit und Vernunft als um Prinzipien und vermeintliche Moral scheint es mir oft im Strafrecht und in der Strafrechtspraxis der Vereinigten Staaten zu gehen. Spiegelt sich das auch an der Basis wider, in einem Kleinstadtgericht? Oder setzen sich hier, wo keine Kameras stehen und keine Wählerstimmen zu gewinnen sind, gesunder Menschenverstand und Menschlichkeit häufiger durch? Das lässt sich nach einem einzigen Besuch eines Gerichtssaales nicht beurteilen. Aber den Ton kann man hören bei diesen Prozessen, bei denen es um Drogendelikte, Diebstahl und um einen Überfall geht und die in rascher Folge hintereinander weg verhandelt werden. Die meisten heute ohne Urteile, nur mit Zeugenaussagen. Der Ton ist ernst, undramatisch und höflich. Auch gegenüber den Angeklagten.

Als Beobachterin verstehe ich höchstens die Hälfte. Es ist deutlich zu spüren, dass Richter, Staatsanwalt und Verteidiger einander gut kennen – häufig genügen ihnen Stichworte, um sich über ein prozessuales Vorgehen zu verständigen. Ich wünsche den Angeklagten, dass wenigstens sie mitbekommen, worum es jeweils geht. Sicher bin ich nicht. An diesem Tag bin ich die einzige Zuhörerin im Saal. Ob ich auf der Suche nach ihm sei, fragt mich der Anwalt, als das Gericht sich vertagt. Bisher war ich das nicht, aber die Idee ist eigentlich nicht schlecht. Zumal Lee Deschamps meine Reise interessant findet und große Lust hat, sich mit mir zu unterhalten. Ich begleite ihn zu seinem Büro, das einige Schritte vom Gericht entfernt liegt.

»Raten Sie mal, wer aus dem Gefängnis draußen ist?«, sagt er drinnen begeistert zu seiner Sekretärin und wirft mit Schwung einen Aktendeckel auf ihren Schreibtisch. Sie nennt fragend einen Namen

– den richtigen – und lacht. Beide freuen sich. Ein junger Drogen-
abhängiger hat noch einmal eine Chance bekommen. Der Strafver-
teidiger hält nicht viel von Haftstrafen für Süchtige:»Gefängnis lehrt
diese Leute gar nichts außer neuen kriminellen Methoden.« Viel
sinnvoller und effizienter seien therapeutische Einrichtungen, auf
Bewährung.»Ein Platz dort kostet 3000 Dollar im Jahr, ein Platz im
Gefängnis das Zehnfache. Und über 90 Prozent werden nach der
Therapie nicht rückfällig.« Das klingt für mich alles nach sehr ge-
sundem Menschenverstand und sehr wenig martialisch.

Wollte man daraus allerdings schließen, der 65-Jährige sei ein Liberaler oder gar ein Linker, dann hätte man Lee Deschamps völlig
missverstanden.»Ich bin ein Kind der Sechzigerjahre, und früher war
ich ein flammender Liberaler«, erzählt er. Dann beweist er, dass der
Mensch wandlungsfähig ist. Erziehungsanstalten, in denen man Ju-
gendliche in eine »Scheißangst« versetzen sollte, hält er für eine gute
Idee. Eine väterliche Tracht Prügel auch. Gegen Mütter, die ihre
Kinder immer in Schutz nehmen, wettert er mit Inbrunst:»Diese
Generation wird die größten Probleme der Menschheitsgeschichte
haben – und ist am wenigsten darauf vorbereitet, sie zu bekämpfen.
Wir ziehen eine Generation von narzisstischen Egoisten heran.«
Paris Hilton sei keine schräge Ausnahmeerscheinung, sondern die
Protagonistin ihrer Zeit.

Er habe kein Mitgefühl mit seinen Mandanten, sagt der Rechtsanwalt.»Das ist ja ohnehin das, was mit diesem Land nicht mehr
stimmt: Man feiert die Opferhaltung. Statt dass man Leuten klar-
macht, was persönliche Verantwortung bedeutet.« Als ich gerade an-
fange, Lee Deschamps herzlich unsympathisch zu finden, schaue ich
mich ein wenig genauer im Büro um. Gepflegte, glänzend polierte
Holzmöbel stehen darin, die Einrichtung ist hübsch – aber edel ist
sie nicht. Und der Raum ist auffallend klein.

»Ich habe nie zu den Anwälten gehört, die 100000 Dollar im Jahr
verdienen«, sagt Deschamps trocken. »Ich mache viel unbezahlte
Arbeit.« Deshalb kann er sich auch nicht zur Ruhe setzen, obwohl
er das so gerne täte. Das Ziel seiner Träume ist übrigens Sandpoint

in Idaho. »Privatmandanten kann ich 250 Dollar die Stunde berechnen. Aber als Pflichtverteidiger komme ich oft gerade mal auf drei Dollar Stundenlohn, und davon gehen dann noch die Betriebskosten ab.« 500 Mandanten hat er derzeit, mehr als doppelt so viele wie die Anwaltskammer empfiehlt. 60 Prozent sind Strafrechtssachen. »Ich verteidige fast nur arme Leute.« Das kann ich mir gut vorstellen. Mehr als die Hälfte der Einwohner von Socorro ist hispanischer Herkunft. Ein Drittel der Bevölkerung lebt unterhalb der Armutsgrenze – und 44 Prozent aller Kinder und Jugendlichen. Ich habe den Eindruck, dass sich hier jemand große Mühe gibt, sein gutes Herz unter einer möglichst bärbeißigen Miene zu verstecken.

Eigentlich mag Lee Deschamps die Stadt nicht, in der er seit über 30 Jahren lebt. Die Hispanier seien Meister der Vetternwirtschaft und schotteten sich gegenüber allen anderen Gruppen ab. Der Anwalt stammt aus Michigan: »Im Mittleren Westen wirst du für das respektiert, was du produzierst. Hier geht es darum, wer mit wem verwandt ist und was man füreinander tun kann.« Die Freundlichkeit der Latinos sei nur oberflächlich. Dann beugt sich Lee Deschamps in seinem Stuhl nach vorne, und sagt eindringlich und bedeutungsschwer: »Alle anderen kamen hierher auf der Suche nach Freiheit. Nur die Spanier kamen auf der Suche nach – Gold!«

Was sich als historisch-philosophische Analyse tarnt, ist die ideologische Unterfütterung von Abgrenzung, also blanker Rassismus. Und Unfug dazu. Nicht nur deshalb, weil sich das von den Schwarzen und den Indianern beim besten Willen nicht behaupten lässt – man könnte im Gegenteil sagen: Für sie bedeutete die Gründung der USA den Verlust ihrer Freiheit. Aber auch die Goldgräber in Kalifornien und die Abenteurer, die im Auftrag einer englischen Handelsgesellschaft 1607 im heutigen Virginia landeten, wären gewiss überrascht, sich plötzlich als Freiheitshelden verklärt zu sehen. Es stimmt einen nicht zuversichtlich, wenn ein intelligenter, gutmütiger Mann wie dieser Rechtsanwalt nicht einmal zu merken scheint, was er da sagt. Das Zeitalter der Rassenkonflikte in den Vereinigten Staaten ist noch nicht vorbei.

Fünftes Kapitel
Dichtung und Wahrheit

Texas. »Die stolze Heimat« von Präsident George W. Bush, wie ein Schild an der Grenze verkündet. Gewiss treffe ich bald endlich weitere Anhänger des ungeliebten US-Präsidenten – wenn nicht hier, wo dann? Ich weiß nicht viel von Texas, aber ich habe es mir immer platt und voller Rinder vorgestellt. Was soll ich sagen? Auf den ersten Blick ist es platt und voller Rinder. Auf den zweiten auch.

Was mich überrascht, sind die riesigen Baumwollfelder entlang der Straße. Die hatte ich – Kinofilme und Romane graben sich tief in Kopf und Herz ein – vor allem in Georgia und Louisiana erwartet, unweit von edlen Herrensitzen, auf denen Frauen wohnen, die aussehen wie die vom Winde verwehte Scarlett O´Hara. Dabei hätte ich es doch wissen müssen: Schließlich erkämpfte sich Texas vor allem deshalb die Unabhängigkeit von Mexiko, weil Mexiko die Sklaverei verboten hatte. So viel zum Thema Freiheit und Gold, Lee Deschamps.

Gerade ist Erntezeit. Auf manchen Feldern liegen schon riesige Ballen zur Abholung bereit, auf anderen sind die niedrigen Pflanzen noch dicht behängt mit weißen, wattigen Bäuschen. Hier will man keine Menschen pflücken sehen, weder Sklaven noch Freie. Schatten spendende Bäume gibt es nicht und auch keine freundlichen Hügel. Nichts, was wohltut. Nur flaches, unbarmherziges Land. Wenn man je in Versuchung kommt zu vergessen, was für ein Segen die Erfindung mancher Maschinen war – hierher muss man reisen. Texas ist fast 700 000 Quadratkilometer groß, größer als die Ukraine. John Steinbeck gab zu, sich vor diesem Staat gefürchtet zu haben:

»Ist man einmal nach Texas hineingelangt, scheint es eine Ewigkeit zu dauern, bis man wieder draußen ist, und manche Leute schaffen es nie.« Ich habe bereits nach wenigen Stunden das Gefühl, zu diesen Leuten zu gehören.

Plötzlich taucht ein freundliches Gesicht vor mir auf, vertraut seit Kindertagen. Der dicke Hoss aus der Fernsehserie Bonanza strahlt mich von einem riesigen Plakat an. Hier im Städtchen O´Donnell ist der Schauspieler Dan Blocker aufgewachsen, der schon 1972 im Alter von nur 43 Jahren starb und den trotzdem noch immer Millionen von Menschen lieben. Sein Heimatort hat ihm – so behauptet das Plakat – ein Museum gewidmet. Das möchte ich anschauen. Nicht alle Wünsche gehen in Erfüllung. Ich finde das Museum nicht, obwohl es nur eine einzige Hauptstraße gibt und nicht viel darum herum. Es ist einfach niemand da, den ich nach dem Weg fragen könnte. Wie eine Geisterstadt wirkt O´Donnell, mit Geschäften, deren Türen verrammelt sind, und mit Wohnhäusern, die zu Ruinen verfallen. Nur ein Weihnachtsmann mit US-Fahne und einige Rehe in künstlichem Schnee auf einer kleinen Grünfläche weisen darauf hin, dass irgendjemand hier noch immer wohnen muss.

Seltsam. Texas geht es doch ganz gut. Die Wirtschaft wächst, im Exportgeschäft ist dieser Bundesstaat seit Jahren führend in den USA. Trotz nach wie vor großer Ölreserven und Gasvorräte setzt man auch auf alternative Energien, vor allem auf Windkraft. Große Militärbasen, Luft- und Raumfahrtindustrie, Baumwolle, Getreide und die Rinderzucht garantieren selbst in schwierigen Zeiten beträchtliche Einnahmen. Weshalb entstehen hier Geisterstädte? O´Donnell ist ja nicht der einzige Ort, der verlassen wirkt.

In Eden beispielsweise sieht es noch trübseliger aus. Dabei wirkt nach dem nördlichen »Pfannenstil«, wie die Gegend wegen ihrer Form auf der Landkarte genannt wird, die Landschaft hier in Zentraltexas endlich wieder etwas freundlicher – wenigstens gibt es Bäume. Noch 1954 lebten in Eden etwa 2000 Leute, heute sind es 2500. Offiziell. Allerdings sitzen etwa zwei Drittel der als Einwohner gezählten Personen in dem staatlichen Gefängnis am Stadtrand, das Ende der Achtzigerjahre gebaut worden ist. Anders ausgedrückt: In Wahrheit schrumpft die Bevölkerung dramatisch. Was das für Einzelne bedeutet, verstehe ich erst jetzt.

Im einzigen Café am Ort, das heute geöffnet hat, sitzt die Rancherin Shere Agnew. Sie trägt einen Jogging-Anzug, ist aber sehr sorgfältig geschminkt. Und sie raucht Kette. Rauchen ist in Kneipen und Bars übrigens in viel mehr Bundesstaaten erlaubt, als ich vor meiner Reise gedacht hatte. Was wieder einmal zeigt, wie sehr unser Bild der USA von den beliebten Reisezielen Kalifornien, Florida, New York und von der Hauptstadt Washington geprägt ist. Die Amerikaner haben einen Tunnelblick auf die Welt? Wir auch.

Zurück zu Shere. Wer heute allein in einem Lokal sitzt, bei dem liegt die Vermutung nahe, dass es sich um einen einsamen Menschen handelt. Es ist Thanksgiving, Erntedank, jener Feiertag, an dem in den Vereinigten Staaten traditionell die Familien zusammenkommen. Shere Agnew sagt schnell, dass ihre Söhne sie am Wochenende besuchen werden. Aber heute seien sie eben bei den Eltern der Schwiegertöchter.

Die gepflegte 52-Jährige wirkt traurig und tapfer zugleich. Sie dürfte mit beidem viel Erfahrung haben, mit Trauer und mit Tapferkeit. Die Kinder zog sie alleine groß – der Mann machte sich noch während ihrer zweiten Schwangerschaft aus dem Staub. Danach hatte sie über Jahre hinweg zwei oder drei Jobs gleichzeitig, »um irgendwie den Kopf über Wasser zu halten«. Heute ist sie als Buchhalterin in einer Futtermittelfabrik beschäftigt und arbeitet außerdem auf der Ranch, die sie vor knapp 20 Jahren von ihrem Vater geerbt hat.

Rund 16 000 Dollar verdient sie jährlich mit der Rinder- und Schafzucht. Nach Abzug der Betriebskosten. Eine regionale Einkommenssteuer gibt es in Texas nicht. »Ich könnte durchaus ohne weiteren Job von der Farm leben, aber ich habe Angst.« Wegen der Krankenversicherung? Sie verzieht den Mund. »Genau. Ich würde keine haben.« Eigentlich hatte sie vorgesorgt. Die Mieteinnahmen aus zwei kleinen Einfamilienhäusern sollten sie vor Altersarmut schützen. Ein guter Plan. Wenn es denn Mieter gäbe.

Es gibt aber keine. Sobald irgendwo einmal Abwanderung begonnen hat, lässt sich dieser Prozess nur noch schwer aufhalten. Die Infrastruktur verschlechtert sich. Geschäfte, Kinos und Arztpraxen machen zu. Also will niemand mehr dorthin ziehen. Die örtliche Schule ist von der Schließung bedroht. Noch weniger Leute kommen. Nun lassen Häuser sich auch nicht mehr verkaufen. Was sollen deren Eigentümer tun? Renovierungen lohnen sich nicht mehr, und sie wissen nicht, was sie sonst damit machen sollen. Also verfallen die Häuser.

Shere Agnew ist bereit, mich durch die Stadt zu führen. Es wird ein deprimierender Spaziergang. Die Gebäude, von denen die meisten zu Beginn des 20. Jahrhunderts errichtet wurden, zeugten einmal von Wohlstand und Optimismus. Säulen, Erker, Verzierungen. Hier hatten Bauherren einst Geld und Muße für ein wenig Luxus. Diese Zeiten sind längst vorbei.

Der Friseursalon: zugenagelt. Die Bar ist trocken. Im Theater finden schon lange keine Vorstellungen mehr statt. Der Blumenladen führt keine Blumen, durch die Fenster sieht man Gerümpel. Das Bekleidungsgeschäft: geschlossen. An der Mauer der Autowerkstatt blättert die rote Farbe ab. Ein Schild hängt noch daran: »Kein Kredit«. Vor vier Jahren hat der Mechaniker aufgegeben. Einen Supermarkt? Gibt es nicht. Das Gemeindezentrum, in dem bis vor Kurzem die einzigen Veranstaltungen für Jugendliche und für Senioren stattfanden, hat vor acht Monaten seine Pforten geschlossen.

Geht es Texas also schlechter, als die Zahlen verraten? »Nein«, erklärt Shere Agnew. Gerade der Fortschritt sei es, der über Jahrzehnte hinweg das Absterben kleiner Städte befördert habe. Strukturwandel sei das Stichwort, nicht etwa Wirtschaftskrise. »Die Verbesserung des Straßennetzes und die Tatsache, dass alle auf dem Land inzwischen Autos haben, führen dazu, dass die Leute zum Einkaufen lieber in das nächste größere Zentrum fahren, wo sie alles auf einmal bekommen und wo sie nicht von Tür zu Tür gehen müssen.« Wal-Mart feiert Triumphe. »Der kleine Einzelhändler kann nicht nur von dem schnellen Laib Brot am Morgen oder von der Tüte Milch am Nachmittag überleben. Macht also dicht.«

Bis zum Zweiten Weltkrieg war Texas ein Agrarland. Heute wohnen mehr als 80 Prozent der über 23 Millionen Einwohner in Städten, allein die Hälfte in den Ballungsräumen Dallas und Houston. Was bedeutet diese Entwicklung für eine Frau wie Shere Agnew? Sie zuckt die Schultern. »Ich habe ja keine Alternative.« Sie hat keine Möglichkeit, wegzuziehen – schließlich kann sie sich die geerbte Ranch nicht auf den Rücken binden. So wenig wie ihre beiden Einfamilienhäuser, in denen niemand wohnen will. Die Folgen sind weitreichend: »Seit 24 Jahren bin ich Single. Hier wohnt einfach niemand, den ich treffen könnte.«

Bedeutet es der Rancherin irgendetwas, dass sie Bürgerin der derzeit einzigen Weltmacht ist? Shere lacht bitter auf. Diese Frage ist weit, sehr weit von ihren Alltagsproblemen entfernt. Dabei interessiert sie sich durchaus für Politik. Die Demokraten hat sie stets gewählt – schon wieder ist eine Hoffnung zerstoben, eine begeisterte Anhängerin von George W. Bush gefunden zu haben –, aber sie weiß noch nicht, ob sie an der nächsten Präsidentschaftswahl überhaupt teilnehmen wird.

Wen sähe sie denn gerne im Weißen Haus? »Charles Hearst. Der hat mehr gesunden Menschenverstand als irgendjemand sonst.« Dessen Chancen stehen nicht gut. Er ist ein Nachbar von Shere Agnew und er bewirbt sich gar nicht um das höchste Amt im Staat. Berufspolitiker gehen Shere Agnew auf die Nerven: »Alle reden immer nur schlecht übereinander. Statt dass sie sich mal fragen, was gut für unsere Nation wäre.« Das höre ich ja nicht zum ersten Mal auf dieser Reise. Der Wunsch nach einem Ende dessen, was in Deutschland gerne abfällig »Parteiengezänk« genannt wird, ist in den Vereinigten Staaten weitverbreitet.

Groß ist auch die Sehnsucht nach Helden, die sich verehren lassen. Wenn man sie in der Gegenwart nicht findet, dann doch wenigstens in der Vergangenheit – selbst wenn die dafür manchmal etwas eigenwillig interpretiert werden muss. Das Alamo inmitten der heutigen Großstadt San Antonio ist das berühmteste Heldendenkmal an historischem Ort in den USA. Jedes Jahr pilgern 2,5 Millionen Besucher zu dem ehemaligen spanischen Missionsgebäude, das später zum Fort ausgebaut wurde und bis heute als steinernes Symbol für Freiheitsdurst und Opferbereitschaft gilt.

Auf der Fahrt dorthin komme ich an einem Gedenkstein für ein anderes ehemaliges Fort vorbei: Old Fort Mason, das »half, die texanische Grenze vor Indianern zu schützen«, wie ich lese. Der neue Ton des Respekts gegenüber den Leuten, die hier als Erste zu Hause waren, hat sich, wie gesagt, noch nicht überall herumgesprochen. Im Alamo hingegen atmet alles Ehrfurcht denen gegenüber, die hier ums Leben gekommen sind.

Es waren ungefähr 200 Männer. Im texanischen Unabhängigkeitskampf gegen Mexiko deckten sie in diesem Fort vom 23. Februar bis zum 6. März 1836 den Rückzug der Aufständischen gegen eine Übermacht von mehreren tausend mexikanischen Soldaten. Die Texaner wussten, dass sie sterben würden – und sie starben. Wer nicht im Kampf fiel, wurde später in Gefangenschaft hingerichtet, so auch der legendäre Davy Crockett. Die Atempause, die dieser Widerstand den texanischen Rebellen verschaffte, ermöglichte es ihnen, ihre Truppen zu sammeln und einige Wochen später das kriegsentscheidende Gefecht zu gewinnen. Unter dem Schlachtruf: »Remember the Alamo – erinnert euch des Alamo!«

Texas ist der einzige Bundesstaat der USA, der vor dem Beitritt zur Union einige Jahre unabhängig gewesen ist und deshalb das Recht hat, jederzeit auch wieder auszutreten. John Steinbeck: »Wir haben sie so oft mit ihrem Austritt drohen hören, dass ich einen enthusiastischen Verein gegründet habe – ›Die amerikanischen Freunde der Loslösung von Texas‹. Das macht dem Thema sofort ein Ende. Sie wollen sich loslösen können, aber sie wollen beileibe nicht, dass irgendjemand möchte, dass sie es tun.«

Am Alamo, dem »Schrein der texanischen Freiheit«, ist von Loslösung nicht die Rede. Allerdings weht neben dem Eingang vor der ehemaligen Kapelle der Mission nur die texanische Fahne, die US-Flagge steht in diskreter Entfernung auf einer Grünfläche.

Nein, Niederlagen werden in den USA nicht grundsätzlich totgeschwiegen oder verdrängt. Dann nicht, wenn sie Teil einer Erfolgsgeschichte sind. Kein Ereignis aus dem Vietnamkrieg hat es zu einem stolzen Symbol für irgendetwas gebracht – anders als das Alamo oder auch der japanische Überfall auf Pearl Harbour, der die Vereinigten Staaten in den Zweiten Weltkrieg hineinzog.

In der ehemaligen Kapelle vom Alamo müssen die Männer ihre Hüte abnehmen. Wir alle werden zur Ruhe ermahnt. Ein Informationsfilm, der im Museum gezeigt wird, ist so eindeutig antimexikanisch, dass eine Familie aus Puerto Rico, die vor mir sitzt, immer wieder hell auflacht. »Typisch«, sagt die Mutter später. »Jeder, der aus dem Süden kommt, ist ein Mini-Napoleon. Sehr parteiisch.« Antonio Santa Anna, der befehlshabende General beim Angriff auf das Alamo, war kein sympathischer Zeitgenosse. Aber auch ich finde bemerkenswert, dass genau jene Eigenschaften, die bei US-Soldaten als heroisch verklärt werden, bei ihm als Beweis für Sturheit gelten.

Wenn man sich Zeit für das Museum nimmt, relativiert sich die Legende des unbändigen Freiheitsdurstes der Texaner ein wenig. Alles begann damit, dass der US-Kongress 1820 den Landerwerb auf Kredit verbot und verlangte, dass neue Siedler mindestens 32 Hektar kaufen mussten. Mexiko bot erheblich günstigere Bedingungen an. Die Folge: ein Ansturm von Immigranten aus den Vereinigten Staaten nach Texas. Als ihre Zahl 1830 auf 30 000 angeschwollen war, schwante mexikanischen Politikern und Beamten, dass sie ein Problem hatten. Was taten sie? Sie schlossen die Grenze für Einwanderer – immerhin bauten sie keinen Zaun – und verboten die Einfuhr von Sklaven. Erst danach wurde den Texanern bewusst, dass sie dringend das Joch der mexikanischen Diktatur abschütteln wollten.

Heute sind wieder mehr als ein Drittel der Einwohner von Texas hispanischer Herkunft. Diese Entwicklung sorgt nun wiederum in den USA für erhebliche Nervosität.

Am Ausgang des Museums werden Besucher mit einer Frage konfrontiert: »Warum heute noch des Alamo gedenken?« Antwort: Die texanische Revolution führte zur Unabhängigkeit von Mexiko. 1845 wurde Texas schließlich der 28. Bundesstaat der Union. Die

Folge war der Krieg mit Mexiko. Als Ergebnis dieses Krieges fielen die Gebiete des heutigen New Mexico, Arizona, Nevada, Utah und Kalifornien an die Vereinigten Staaten. »Diese Kette von Ereignissen hat die USA als Kontinentalmacht etabliert und ermöglichte es der Nation, die Weltmacht zu werden, die sie heute ist.« Wenn man dieser Argumentation folgt, dann führt eine direkte Linie vom Alamo zum Zerfall der Sowjetunion. Oder so. Die Geschichtsforschung ist doch eine subjektive Wissenschaft.

Abends bin ich dann mitten in der Gegenwart. An der Bartheke eines Lokals mit dem einladenden Namen »Klapperschlange« nördlich von Austin komme ich mit einem verliebten Pärchen und der Kellnerin ins Gespräch, weil wir alle zufällig feststellen, dass wir Kalifornien nicht besonders gut leiden können. Die Kellnerin hat dort als Kind gelebt und ist heilfroh, jetzt hier zu sein. Die Kalifornier seien fürchterlich arrogant. Jay Bothne stimmt zu: »Kalifornien ist deshalb schrecklich, weil all die Leute hingezogen sind, die sonst wirklich nirgendwo hinpassten – und dann war da eben nichts mehr. Nur noch der Ozean.« Dieser Witz ist ein sehr alter Bekannter. Aber wir mögen diesen Bekannten gerne und lachen deshalb dankbar.

Der 42-jährige Computerfachmann und seine Freundin Theresa Schmidt sind Texaner aus Leidenschaft. »Die kleinen Städte sind das Beste hier«, sagt die 36-Jährige. »Die Leute hier sind so ehrlich, so direkt. Sie kümmern sich um ihre Nachbarn. Man hilft einander in Texas.« Ich muss an Shere Agnew denken, deren Söhne sie an Thanksgiving alleine gelassen haben und die ins Café gegangen war, weil dessen Betreiber an diesem Tag alle Stammgäste aufforderten, Essen mitzubringen und gemeinsam zu feiern. Verdienen lässt sich an so einer Veranstaltung nichts, und Werbung hat eine konkurrenzlose Kneipe am Ort nicht nötig. Vielleicht stimmt es einfach, dass Texaner nett sind.

Jedenfalls verbringe ich einen langen, schönen Abend mit Jay und Theresa. Die den wachsenden Einfluss konservativer Massenmedien auf das politische Klima mit Sorge betrachten. Bessere Sozialleistungen für die Unterschicht fordern. Von politischer Korruption und

Stimmenfang reden. Noch nicht wissen, ob sie überhaupt zur Wahl gehen werden. Die mächtigen Lobbygruppen im Land verhinderten ohnehin, dass sich irgendetwas ändere. »Das Ganze ist doch nicht mehr als eine sehr teure Unterhaltungsshow«, meint Jay.

Wir unterhalten uns prächtig, blödeln herum, mögen einander. Aber noch immer habe ich keine weiteren Wähler des amtierenden US-Präsidenten getroffen. Wenn eine Reporterin ihre Begegnungen nicht plant, sondern dem Zufall überlässt, dann besteht die Gefahr, dass sie ihre Gesprächspartner unbewusst zu sehr nach eigenen Sympathien auswählt. Lässt sich so etwas korrigieren?

Ja. Man kann den sogenannten Zufall herbeizwingen und beschließen: In der nächsten Kleinstadt wird die erste Gaststätte aufgesucht, die links an der Straße liegt, und dann drängt man fremden Leuten die eigene Gesellschaft auf. Es trifft Linda's Kitchen in Lexington, etwa 80 Kilometer westlich von Austin. Am einzigen besetzten Tisch sitzen eine weiße Frau und vier Männer. Drei Weiße, ein Schwarzer – eine ungewöhnliche Zusammensetzung. Nur sehr selten habe ich Schwarze und Weiße gemeinsam in vertrauter, größerer Runde gesehen. Wenn überhaupt, dann waren sie allenfalls zu zweit, und meist sahen sie aus wie Geschäftspartner. Aber jetzt geht es mir gerade nicht um Rassenfragen. Ich bin in einer anderen Mission unterwegs.

Alle in Linda´s Kitchen laden mich freundlich ein, am Gespräch teilzunehmen, als ich behaupte, mich allein zu langweilen. Sie haben auch nichts dagegen, ein bisschen über Politik zu reden. Der Irakkrieg? Entsetzt verdrehen sie die Augen. Ein furchtbarer Fehler. George W. Bush? Das Entsetzen wächst. Niemand hier will ihn je gewählt haben. Sie sind überzeugte Demokraten. Diesen Selbstversuch muss man wohl als gescheitert betrachten. Ich gebe auf. Dann halt nicht. Sollen die texanischen Bush-Anhänger doch unter sich bleiben. Auf nach Louisiana.

Dort besuche ich zunächst wieder einmal einen Gottesdienst, dieses Mal den einer baptistischen Gemeinde in der Kleinstadt Jennings. Zum ersten Mal fällt mir auf: Auch meine gänzlich zufällige Auswahl von Kirchen ändert nichts daran, dass ich stets nur gemeinsam mit anderen weißen Gläubigen bete. Mag sein, dass Schwarze und Weiße inzwischen auf Augenhöhe miteinander arbeiten. Zur Schule gehen. Sie heiraten ja auch, gelegentlich. Aber offenbar wird selbst dann immer noch getrennt gebetet.

Einige Wochen später suche ich in Georgia gezielt eine Kirche auf, die in einem schwarzen Wohnviertel liegt. Aber dort fühle ich mich als Eindringling und als Religionstouristin. Ich verlasse den Gottesdienst, und eine Frau, die am Eingang einige Nachzügler begrüßt, nickt zustimmend und verständnisvoll, als ich auf ihre entsprechende Frage hin erkläre, ich wolle nicht stören. Sie unternimmt keinen Versuch, mich aufzuhalten.

Ein knappes halbes Jahr später wird die Frage danach, was eigentlich in den »schwarzen Kirchen« des Landes los ist, eine große Rolle im Vorwahlkampf spielen, und der demokratische Präsidentschaftsbewerber Barack Obama muss sich von seinem Pastor distanzieren, weil der Ansichten vertritt, die als inakzeptabel radikal gelten. Der Pfarrer im kleinen louisianischen Jennings, in dem ich lande, hat unter seinen Gläubigen keinen Bewerber für das Amt des Präsidenten. Da hat er Glück.

Die Predigt von Jerry Masters gehört nämlich zu den bösartigsten Hetztiraden, denen ich jemals in meinem Leben zuhören musste. Vorgetragen wird sie in einem sanften, mitfühlenden Ton. Die Botschaft ist dennoch unmissverständlich. Wenn jemand Jesus nicht als seinen Retter anerkennt, dann wird er auf ewig in der Hölle schmoren, auf ewig von Gott getrennt sein. Er ist verdammt. Darüber sollte man, wie der Pfarrer betont, »niemals ohne Tränen« sprechen. Es sei ja sehr traurig. Aber eben unvermeidlich. Ganz und gar unvermeidlich. So stehe es nun einmal in der Bibel geschrieben.

Es gebe Leute, so Jerry Masters, die behaupteten, alle Religionen wollten doch im Grunde dasselbe, suchten dasselbe und hätten dasselbe Ziel: »Das ist eine Lüge.« Nicht etwa: das ist ein Irrtum. Oder: falsch. Sondern: eine Lüge. Also eine absichtsvoll böse Tat. Ich stelle mir vor, was in Deutschland oder auch in den USA los wäre, wenn ein muslimischer Prediger öffentlich erklärte, alle Christen und Juden kämen in die Hölle, seien verdammt und es sei eine Lüge zu behaupten, auch sie suchten nach Gott. Allerdings muss man dem baptistischen Pastor lassen: Er erwähnt den Islam und die Muslime nicht ausdrücklich. Das ist auch gar nicht notwendig. Es kann kein Zweifel darüber bestehen, wer mit dieser Predigt gemeint ist.

Um ihr eigenes Seelenheil scheinen die Gläubigen in der Kirche sich übrigens nicht sorgen zu müssen. Kein einziges Mal werden sie ermahnt, ihr eigenes Verhalten in irgendeiner Hinsicht zu überprüfen, und sie werden auch nicht mit dem konfrontiert, was das Christentum unter einem gottgefälligen Leben versteht. Sehr bequem. Die Selbstzufriedenheit in dieser Kirche ist so dick, dass man sie in Scheiben schneiden könnte. Sie verursacht Atemnot. Bloß weg.

Irgendwann bricht fast jeder Mensch einmal mit seinen Prinzipien. Falls es Menschen gibt, die das nicht tun – würde man sie mögen? Oder auch nur kennen wollen? Ich bin, man merkt es, eifrig dabei, mich von meiner eigenen Verteidigungsstrategie zu überzeugen. Der Anlass: New Orleans. Nur ländliche Gegenden und Kleinstädte wollte ich besuchen. Boston habe ich kühl ignoriert, Seattle links – beziehungsweise rechts – liegen lassen, und ich bin sogar an dem wundervollen San Francisco vorübergefahren. In der Nähe von New Orleans ist es vorbei mit meiner Selbstbeherrschung.

Kein Wunder. In Louisiana zu sein und zu versuchen, New Orleans zu umfahren – das ist so, als wolle man den Elefanten im Wohnzimmer ignorieren. In der Hoffnung, dass er dann verschwindet. Alle Straßen, alle Autobahnen, alle Schilder rufen einem unentwegt zu: dahin. Diese Straße bringt Sie nach New Orleans. Alle Wege führen nach Rom? Nach New Orleans führen noch mehr. Wer bin ich, gegen einen Elefanten zu kämpfen? Noch dazu gegen einen, den ich immer schon sehen wollte?

Bedingungslose Kapitulation. Ein kleines Hotel, zentral gelegen, wird übers Internet gebucht, und dann schwänze ich zwei Tage Schule. Es wird ein wunderbarer Kurzurlaub, vielleicht gerade wegen meines schlechten Gewissens angesichts der knapper werdenden Zeit. Schließlich will ich – intellektuelles Motiv – nicht länger brauchen als John Steinbeck für die Umrundung der USA, also insgesamt drei Monate. Und außerdem will ich – persönliches Motiv – an Weihnachten gern zu Hause sein. Das wollte Steinbeck übrigens auch.

Das French Quarter, also das Touristenviertel von New Orleans, ist hinreißend – nicht so französisch, wie die Stadt selbst behauptet, sondern eine bizarre Mischung aus allen möglichen Kulturen. Diese Altstadt ist 2005 von der verheerenden Flut nach dem Hurrikan »Katrina« weitgehend verschont geblieben, weil sie etwas höher liegt als andere Teile der Stadt.

Allerdings entwickle ich hier zum ersten und einzigen Mal während der gesamten Reise antiamerikanische Gefühle. Wenn eine Boutiquen-Besitzerin wehklagt, dass die Teppiche in ihrer Wohnung nicht vom Staat ersetzt wurden, dann bin ich sehr in Versuchung zu fragen, ob nicht gerade sie in dem Land lebt, dessen demokratisch gewählte Regierung meint, die Tüchtigen kämen auch ohne staatliche Hilfe zurecht? Dessen Bevölkerung mehrheitlich findet, notfalls müssten Zivilisten anderer Staaten halt hinnehmen, dass ihre Häuser zerbombt werden, wenn es nur einem höheren Ziel dient? Ich bin irrational und ungerecht, das weiß ich. Wären meine Teppiche nach einem Wasserschaden ruiniert gewesen, dann wäre ich auch verärgert.

Aber die Klagen, die fast überall im French Quarter zu hören sind, haben einen unangenehm beleidigten Unterton. Als sei es ganz und gar unfassbar und sehr unfair, dass ausgerechnet hier so etwas Schreckliches passiert ist. Warum eigentlich? Auf der ganzen Welt leiden Menschen unter Naturkatastrophen, und sie verlieren mehr als ein paar Teppiche. Maßnahmen, die das möglicherweise eindämmen könnten, werden gerade von den USA nachdrücklich abgelehnt.

Sobald man von der Touristengegend in andere Stadtviertel von New Orleans und vor allem nach Süden ins Mississippi-Delta fährt, werden solche abstrakten und deshalb überheblichen Überlegungen von einem ungläubigen Mitgefühl abgelöst. Zweieinhalb Jahre nach

»Katrina« sieht es vielerorts immer noch aus wie nach einem Krieg. Schutt und Müllberge am Straßenrand, in sich verzogene, windschiefe Häuser, in denen nie wieder jemand wohnen wird, deren Besitzer aber offenbar nicht einmal die Kraft – oder das Geld – zum Abbruch haben. Krater im Asphalt. Dächer mit großen, klaffenden Löchern. Offene Haustüren, halb aus den Angeln gerissen, durch die man noch zerschmetterte Möbel sieht. Dazwischen einige Neubauten und Wohnwagen neben alten Häusern, an denen gearbeitet wird. Auch das erinnert an ein Kriegsgebiet. Kurz nach dem Waffenstillstand.

Ich fahre zunächst alleine durchs Delta und denke, dass hier, etwa 60 Kilometer südlich von New Orleans, offenbar wenigstens nicht sehr viele Leute gelebt haben. Das ist ein Trost. Und ein Irrtum. An der Anlegestelle einer Fähre treffe ich einige Gemeinderatsmitglieder, die zu einer Sitzung mit Kollegen auf der anderen Seite des Flusses fahren wollen, um zu beraten, wie der Postzustelldienst endlich wieder in Gang gebracht werden kann. Don Beshel findet es wichtig, dass über die Lage im Delta berichtet wird, verzichtet deshalb auf die Konferenz und steigt zu mir ins Auto. Seine Erklärungen bestätigen die alte Erkenntnis: Man sieht nur, was man weiß.

Der 50-Jährige ist gewählter Kommunalpolitiker in Plaquemines Parish, einem Bezirk, der umgeben ist vom Golf von Mexiko und geteilt wird durch den Mississippi, der hier ins Meer fließt. Im Jahr 2000 hatte dieser Sprengel insgesamt etwa 28 000 Einwohner. Und heute? Wer weiß. Immer wieder zeigt Don auf wilde, scheinbar unberührte Areale mit meterhohem Schilf und Gräsern: »Hier haben ungefähr 30 Leute gewohnt.« – »Hier 50.« – »Hier 200.« Die Natur holt sich in diesem Klima schnell das zurück, was Menschen urbar gemacht haben.

In dem Ort Pointe a la Hache, der zum Plaquemines Parish gehört, gibt es nicht einmal mehr einen Lebensmittelhändler. Don Beshel betreibt den Kiosk am Fischereihafen, die einzige Einkaufsmöglichkeit in weitem Umkreis. Sein Angebot: Kaffee, Mineralwasser, Bier, gefrorene Sandwiches, Zahnpasta, Batterien, Reis, Brot. Keine

Zeitungen. Wer auf die nicht verzichten mag, muss fast 50 Kilometer weit fahren. Einfache Strecke. Zweimal in der Woche kauft Don selbst in New Orleans ein. »Lieferanten kommen nicht mehr hierher. Es lohnt sich nicht. Aber ich verdiene genug, um wenigstens nicht schließen zu müssen.«

Don stammt aus Pointe a la Hache. Vor einigen Jahren hat ihn seine Frau – mühsam – davon überzeugen können, ein paar Kilometer weiter in den Norden in ein etwas höher gelegenes Haus zu ziehen. Weil die schulischen Möglichkeiten für die vier Kinder ihrer Ansicht nach dort besser waren. So hat er auch nicht all sein Hab und Gut verloren, sondern hatte nach »Katrina« das Wasser nur etwa eineinhalb Meter hoch im Wohnzimmer stehen. Sehr unangenehm, aber reparabel.

In seinem Heimatort schoss das Wasser hingegen zehn Meter hoch in Gebäude. Die es danach nicht mehr gab, zumal auch die Pumpen unter Wasser standen und deshalb natürlich nicht mehr funktionierten. »Nach dem Hurrikan sah alles hier ganz sauber aus.« Die Kraft des Wassers sei so stark gewesen, dass viele Häuser »praktisch explodierten« und der ganze Müll ans andere Ufer des Mississippi gespült wurde. »Die Leute dort haben unsere Trümmer bekommen.«

Hat er seiner Frau für den erzwungenen Umzug gedankt? Offenbar nicht gerade auf Knien. »Na ja, ich habe ihr schon auf den Rücken geklopft.« Aber er will zurück nach Hause. Immer noch. Endlich. »Hier sind meine Wurzeln.« Wer ist denn schuld daran, dass Pointe a la Hache völlig zerstört wurde? »Niemand. Da, wo ich jetzt wohne, da wäre gar nichts passiert, wenn die Dämme hoch genug gewesen wären. Aber hier ist es anders. Hier kann man keine Dämme bauen, die hoch genug sind, um Schutz zu bieten.« Trotzdem findet er es einen ungeheuerlichen Skandal, dass manche Politiker jetzt dafür eintreten, Pointe a la Hache nicht wieder aufzubauen. Selbstverständlich müsse man den Ort zurück auf die Karte bringen. Logik und Gefühl lassen sich manchmal einfach nicht miteinander in Einklang bringen.

Draußen vor dem Kiosk von Don Beshel sitzen Fischer. Alle sind schwarz, alle sind weniger als zehn Kilometer entfernt von hier geboren. Alle leben derzeit in Wohnwagen, die von der staatlichen Nothilfeorganisation FEMA zur Verfügung gestellt worden sind. Alle sind ganz fürchterlich wütend.

Studien hätten ergeben, dass der Formaldehyd-Ausstoß in den staatlichen Wohnwagen gesundheitsgefährdend groß sei. »Deshalb dürfen wir die Trailer nicht kaufen. Aber wohnen können wir darin schon. Was ist das denn – wenn nicht Rassismus?« Spucken sie alle aus, fast gleichzeitig und ohne dass sich die Zitate einem Einzelnen zuordnen ließen. Rassismus ist das große Thema hier.

»300 Fallen und mein Boot habe ich verloren«, sagt Anthony Narcisse. Gar keine Entschädigung habe er dafür erhalten. Warum nicht? Ich halte die Erklärung nicht für hinreichend, das sei eben rassistisch begründet. Es mag sein, dass Weiße in gehobener Stellung andere Weiße gerne bevorzugen. Aber das geschriebene Gesetz lässt wenig Schlupflöcher für Rassisten. Warum hat der Fischer also keine Entschädigung bekommen?

Der 58-Jährige windet sich. Na gut, gibt er schließlich zu. Die Grundlage für Entschädigung sei die Höhe der gezahlten Einkommenssteuer. »Ich habe nie Steuern gezahlt.« Dafür mag er aus seiner Sicht gute Gründe gehabt haben, vielleicht sogar Gründe, die sich mit Diskriminierung und ethnisch begründeten Problemen erklären lassen. Tatsache ist jedoch: Nüchtern betrachtet reden wir über das Problem der Folgen von Steuerhinterziehung. Und eben nicht über Rassismus.

Allen Thomas merkt, dass ich die Argumentation seines Kollegen so überzeugend nicht finde. Er springt ihm bei: »Die Weißen kriegen einfach mehr.« Seine Frau und er seien beide Diabetiker. Ohne Krankenversicherung. »Aus gesundheitlichen Gründen können weder meine Frau noch ich arbeiten.« 169 Dollar bekämen sie jetzt monatlich pro Person. Davon kann man doch nicht leben? Der 54-Jährige lacht auf. » In der Tat nicht. Eigentlich wollten wir nach der Evakuierung im Norden bleiben, aber da sind die Lebenshaltungskosten zu hoch. Deshalb sind wir zurückgekommen. Wir müssen alles selber zahlen – Strom, Medikamente, auch das Benzin, um hierher zum Hafen zu fahren.« Eigentlich könne er es sich nicht einmal mehr leisten, hier seine Freunde zu treffen.

Ein jüngerer Mann gesellt sich zu uns. Mickeria Williams, der 32-jährige Neffe von Allen Thomas. Er arbeitete gerade als Matrose auf einem Mississippi-Frachter, als der Hurrikan zuschlug. »Wir haben immer gewusst, dass es eines Tages passieren würde. Wir wussten nur eben nicht, wann.« Mickerias Großmutter hat durch »Katrina« ihr Haus verloren. »Dieses Haus war der Ort für Familienfeste, das Zentrum für uns. Jetzt ist es weg. Da ist nichts mehr.« Die 73-jährige Großmutter starb ein halbes Jahr nach dem Hurrikan: »Ich glaube, die Aufregung war einfach zu viel. Es war schrecklich für sie, ihr Zuhause zu verlieren und evakuiert zu werden.«

Glaubt auch der Enkel, dass Rassismus bei der Verteilung der Hilfsgüter eine Rolle gespielt hat? Er grinst. »Aber sicher!« Dann differenziert er: »Es ist komplizierter. Die FEMA hat den Überblick verloren. Viele Leute haben nichts bekommen, obwohl sie Anspruch auf Hilfe gehabt hätten. Andere haben etwas gekriegt, obwohl sie gar nichts verloren hatten. Auch Schwarze. Aber eines steht fest: Zu uns ist der Präsident nicht gekommen. Wenn hier nur Weiße gelebt hätten – er wäre gekommen und der Platz wäre längst wieder tipptopp.«

Das ist er nicht. Auf dem Deich liegt das Wrack eines Bootes, das kaum noch als Boot zu erkennen ist. Aus dem durchlöcherten Rumpf wachsen Gräser. Eindrucksvoll, malerisch und traurig.

In einem sind sich alle einig, der weiße Unternehmer Don Beshel, der schwarze Flussmatrose Mickeria Williams und andere, mit denen ich gesprochen habe: Wenn nur Siedlungen im Delta zerstört worden wären und nicht auch New Orleans, dann ginge es ihnen heute glänzend. So aber hätten Politiker sich auf den Aufbau der Großstadt konzentriert. »Ich weine deshalb immer noch«, sagt Mickeria Williams. »Die ländlichen Gegenden werden vernachlässigt«, meint Don Beshel. »Das ganze Geld fließt eben in andere Kanäle. Hier leben nicht genug Leute. Es gibt hier nicht genug Wählerstimmen, als dass wir interessant wären.«

»Rassismus funktioniert auf beiden Seiten des Zaunes«, sagt der

Kommunalpolitiker, der sich erst nach »Katrina« in ein öffentliches Amt hat wählen lassen. »Die Weißen sagen jetzt, dass die Schwarzen bei den Hilfslieferungen bevorzugt würden, damit bloß nie wieder das Gegenteil behauptet werden kann.« Er selbst habe dazu nicht wirklich eine Meinung. Aber er findet: Es sei zu einfach, alle Vorwürfe an der Türschwelle der Regierung und der Nationalgarde abzulegen. »Ich frage die Leute immer wieder, ob sie etwas verloren haben, was ihnen wirklich am Herzen lag. Ja, sagen die dann, und die meisten sagen: dieses Bild. Oder: dieses Fotoalbum. Warum hast du es denn nicht mitgenommen bei der Evakuierung, frage ich dann. Sie antworten, dass sie doch nicht erwartet haben, dass es so schlimm kommen würde. Und ich sage: Wenn ihr das nicht erwartet habt – wieso verlangt ihr, dass die offiziellen Stellen das Ausmaß der Katastrophe vorhersehen konnten?«

Don Beshel sagt, er habe einfach etwas tun wollen nach »Katrina«. »Irgendetwas Nützliches.« Ob er weitermachen will, wenn nach drei Jahren seine Amtszeit abgelaufen ist, das weiß er noch nicht. Der Vorwurf des Rassismus macht ihn krank. Natürlich habe er schwarze Freunde, so betont er. Alle Fischer, mit denen ich vor seinem Kiosk gesprochen hätte, zählten dazu.

Die Fischer sehen das anders. »Ich habe keinen einzigen weißen Freund«, sagt Allen Thomas, und die anderen am Tisch nicken zustimmend. Ein Phänomen, das ich auch von anderen Teilen der Welt kenne: Je höher die gesellschaftliche Stellung, desto größer das Selbstbewusstsein. Das drückt sich unter anderem darin aus, dass man keine Scheu davor hat, andere Leute als Freunde zu bezeichnen – ohne genau zu wissen, wie die das sehen.

Übrigens hat keiner meiner Gesprächspartner hier eine Meinung zu den bevorstehenden Präsidentschaftswahlen oder Lust, sich über irgendein anderes politisches Thema zu unterhalten als über den Wiederaufbau. Woran liegt das? Don Beshel denkt nach: »Vielleicht bin ich derzeit so beschäftigt damit, mein Leben und die unmittelbaren, dringenden Anforderungen des Alltags zu organisieren, dass ich darüber gar nicht hinausschauen kann.«

Diese Anforderungen sind ja tatsächlich hoch genug. Wenn ein Land wie die USA in mehr als zwei Jahren die schlimmsten Folgen eines einzigen Wirbelsturms nicht beseitigen kann – wäre das nicht ein hinreichender Grund, die Warnungen vor einer drohenden Klimakatastrophe und ihren Folgen besonders ernst zu nehmen?

Auch an der Küste des benachbarten Bundesstaates Mississippi sind die Zerstörungen bis heute nicht zu übersehen, die »Katrina« angerichtet hat. Schrott liegt allerdings nur noch selten an der Straße, die am Meer entlangführt. Aber stabile Gebäude stehen ebenfalls nur wenige hier, und die sehen fast alle aus, als seien sie in den letzten zwei Jahren neu erbaut worden. Sind sie wohl auch. Allein in der Stadt Biloxi wurden 90 Prozent aller Häuser zerstört.

Ein häufiger Anblick: von Trümmern befreite, glatte Fundamente, neben denen noch zerborstene Schilder stehen. »Steak and Seafood – Steak und Meeresfrüchte«. Geknickte, umgestürzte Bäume. Immer wieder, überall. Insgesamt sind in Louisiana und Mississippi etwa 320 Millionen Bäume durch »Katrina« und durch den Hurrikan »Rita« zerstört worden, der wenige Wochen später übers Land fegte. Auch in ökologischer Hinsicht ein Desaster.

Naturkatastrophen sind immer schrecklich – aber für Mississippi sind sie besonders verhängnisvoll. Dieser Staat ist das wirtschaftliche Schlusslicht der USA. Das jährliche Durchschnittseinkommen beträgt nur etwas mehr als die Hälfte dessen, was im reichen Connecticut verdient wird.

Das war nicht immer so. Vor dem Bürgerkrieg gehörte die Region zu den reichsten in den Vereinigten Staaten und war der größte Produzent von Baumwolle. Deshalb widersetzte sich Mississippi einer Beschränkung oder gar Abschaffung der Sklaverei besonders erbittert. Sklaven waren es ja vor allem, die auf den Baumwollplantagen arbeiteten. Nach der Wahl von Abraham Lincoln zum Präsidenten – der damals übrigens noch gar nicht für ein vollständiges Verbot des Menschenhandels eintrat, das kam erst später – erklärte Mississippi am 9. Januar 1861 als zweiter Staat nach South Carolina seinen Austritt aus der Union.

Die USA sind seit Jahrzehnten die führende Weltmacht. Millionen, vermutlich sogar Milliarden Menschen möchten wenigstens vorübergehend gerne hier arbeiten oder studieren. Nicht einmal diese starke, selbstbewusste Nation hat es fertiggebracht, die Spuren eines Bürgerkrieges, der vier Jahre dauerte und fast eineinhalb Jahrhunderte weit zurückliegt, aus dem kollektiven Gedächtnis zu tilgen oder auch nur die wirtschaftlichen Verluste auszugleichen, die durch die Teilung des Landes damals entstanden.

Wie lange trägt man am historischen Erbe? Und wie schwer? Ich traue mir kein abschließendes Urteil zu. Dafür ist meine Reise denn doch allzu kurz. Aber Fragen wirft diese Reise auf, die ich mir vorher nicht einmal gestellt habe. Allein sie sind furchterregend genug im Hinblick auf andere Teile der Welt, auch hinsichtlich meines eigenen Heimatlandes. Dessen heutiges Territorium über vier Jahrzehnte lang geteilt und die Nahtstelle zwischen Ost und West in der Zeit der Kalten Krieges gewesen ist. Vielleicht werden auch bei uns noch die Ur-Ur-Urenkel die Folgen dessen spüren.

Mississippi hat die Kriegsflagge der Konföderierten in die Fahne des Bundesstaates integriert. Klein, aber unübersehbar. Oben links. Ein Referendum mit dem Ziel, eine neue Flagge ohne dieses symbolische Signum einzuführen, scheiterte 2001 an einer Mehrheit von fast zwei Dritteln der Befragten. Vor voreiligen Urteilen sei auch in diesem Zusammenhang gewarnt. Ein unerwartet großer Teil der schwarzen Einwohner, die etwa ein Drittel der Bevölkerung von Mississippi stellen, votierte ebenfalls für die Beibehaltung der alten Flagge. Was bedeutet nationale Identität? Wie definiert sie sich? Je länger ich unterwegs bin, desto komplizierter erscheinen die Dinge.

Der Besitzer des Motels etwas außerhalb von Biloxi, in dem ich heute übernachte, hat derzeit allerdings ganz andere Sorgen. Vor acht Monaten hat er sein Haus neu eröffnet. Es ist grauenvoll geführt. Die Schreibtischlampe hat keine Glühbirne, das Bett keine Decke, die Bedienung für den Fernseher ist unauffindbar. Der Stöpsel für die Badewanne funktioniert auch nicht. Ich bleibe sanft, entgegen meiner sonstigen Natur. Wie kann ich mich bei jemandem beschweren, von dem ich das Gefühl habe, ich sollte eigentlich für ihn spenden? Zumal er mir ja sofort eine Decke bringt, eine Glühbirne und eine Fernbedienung, als ich darauf hinweise, dass diese Gegenstände mein Wohlbefinden steigern würden. Die Frau sei mit den Kindern eben noch evakuiert, sagt er.

Auf meine Frage, wo in der Nähe ich eine Kleinigkeit essen könnte, empfiehlt er mir ein Lokal, das etwa acht Kilometer von hier entfernt ist. Eigentlich will ich heute nicht mehr ins Auto steigen. Ich bin nicht nur hungrig, sondern auch müde. »Wir haben früher ein Restaurant betrieben, gleich nebenan«, erklärt der Motelbesitzer bedauernd. »Aber das ist weggefegt worden.« Wie so vieles andere. Noch kämpft er mit der Versicherung – besser gesagt: gegen sie. Zwei von drei Immobilien, die ihm gehörten, hat er verloren. Wieso wagt er überhaupt den Wiederaufbau? Der Mann, der gerade seinen Kindern in meiner Gegenwart telefonisch ein Gute-Nacht-Lied vorgesungen hat, schaut mich mit einem Gesichtsausdruck an, der mich bereuen lässt, gefragt zu haben. »Ich hoffe eben, dass sich eine solche Katastrophe erst in 60 Jahren wieder ereignet.«

»Und die globale Erwärmung?« Meine Güte. Der Motelbesitzer wirft mich nicht aus der Rezeption, seltsamerweise. Ich glaube: An seiner Stelle hätte ich das getan. Er sagt nur tonlos: »Neulich habe ich mir einige Kleidungsstücke gekauft. Hinterher habe ich einen Freund gefragt: Warum tut man das eigentlich? Man kann sowieso nichts mitnehmen. Es kann doch alles sofort wieder weg sein.« Wie leicht mir Urteile und Ratschläge fallen, aus meiner sicheren Entfernung heraus. Gerade jetzt allerdings schäme ich mich einfach nur ob meiner Taktlosigkeit. Was soll ich dem Mann antworten? Manchmal passen nicht einmal Gemeinplätze.

Erst in Alabama lasse ich »Katrina« endlich hinter mir. Zwar hat der Wirbelsturm auch hier gewütet, aber auf der kurzen Strecke, die ich in diesem Staat zurücklege, kann ich davon nichts mehr erkennen. Irgendwo hier, der genaue Ort lässt sich schwer bestimmen, kommt mir mein Reisegefährte abhanden. John Steinbeck ist in den Südstaaten mehrfach Zeuge von aggressivem, sogar gewaltbereitem

Rassismus geworden – unter anderem war er Zeuge, wie in New Orleans eine johlende, brüllende Menschenmenge gegen die Einschulung schwarzer Kinder in eine bis dahin nur Weißen vorbehaltene Schule demonstrierte. »Bestialisch, unflätig, absolut widerlich«, seien die Worte gewesen, die dabei gebrüllt wurden. »Hier gab es noch etwas viel Schlimmeres als Schmutz, nämlich eine erschreckende Art von Hexensabbat.«

Steinbeck hat spätestens danach die Lust an seiner Unternehmung verloren. »Manche Reisen gehen noch lange weiter, nachdem die Bewegung in Zeit und Raum aufgehört hat«, schrieb er. »Meine Reise hatte lange vor meiner Abfahrt begonnen und war vorbei, bevor ich zurückkam.« Der Dichter selbst verlegt den Ort, an dem er endgültig nur noch nach Hause wollte, ins südliche Virginia – aber da hatte er Florida, Georgia und die Carolinas ja schon ausgelassen und war stattdessen von Alabama aus durch den Binnenstaat Tennessee gefahren, ohne ihm allerdings einen Blick zu schenken. »Ich jagte Rosinante auf den großen breiten gebührenpflichtigen Super-Highway.« Bis New York hielt er nur noch zum Schlafen an.

Ekel und wohl auch Heimweh haben Steinbeck seinen Plan aufgeben lassen, die USA gemächlich zu umrunden. »Was als hochgemute, von Neugier und Anteilnahme getriebene Erkundungsreise begonnen hatte, wird gegen Ende immer mehr zu einer schaudernden Abwendung, fast einer Flucht«, schreibt Burkhart Kroeber, Übersetzer der deutschen Ausgabe, in einem Nachwort.

Was würde John Steinbeck empfinden, wenn er heute die Südstaaten bereiste? Wäre er verbittert und resigniert, weil gerade in diesen Wochen heftig über Ursachen und Bedeutung eines Vorfalls diskutiert wird, der an die Zeit vor der Bürgerrechtsbewegung erinnert? Schwarze Jugendliche wollten sich in der Kleinstadt Jena in Louisiana unter einen Baum setzen, den weiße Jugendliche für sich reklamierten. Am folgenden Tag hingen an dem Baum drei Galgenschlingen.

Sähe Steinbeck darin einen Beleg dafür, dass sich im Laufe eines halben Jahrhunderts an der Geisteshaltung der Privilegierten nur wenig geändert hat? Oder wäre er froh, dass heute wenigstens offen über einen solchen Vorfall geredet wird – und an dem Entsetzen einer großen Mehrheit der Bevölkerung kein Zweifel bestehen kann? Hielte er vielleicht das Ganze für Muskelspiele von Halbstarken, und wäre er der Ansicht, es gäbe Wichtigeres zu erörtern? Zum Beispiel: Dass das Vermögen der durchschnittlichen weißen Familie noch immer achtmal größer ist als das der schwarzen Durchschnittsfamilie. Dass 30 Prozent aller schwarzen Kinder ein Leben unterhalb der regierungsamtlich festgesetzten Armutsgrenze fristen. Dass jeder zehnte junge Schwarze im Gefängnis sitzt – aber nur ein Prozent der Gesamtbevölkerung. Dass jedoch andererseits mit der Minderheitenquote durchaus gezielt versucht wird, die Chancen nichtweißer Bürger zu verbessern.

Wie lange trägt ein Land am historischen Erbe? Die Frage stellt sich wieder und wieder. Sie ist nicht nur abstrakt schwer zu beantworten, sondern auch konkret: weil das, was den einen als Fortschritt erscheint, anderen als Beweis für reaktionäre Gesinnung dient. Im prächtigen, alten Oakleigh-Herrenhaus in Mobile komme ich ins Gespräch mit Melanie New. Die 36-jährige sanfte, freundliche Frau trägt einen langen, schwingenden Rock, eine hochgeschlossene weiße Bluse und eine Gemme am Hals: Kleidung des 19. Jahrhunderts. So führt sie Besuchergruppen durch das alte Gebäude und erzählt vom Leben der ehemaligen Bewohner und der Vergangenheit der Stadt.

Jeden ersten Samstag im Monat arbeitet Melanie hier. Ehrenamtlich. Einfach deshalb, weil sie sich so sehr für Geschichte interessiert. »Schon in meiner Kindheit gab es für mich nichts Schöneres, als meiner Großmutter zuzuhören, wenn sie von früher erzählte.« Im bürgerlichen Leben ist Melanie New als leitende Angestellte bei einem Kreditunternehmen beschäftigt – die einzige Weiße in diesem Büro. »Da höre ich natürlich Sachen.« Was für Sachen? Sie senkt den Kopf. Dann antwortet sie leise: »Jena.« Der Baum. Die Galgenschlingen. Wie sieht sie denn die Beziehung zwischen schwarz und weiß? »Ich halte mich nicht für etwas Besseres und ich behandle jeden gleich«, erwidert sie fest. Nach einem Augenblick des Zögerns fügt sie noch hinzu:»Und ich möchte auch genauso behandelt werden.« Diese Antwort ist gutwillig – und sie lässt keinen Zweifel an der gesellschaftlichen Rangordnung. Kaum etwas ist aufschlussreicher, als wenn jemand meint, betonen zu müssen, sich nicht für etwas Besseres zu halten.

Was würde Melanie sagen, wenn ihre beste Freundin einen Schwarzen heiraten wollte?»Ich hätte kein Problem damit. Meine Eltern vielleicht schon, sie stammen eben aus einer anderen Generation.« Wieder kommt nach kurzem Zögern ein Nachsatz:»Allerdings empfinde ich persönlich diese Art der Anziehung nicht.« Aber sie sei ja sowieso verheiratet.»Diese Art der Anziehung« ist eine wunderbare Formulierung. Nicht um einen Einzelnen geht es also, von dem man angezogen wird – gleich die ganze Gruppe findet man attraktiv oder eben nicht.

Das Gespräch erinnert mich an eine Szene, an die ich seit Jahren nicht mehr gedacht habe. Kurz vor der Hochzeit mit meinem kenianischen Mann fragte mich eine linke, feministische Schriftstellerin, die ich erst an diesem Tag kennengelernt hatte, in größerer Runde:»Sag mal, wie sind denn nun die Schwarzen eigentlich wirklich im Bett?« Damals hat es mir schlicht die Sprache verschlagen. Leider. Erst auf dem Heimweg fielen mir die bissigen Reaktionen ein, die angemessen gewesen wären. Übrigens bin ich überzeugt, dass man Melanie New unrecht täte, wollte man ihr unterstellen, eine bekennende Rassistin zu sein. Das ist sie bestimmt nicht. Wäre sie es, dann wären wenigstens die Fronten klar. So jedoch vergrößert das Gespräch nur meine Ratlosigkeit.

In Mobile kann man nicht nur alte Herrenhäuser anschauen, sondern auch ein riesiges, altes Kriegsschiff: Die USS Alabama, die während des Zweiten Weltkriegs im Pazifik eingesetzt war. Sie ist Teil eines Militärparks, in dem es auch Flugzeuge, ein U-Boot, Panzer und mancherlei mehr zu besichtigen gibt – insgesamt »sechs Jahrzehnte des Heldentums vom Zweiten Weltkrieg bis zur irakischen Freiheit«, wie ein Werbefaltblatt verspricht.

Auffallend viele kleine Jungen laufen hier herum, manche in Mi-

litärkleidung für Kinder. Ein erschwingliches Vergnügen: Vom Tarn-
anzug bis zur Fallschirmjägeruniform werden im Internet für weniger als 15 Dollar komplette Kampfausrüstungen für den Nachwuchs
angeboten. Wer mag, kann bereits seinem Baby eine Windel-Tarn-
hose kaufen. Den Helden von morgen wird hier schon heute einiges geboten. In einem Simulator, wie er ähnlich auch bei uns auf
Rummelplätzen zu finden ist, darf man für 4,75 Dollar als Pilot eines
Jagdbombers an der Operation Desert Storm über dem Irak teilnehmen. Draußen vor dem Eingang steht ein echter Langstreckenbom-
ber: die Calamity Jane, die während des Vietnamkrieges für Flächen-
bombardements eingesetzt wurde.

Eine der Hauptattraktionen des Geländes ist ein U-Boot, das
ebenfalls im Zweiten Weltkrieg unterwegs war. Innen hängt eine
Plakette, auf der vom Zusammengehörigkeitsgefühl der Soldaten
dieser Waffengattung die Rede ist: »Du bist für immer Mitglied einer
sehr kleinen und einzigartigen Familie, und du bist ein Mitglied des
stillen ›Dienstes‹, und wann immer du einen Soldaten von einem
Unterseeboot triffst, ist es so, als ob du ihn schon immer gekannt
hast, auch wenn ihr euch gerade erst getroffen habt.« Deutlicher
kann man kaum ausdrücken, dass die Mission für wichtiger gehalten
wird als das Individuum. Aber welcher kleine Junge kann einem solchen Pathos widerstehen? Das ungebrochene Verhältnis zu Militär
und Krieg, das sich hier widerspiegelt, finde ich schwer erträglich.
Wie ertragen es die Millionen Amerikaner, die ebenfalls eine andere
Haltung zu solchen Fragen haben, als sie in dem Militärpark zum
Ausdruck kommt? Wahrscheinlich reisen sie gar nicht erst an.

An diesem Abend übernachte ich bereits in Florida. Viel werde ich
vom »Sonnenschein-Staat«, wie der Beiname lautet, nicht mitbekommen. Ich möchte nämlich nur eine Nacht in seinem Norden auf
dem Weg nach Georgia verbringen und nicht etwa 800 Kilometer
weit in den Süden eines Bundesstaates fahren, von dem ich annehme, dass er zwar große Vorteile für überwinternde Rentner und
Urlauber bietet, aber sonst nicht viel. Der erste Eindruck bestätigt
alle meine Vorurteile. Der Scenic Drive, also die angeblich land-

schaftlich besonders schöne Strecke des Panama City Beach am Golf von Mexiko führt vorbei an Tausenden und Abertausenden von Ferienappartements in Betonbunkern, zwischen denen Hotelhochhäuser stehen. Die meisten sind leer: während des Winters geschlossen. Zu dieser Jahreszeit kann es auch hier empfindlich kühl werden, verlässlich warm ist es erst etwas weiter südlich. Der weiße Sandstrand in Panama City ist zu Recht berühmt – man muss eben aufs Meer hinausschauen und dem schauerlichen Stadtpanorama den Rücken kehren. Aber das ist eine Beschäftigung, deren Reiz sich doch schnell erschöpft.

Der presbyterianische Gottesdienst am folgenden Morgen lässt den christlichen Fundamentalismus der vergangenen Woche in Vergessenheit geraten. Die Kirche ist voll, und Pastor Jim Stansbury nimmt sich die Zeit, durch die Reihen zu gehen, um jeden Einzelnen zu begrüßen. Er scheint seine Gemeinde sehr gut zu kennen. Mit vielen wechselt er einige persönliche Worte, mich erkennt er sofort als »neu« und fragt liebenswürdig, aber unaufdringlich nach meinem Woher und Wohin. Wieder einmal denke ich, was für ein gutes Mittel gegen Vereinsamung das lebendige Gemeindeleben in den USA doch sein kann – und in welch scharfem Kontrast es zu der Gleichgültigkeit und Anonymität mancher protestantischer Kirchen in Deutschland steht, über die ich vor allem ältere Menschen oft habe klagen hören.

Auch hier sind es vor allem Ältere, die am Gottesdienst teilnehmen. Die Fürbitten gelten meist kranken Verwandten und Freunden, und sie werden von den Gläubigen selbst ausgesprochen. Ein Mikrofon wandert von Hand zu Hand. Eine Frau hat Angst um ihre Schwester, die in der kommenden Woche operiert werden soll. Ein alter Mann, dessen Frau im Sterben liegt, bittet die Gemeinde, für ihr Seelenheil zu beten. Still, freundlich und mitfühlend ist die Atmosphäre. Wer in Not ist, wird hier ganz offensichtlich nicht allein gelassen. In der Predigt beschränkt sich Pastor Stansbury übrigens darauf, christliche Werte zu vermitteln. Andersgläubige herabzuwürdigen ist ihm kein Anliegen – eine Wohltat.

Drei Stunden später erreiche ich Valdosta in Georgia. Aber so leicht lässt Florida mich nicht davonkommen. Die Kellnerin des Restaurants, in dem ich zu Abend esse, interessiert sich für das, was ich lese. Dann interessiert sie sich für das, was ich hier tue. Dann erzählt sie ein bisschen von sich selbst – unter anderem, dass ihr Mann den gemeinsamen neunjährigen Sohn zu Hause unterrichtet, weil er nicht dem schädlichen Einfluss öffentlicher Schulen ausgesetzt werden soll. Da interessiere ich mich dann für sie. Und wir verabreden uns für den folgenden Abend. Es wird die bizarrste Begegnung dieser Reise.

Jennifer Eisenberger ist das, was gelegentlich als »reizende Frau« bezeichnet wird: gute Umgangsformen, gepflegtes Äußeres, gewählte Ausdrucksweise. Zu unserer Verabredung bringt die 35-Jährige mit den langen braunen Haaren ihren Ehemann Wade mit. Er ist deutlich älter als sie und trägt eine militärische Tarnhose, die Arme sind von Tatoos bedeckt. Beide lächeln mich herzlich an und versichern glaubhaft, wie sehr sie sich auf unser Gespräch freuen. Ob wir nicht lieber zu ihnen nach Hause gehen wollten? Wir müssten dafür allerdings eine kleine Strecke fahren.

Das ist untertrieben. Knapp 40 Kilometer legen wir zurück, erst über die Autobahn, weiter über eine kurvige Landstraße und schließlich lange auf ungeteerten Wegen durch dichten Wald. Zum ersten – und einzigen – Mal auf meiner Reise frage ich mich, ob ich leichtsinnig und vertrauensselig bin. Wo um alles in der Welt führt dieser Weg hin? Zu einem alten, grauen Wohnwagen mit roten Streifen. Baujahr 1960, wie ich später erfahre. Was ich außerdem erfahre: Wir sind zurück in Florida.

»Herzlich willkommen!«, sagt Jennifer strahlend und rückt Campingstühle an einer kalten Feuerstelle zurecht. »Geht gleich los«, meint Wade, drückt mir eine Flasche Bier in die Hand und sammelt Zweige und Äste für ein Feuer. Hier wohnt die Familie? Hier wohnt die Familie, seit einigen Monaten. Sohn Tristan spielt gerade mit den Nachbarskindern, die etwa 70 Meter entfernt von hier wohnen. In einem ganz normalen Haus übrigens, verdeckt von Bäumen.

Etwas stellen die Eisenbergers schnell klar: Weder Armut noch

Obdachlosigkeit haben sie hierher gebracht, sondern ihre Überzeugung. »Wir haben das amerikanische Leben gelebt«, erzählt Jennifer. Sie habe einen College-Abschluss und in einer Werbeagentur gutes Geld verdient, Wade sei Koch gewesen. »Aber als wir merkten, was die neue Weltordnung wirklich bedeutet, da haben wir uns von Grund auf geändert. Wir sind ein bisschen radikal in unseren Ansichten. Aber wir haben Beweise.«

Beweise wofür? Für die Weltverschwörung. »Es sind nur 13 Familien, die die ganze Welt regieren. Geheimgesellschaften kontrollieren alles.« Nichts, was derzeit geschehe, geschehe zufällig. Es sei schon vor vielen hundert Jahren geplant und aufgeschrieben worden. »Auf geheimen Tafeln.« Die Terroristen würden von der Regierung in Washington finanziert. Die Anschläge vom 11. September seien ein »inside job«. Wenn der ganze Weltenlauf eine einzige Verschwörung ist – warum tarnen sich die Verschwörer dann nicht besser, sodass man eben keine Beweise findet? Natürlich ist meine Frage hilflos. Aber ich weiß nicht, wie ich anders reagieren soll als mit immanenter Logik. Jennifer hat allerdings auch darauf eine Antwort: »Es ist ihnen egal. Sie halten uns für eine Schafherde.«

Die Situation ist beklemmend. Nicht deshalb, weil das gastfreundliche Ehepaar lauter Dinge sagt, die ich für verrückt halte. Sondern weil beide dazwischen so vernünftig und bodenständig wirken. Die Unterhaltung ist eine Achterbahnfahrt für meinen Verstand.

2800 Dollar verdient Jennifer monatlich als Kellnerin, Trinkgelder eingeschlossen. Damit kommt die Familie gut aus – etwa 400 Dollar braucht sie jede Woche für Benzin, Lebensmittel, Zigaretten und Kleidung. Für den Platz im Wald verlangt die Grundstückseigentümerin nur einen nominalen Betrag als Standmiete. Wenn die Eisenbergers ungefähr 2000 Dollar in den alten Camper stecken, dann, so hoffen sie, können sie ihn für fast das Zehnfache verkaufen. Als Liebhaberobjekt. Ihrer Ansicht nach ist das eine Überlegung wert. Jennifer hätte gerne einen Wohnwagen mit Nasszelle und Toilette. Es stört sie, dass alle zum Duschen immer auf einen Trucker-Rastplatz fahren müssen.

Die Familie ist nicht krankenversichert. Aber das stellt in ihren Augen kein Problem dar. »Wir glauben nicht an Schulmedizin und Ärzte«, erklärt Wade. »Sie wollen nur Geld machen. Ich war schwer krebskrank. Riesige Tumore wuchsen aus meinem Gesicht. Ein Gesundheitstee, den ich regelmäßig getrunken habe, hat mich geheilt.« Ein Looping der Achterbahnfahrt.

Allmählich verstehe ich, warum sie nicht wollen, dass ihr Sohn eine öffentliche Schule besucht – und vielleicht ist der Hausunterricht für das Kind sogar tatsächlich besser. Es muss einen Neunjährigen überfordern, den geistigen Spagat zwischen dem Weltbild der Eltern und dem des Lehrerkollegiums auszuhalten. Eigentlich nicht nur einen Neunjährigen. Gesetzlich sind die Eltern auf der sicheren Seite. Die Vorschriften für Hausunterricht unterscheiden sich von Bundesstaat zu Bundesstaat. Natürlich haben sich Jennifer und Wade genau erkundigt und abgesichert. In Florida müssen sie nicht befürchten, mit den Behörden in Konflikt zu geraten. Die Regelungen lassen Eltern hier breiten Spielraum.

In Minnesota hingegen, wo die Familie vorher lebte, waren die Vorschriften für Hausunterricht sehr viel strenger. Tristan hat dort noch eine Schule besucht. Im Bus sei er von einem älteren Mitschüler auf obszöne Weise angegriffen worden. Die Schule habe dem tatenlos zugesehen. »Der andere Junge war ein Mexikaner, der mit seiner Familie illegal in den USA lebte. Deshalb wollten die Lehrer nicht, dass Ämter auf ihn aufmerksam werden.« Das war nicht der einzige Konflikt. Tristans Mutter und sein Vater wünschten auch nicht, dass er Aufklärungsunterricht bekam und die Evolutionstheorie erlernen musste. »Ich stamme nicht von Affen ab!«, sagt Jennifer empört. Sind sie eben doch einfach christliche Fundamentalisten? Nein. Wade holt eine Laser-Lampe und deutet damit auf das Sternbild von Orion. »Vermutlich stammen wir von dort.« Die Pyramiden seien jedenfalls nicht von Menschen gebaut worden, sondern von Außerirdischen. Doppelter Looping. Mir wird schwindelig.

Seit der Vater den Sohn unterrichtet, habe dieser viel gelernt. »Er hat ein Tipi gebaut und einen Damm. Er weiß jetzt so viel über Tiere und Pflanzen – er könnte in der Wildnis überleben«, erklärt der Lehrer stolz. Immerhin: Mit elf oder zwölf soll Tristan auf eine öffentliche Schule gehen. Falls es bis dahin noch eine Schule gibt. Jennifer und Wade halten das für eher unwahrscheinlich: »Das nächste Jahr wird schrecklich. Der Dollar wird zusammenbrechen. Die Herrschenden spielen Spiele.« Eisenbergers sorgen vor. Sie wollen demnächst Land in Oregon kaufen und sich mit ausreichend Trinkwasser und Lebensmitteln versorgen, um ein bis zwei Jahre auch isoliert überleben zu können. »Wir sind bereit für die schlechten Zeiten.« Für den Untergang der Welt in der uns bislang bekannten Form.

Habe ich irgendetwas von diesem Land begriffen? Wie viele derjenigen, die mir freundlich Kartoffelbrei servieren, Benzin verkaufen oder eine Auskunft erteilen sind Propheten der Apokalypse oder Mitglieder eines Geheimbundes? Nach dem Besuch dieses Raumschiffs inmitten eines Waldes brauche ich dringend die Ankoppelung an die Realität. Jetzt also endlich Georgia.

Ein wirklich schöner Teil der USA. Nicht so wild und dramatisch schön wie Arizona oder Montana, sondern einfach beruhigend fürs Auge und fürs Herz. Wunderbare Alleen, Pferde, die unter riesigen Eichen grasen, strahlend weiße Häuser mit Säulen und Loggien, auf denen Schaukelstühle stehen – eigentlich will man überall immer ein bisschen länger bleiben.

Was fällt den meisten Deutschen zu Georgia ein? Der ehemalige Präsident Jimmy Carter und die Romanfigur Scarlett O´Hara. Deren Heimat Tara hat es zwar nie wirklich gegeben, aber dafür gibt es jetzt Tara-Immobilien, Tara-Bowling, Tara-Kredite – und für zwölf Dollar kann man auch eine Führung durch ein altes Haus mitmachen, das »fast« genauso aussieht wie Twelve Oaks, eine andere Südstaaten-Villa des Romans. Na ja.

Plains, das Nest, aus dem Jimmy Carter stammt, macht aus jeder Erdnuss, die er einmal angefasst hat, eine Touristenattraktion. Sogar die Tankstelle seines längst verstorbenen, wirren, akoholkranken Bruders kann man besichtigen. Als ich das im Vorfeld meines Besuchs einigen Prospekten entnommen habe, hielt ich es nur für lächerlich. Und eine »nationale historische Gedenkstätte« für einen ehemaligen Präsidenten noch zu dessen Lebzeiten – bitte nicht. Was soll das? Aber als ich dann da bin, finde ich es seltsam anrührend. Es ist ja wahr: Jimmy Carter stammt wirklich aus ganz kleinen Verhältnissen.

Gut kann ich mich noch an die Arroganz im Wahlkampf 1977 erinnern: »Jimmy who – Jimmy wer?« Der Erdnussfarmer aus Plains gehörte nicht zum Establishment. Aber er hat in seiner Amtszeit den SALT II-Vertrag zur nuklearen Rüstungsbegrenzung mit der Sowjetunion ausgehandelt, in Camp David ein bedeutendes Abkommen zwischen Israel und Ägypten zustande gebracht, diplomatische Beziehungen mit China aufgenommen und schon vor über 30 Jahren die Solarenergie gefördert. Seit Jahrzehnten kämpft er für Menschenrechte, und den Friedensnobelpreis 2002 hat er, glaube ich, nicht zu Unrecht bekommen.

Die Platitüde, es sei doch völlig egal, wer US-Präsident sei, stimmt nicht. Wie sähe die Welt wohl heute aus, wenn Carter 1980 nicht gegen Ronald Reagan verloren hätte? Vielleicht etwas friedlicher. Vielleicht würde eine demokratische Präsidentschaftsbewerberin – Hillary Clinton – dann wenigstens nicht meinen, dass sie ihre Siegeschancen mit der angedrohten vollständigen Vernichtung eines anderen Landes – dem Iran – steigern kann. Man weiß es natürlich nicht genau.

Was man hingegen weiß: Jimmy Carter hat niemals die Bodenhaftung verloren. Noch bis ins hohe Alter leitet dieser Mann mehrmals im Monat die Bibelstunde seiner Gemeinde. Seine Frau putzt die Waschräume, wenn sie an der Reihe ist. Bis heute wohnt das Ehepaar in seinem 1961 erworbenen Mittelklassehaus. Und die Angestellte des Besucherzentrums sagt auf eine Frage von mir, die sie nicht beantworten kann: »Oh, das weiß ich nicht. Da müssen Sie Jimmy fragen.« Es klingt, als meine sie das ernst. Ich mag das.

Was ich auch mag und erstaunlich finde: Man kann ganz alleine die Farm besichtigen, auf der Jimmy Carter aufgewachsen ist. Das Haus ist komplett eingerichtet, zwar nicht mit Besitztümern der

Carters, aber mit Geschirr, Büchern, Puppen, Wäsche, Möbeln aus der Zeit um 1930. Niemand passt auf diese Gegenstände auf. Ich fahre hin, das Haus ist offen. Ich laufe hindurch – ohne jede Kontrolle und auch ohne Eintritt bezahlen zu müssen – und ich fahre wieder weg. Ist es vorstellbar, dass irgendwo in Deutschland zufälligen Besuchern ein solches Maß an Vertrauen entgegengebracht würde?

Schwerlich. In Plains begreift man allerdings auch – schmerzlich genug –, was für einen geringen Stellenwert der Rest der Welt in den Vereinigten Staaten genießt. Der Friedensnobelpreis kommt in dem Museum für Jimmy Carter, das eher ein Schrein ist, nur ganz am Rande vor.

In der Nähe von Plains liegt Andersonville, einer der traurigsten Orte in den USA. 14 Monate lang, von 1864 bis zum Ende des Bürgerkrieges 1865, wurden hier Kriegsgefangene der Union von den Konföderierten interniert. Insgesamt 45 000 – von denen fast 13 000 starben, die meisten an Unterernährung und an Krankheiten infolge der katastrophalen sanitären Verhältnisse. Die Südstaatler ließen ihre feindlichen Brüder nicht absichtlich verhungern. Sie hatten selbst nichts mehr. Auf dem Friedhof stehen kleine, weiße Grabsteine ganz eng beieinander. Als die Zahl der Toten pro Monat die 3 000 überstieg, konnten sie nicht mehr in Einzelgräbern bestattet werden. Sie wurden einfach nebeneinander in dieselbe Grube gelegt, bevor Erde die Leichen bedeckte.

Auf dem heute trügerisch schönen Gelände des ehemaligen Gefängnisses mit hohen Bäumen und grünem Rasen gedenken mehrere Nordstaaten auf Denkmälern ihrer Gefallenen. Daneben hat 1998 das Nationalmuseum für Kriegsgefangene seine Tore geöffnet. Der Zweite Weltkrieg. Korea. Vietnam. Irak. Die Vereinigten Staaten haben keinen Krieg auf eigenem Territorium verloren, aber viele Familien dieses Landes mussten dennoch Angst und Trauer ertragen. Ernst ist diese Stätte, würdig und ruhig.

Im Nationalmuseum für den Zweiten Weltkrieg in New Orleans konnte man den Eindruck gewinnen, vor allem Waffensysteme und einige wenige Soldaten hätten damals gegeneinander gekämpft. Die Zivilbevölkerung der Krieg führenden Staaten blieb fast unerwähnt.

Im texanischen Canyon hatte ich mir im Pionier-Museum eine Ausstellung angeschaut, in der das putzige Comic-Gesicht von Kilroy immer wieder an Exponaten und Erläuterungen zum Zweiten Weltkrieg auftauchte. Zu meiner eigenen Überraschung kränkte mich diese Verniedlichung des Schreckens. Als Europäerin, nicht als Deutsche.

Ganz anders die Atmosphäre in Andersonville. Hier werden weder Kilroy noch Calamity Jane gefeiert. Hier herrscht Trauer – und Achtung vor den Opfern. Warum bloß ist es für die USA so schwer zu verstehen, dass Krieg auch anderswo auf der Welt nicht als Waffenschau oder als Riesenspaß betrachtet wird?

Im nahe gelegenen Americus will ich übernachten. Dort treffe ich Viola Herrera. Sie ist kürzlich aus Texas hierhergezogen, und dort hatte es die 45-Jährige vorübergehend zu einer lokalen Berühmtheit gebracht. Weil nämlich ihr Sohn und ihr Ehemann gleichzeitig im Irak stationiert waren. Der Sohn als Fahrer, der Mann als Offizier hinter einem Schreibtisch.

Viola weiß, was Angst ist. Eines Tages erfuhr sie aus der Zeitung, dass der Beifahrer ihres Sohnes bei einem Anschlag getötet worden war. Wie es ihrem Kind ging – das wusste sie nicht. Damals hat sie ihren Mann angerufen und ihn angeschrien, sie habe noch nie, niemals verlangt, dass er seine Stellung ausnutze, um der Familie eine Sonderbehandlung zu verschaffen. Aber er werde jetzt – jetzt sofort! – herausfinden, ob auch dem Sohn etwas zugestoßen sei. Drei Stunden später die erlösende Nachricht: Alles in Ordnung, er ist wohlauf.

Inzwischen sind beide Männer wieder in den USA. Schon seit einiger Zeit, deshalb müssen sie demnächst vermutlich beide wieder in den Irak. Eigentlich spricht Viola ungern über das Thema. Sie fürchtet, dass kritische Äußerungen ihrer Familie schaden könnten. Das möchte sie vermeiden, und ohnehin sei sie unpolitisch. Aber dann bricht es aus ihr heraus: Die Regierung behaupte immer, sie sorge für die Truppen. Aber die Soldaten müssten viel zu lange raus, in viel zu kurzen Abständen. Man solle sich nur mal die Scheidungsraten anschauen: explodierend! »Wie können die Verantwortlichen unter diesen Umständen behaupten, dass sie unsere Leute unterstützen?«

Viola Herrera ist keine Rebellin, im Gegenteil. Wäre ihr Sohn damals getötet worden – sie hätte es akzeptieren können. »Er hätte einen ehrenvollen Tod gehabt. Natürlich wäre ich traurig gewesen, natürlich hätte ich geweint. Aber ich wäre auch stolz gewesen.« Die USA seien schließlich auf der Bereitschaft gegründet worden, das eigene Blut für die Freiheit zu vergießen, sagt die mexikanische Einwanderin der dritten Generation. Diese Gefühle und Gedanken kann ich nicht nachvollziehen, auch wenn ich weiß, dass solche Sätze bei uns in Deutschland während des Ersten und teilweise noch im Zweiten Weltkrieg genauso gefallen sind. Wenigstens beginne ich allmählich zu begreifen, warum ich mich so schwer damit tue, Anhänger von George W. Bush zu finden. Wenn sogar jemand wie Viola wütend ist auf die Regierung – wer soll sie dann eigentlich noch verteidigen?

Pat Moybihan tut es jedenfalls nicht. Mit der 76-jährigen Republikanerin aus South Carolina komme ich am nächsten Abend in der georgianischen Kleinstadt Madison ins Gespräch. Die Mutter von acht Kindern wirkt hochgebildet, trägt das *Wall Street Journal* unter dem Arm und ist mit einem promovierten Chemiker verheiratet. Pat hat zweimal George W. Bush gewählt. Das stimmt doch, oder? Sie zögert. »Vermutlich.« Die jeweiligen Gegenkandidaten John Kerry und Al Gore fand sie jedenfalls »einen Witz«. Dennoch hält sie die Vorstellung für absurd, im Irak »Demokratie erzwingen zu wollen«. Warum hat sie dann auch noch bei der zweiten Präsidentschaftswahl für Bush gestimmt? Pat antwortet mit einer Gegenfrage: »Woher hätte ich denn wissen sollen, dass er ein Kriegsbefürworter ist?« Vielleicht weil der Krieg gegen den Irak schon ein Jahr vor dem Wahlkampf begonnen hat? Die Fähigkeit zur Verdrängung scheint bei ehemaligen Bush-Anhängern stark ausgeprägt zu sein.

So auch bei Stanley Stadig. Der ehemalige Soldat arbeitet ehrenamtlich in einem kleinen privaten Baumwoll-Museum in Bishopville, South Carolina. »Die amerikanische Öffentlichkeit zahlt meine Rente. Mit dieser Arbeit kann ich davon etwas zurückgeben – und außerdem komme ich aus dem Haus.« Der 59-Jährige hat breite Schultern, einen Vollbart und ein verschämtes Zwinkern im Auge: ein Hüne zum Knuddeln. Ein republikanischer Hüne.

Wen hat er denn gewählt? Kaum habe ich die Frage gestellt, traue ich meinen Augen nicht. Stanley Stadig verwandelt sich plötzlich in einen nahen Verwandten von Charlie Chaplin. Er steht nicht mehr gerade, sondern vollführt einen erstaunlichen Tanz hinter dem Ladentisch des musealen Andenkengeschäfts. Mit seltsam ineinander verknoteten Beinen, hochgezogenen Schultern, die Zähne zeigend – Lächeln oder Beißreflex? – und unentwegt auf den Knopf seines Kugelschreibers knipsend. Einem unhörbaren Rhythmus folgend. Schließlich sagt er: »Ich habe das kleinste Übel gewählt.« Und was war das? Pause. »Ich habe nicht Kerry gewählt.« Sondern? Er tanzt. Und schweigt. Ich glaube, ich wäre gegenwärtig nicht gerne der amtierende Präsident der Vereinigten Staaten.

Eine halbe Stunde nach Bishopville stoße ich auf die Interstate 95. Diese Autobahn führt von Maine bis nach Florida, etwa 3000 Kilometer parallel zum Atlantischen Ozean – und in den Carolinas muss es sich um eine der langweiligsten Straßen der Welt handeln. Irgendwann finde ich die endlos scheinenden Wälder so eintönig, dass ich bei einem Besucherzentrum abbiege, um zu fragen, ob es nicht in der Nähe etwas gebe, das man besichtigen könnte. Ich habe das Gefühl, selbst dann noch Nadelbäume zu sehen, wenn ich die Augen schließe. Offenbar bin ich nicht die Einzige, der das so geht. Vor mir steht ein Mann, der mit hörbarer Verzweiflung in der Stimme die durchaus hilfsbereite Angestellte fragt: »Gibt es hier irgendetwas zum Anschauen - außer Kiefern?« Einen hübschen Golfplatz empfiehlt die Frau nach einigem Nachdenken. Da bleibt jemandem wie mir nichts anderes übrig als weiterzufahren.

Auf einer schnurgeraden, flachen Straße. Nicht einmal Dörfer liegen in Sichtweite. In einer solchen Situation ist man für jede Reklametafel dankbar – und wenigstens von denen gibt es genug. Für jeden Geschmack ist etwas dabei: Billig-Discounter werben mit günstigen Zigaretten, Motels mit Sonderangeboten, Striplokale mit Tänzerinnen, die 24 Stunden täglich ihre Brüste vorführen. Ein Waffelrestaurant mit dem Hinweis, Jesus sei der Herr. Letzteres ist sonntags geschlossen.

Eine andere Werbung gefällt mir: »Diese Sache mit ›Liebe deinen Nächsten‹ – die meinte ich ernst. Gott.« Es scheint inzwischen einige Christen zu geben, die Widerstand aufbauen gegen den Versuch, ihre Religion als Mittel der Ausgrenzung gegenüber anderen Gruppen zu nutzen. Kurz vor der Abreise aus Georgia hatte ich Jack und Nancy Pluckhahn getroffen. Der 74-Jährige schloss vor seinem Haus in Madison gerade sein Auto ab, dessen Heck ein Aufkleber zierte: »Gott möge die ganze Welt segnen. Ausnahmslos.« Doch, dieser Sticker werde durchaus gelegentlich als Provokation verstanden, sagte Jack freundlich. So sei er auch gemeint. Aber der Zuspruch, den er und seine Frau erführen, sei weit größer. Sie hätten kaum noch Aufkleber übrig, obwohl sie hätten nachdrucken lassen. Es gebe eine riesige Nachfrage.

Jack Pluckhahn bat mich herein. In einen lichtdurchfluteten Wintergarten. Wir saßen auf weißen Sofas vor einem langen, niedrigen Tisch aus Naturholz, auf dem das Nachrichtenmagazin Newsweek lag, einige Kunstbände und das neueste Buch von Jimmy Carter: »Palästina: Frieden, nicht Apartheid«.

Nancy Pluckhahn hat ihr Leben damit verbracht, die fünf gemeinsamen Kinder großzuziehen. Ihr Mann arbeitete im gehobenen Management eines Elektronikkonzerns. Beide erfüllt die politische Entwicklung mit tiefer Sorge: »Es ist ein Ego-Trip zu glauben, wir wüssten am besten, was gut ist für die Welt«, sagte die 72-jährige Nancy. »Wir wissen es nicht am besten.« Wenn die Vereinigten Staaten denn Hilfe anderswo auf der Welt leisten wollten, dann sollten sie das nicht auf eine Weise tun, »die nur für uns gut ist«. Der Krieg finde zu weit entfernt vom Alltagsleben der Durchschnittsbürger statt. »Er berührt uns nicht wirklich. Deshalb haben wir nicht so viel Mitgefühl, wie wir das eigentlich haben sollten. Die Leute leben so, als gebe es eigentlich gar keinen Krieg.« Ihr Mann ergänzte: »Unsere Regierung hat uns in ein Chaos gestürzt. Sie ist in einem fürchterlichen Zustand.«

Was tut das Ehepaar dagegen? Die beiden schicken Mails an politische Repräsentanten. Kleben Sticker auf ihr Auto. Zucken hilflos und etwas schuldbewusst die Schultern auf meine Frage, ob ihnen noch andere Maßnahmen der Gegenwehr einfallen. Dabei war diese Frage nicht etwa polemisch gemeint. Ich bin nicht sicher, ob ich auch nur annähernd so viel Engagement wie die Pluckhahns aufbrächte, wäre ich in ihrer Situation.

Meist verbirgt sich gerade hinter den unscheinbaren Türen und abseits der großen Straßen das, was in den Vereinigten Staaten einnehmend, ungewöhnlich und erstaunlich ist. Die öde Interstate 95 bietet keinen Hinweis darauf, wie reizvoll sich North Carolina schon einige Kilometer weiter östlich präsentiert. Die gesamte Küstenebene am Atlantik scheint ein einziges Feriengebiet für Individualisten zu sein. Der Strand wird gesäumt von Stelzenhäusern in Pastellfarben, im Meer kann man – mit einigem Glück – Wale und Delfine beobachten.

Der 69-jährige Fred Bamonte, der als Elektroingenieur in New York arbeitete, hat schon seit den Sechzigerjahren mit seiner Frau und den vier gemeinsamen Söhnen regelmäßig Urlaub gemacht in den Outer Banks, einer schmalen Inselkette vor dem Festland. »Damals gab es keinen Fernseher, keinen Supermarkt und kein Telefon hier«, erinnert er sich. »Aber die Jungen lernten, was Verantwortung und Respekt vor der Natur bedeutet.« Die Familienferien müssen einen tiefen, prägenden Einfluss bei den Kindern hinterlassen haben. Drei der vier Söhne sind Seeleute geworden, zwei beim Militär, einer ist auf kommerziellen Frachtschiffen unterwegs.

2001 fand in North Carolina ein Familientreffen statt. »Auf dem Rückweg fragte mich meine Frau, was ich davon hielte, wenn wir uns auf den Outer Banks zur Ruhe setzen. Ich war sofort begeistert«, erzählt Fred Bamonte. Zur Ruhe setzen: Das ist in den USA häufig nicht wörtlich zu verstehen. Fred leitet jetzt im Aquarium der Kleinstadt Manteo auf der Insel Roanoke etwas, das man als Streichelzoo für Rochen bezeichnen könnte. In einem niedrigen Becken schwimmen einige der flachen Knorpelfische – und man darf sie tatsächlich ganz zart berühren. Nein, das sei für die Tiere nicht unangenehm, erklärt der 69-Jährige. Darauf werde genau geachtet, und übrigens dürften die Rochen nach einiger Zeit auch wieder ins Meer zurückkehren.

Ungewöhnlich gut informiert scheint der kleine, stämmige Mann mit den buschigen Augenbrauen zu sein, und er hat die Fähigkeit, seine Kenntnisse auf unterhaltsame Weise zu präsentieren. Die Kinder hängen an seinen Lippen, auch die Erwachsenen langweilen sich nicht. Wieso versteht ein pensionierter Elektroingenieur aus New York so viel von Fischen, vom Meer, von den Gezeiten und von Umweltproblemen? Weil er noch einmal zur Schule gegangen ist. Als er mit seiner ehrenamtlichen Tätigkeit im Aquarium anfing, bot ihm das Museum zunächst die Teilnahme an einigen Kursen an und versorgte ihn mit Fachbüchern. »Das hat mir so gut gefallen, dass ich dann Zoologie, also Fischwissenschaft, und Meereskunde am College belegt habe.« Eineinhalb Jahre hat er studiert. »Mir ging es nicht um einen Abschluss, sondern darum, besser zu werden in dem, was ich tue.«

Fred macht seine Arbeit aber nicht nur deshalb Freude, weil ihn das Fachgebiet interessiert: »Hier treffe ich Leute aus der ganzen Welt mit ganz unterschiedlichen Lebensläufen. Mit manchen Besuchern komme ich ausführlich ins Gespräch, und ich habe sogar neue Freunde gefunden, die meine Frau und mich regelmäßig besuchen, wenn sie hier Ferien machen.«

Der Wächter der Rochen ist keine Ausnahme. Überall in den USA bin ich unterwegs älteren und alten Menschen begegnet, die in ganz unterschiedlichen Bereichen ehrenamtlich tätig sind. Fred hält das für selbstverständlich: »Viele Leute haben eben das Gefühl, dass sie der Gesellschaft etwas von dem zurückgeben sollten, was sie selbst in ihrem Leben bekommen haben. Mir geht das auch so. Und was wäre dafür besser geeignet als ein Platz, zu dem Kinder kommen, um etwas zu lernen und Spaß zu haben? Ich mache das hier wirklich hingebungsvoll.« Ganz ähnlich hat sich ja auch Stanley Stadig in dem Baumwollmuseum in Bishopville geäußert.

Auch in Deutschland spielen ehrenamtliche Tätigkeiten eine große Rolle. Etwa ein Drittel der Bevölkerung engagiert sich unentgeltlich in Vereinen, bei der Kirche oder in karitativen Organisationen, darunter immer mehr ältere Menschen. Allerdings sinkt der Anteil der Ehrenamtlichen bei uns im Alter von 60 Jahren dennoch weiterhin rapide ab, also etwa zeitgleich mit dem Abschied von der Erwerbstätigkeit. Gleichzeitig steigt bei dieser Altersgruppe die Spendenbereitschaft. Ältere Ehrenamtliche leben häufiger in kleinen Orten als in Großstädten, und oft sind sie schon seit Jahren in die Organisation hineingewachsen, in der sie dann bestimmte Aufgaben übernehmen. Anders ausgedrückt: Wenn Deutsche in ihrer Heimatgemeinde verwurzelt sind und dort ein fest geknüpftes Netz sozialer Kontakte haben, dann dürfen sie sich auch im Alter noch nützlich machen, falls sie das wünschen. Ist das nicht der Fall, dann haben sie es offenbar schwer, nach dem Ende der Berufstätigkeit ein neues Betätigungsfeld zu finden. Der Griff zum Überweisungsformular genügt, schönen Dank.

Das scheint in den USA anders zu sein. Viele Ehrenamtliche, mit denen ich dort gesprochen habe, sind ebenso wie Fred Bamonte erst nach dem Beginn des Rentenalters dahin gezogen, wo ich ihnen begegnet bin, und die freiwilligen Tätigkeiten erfüllen unter anderem den Zweck, ihnen die Eingewöhnung in die neue Umgebung zu erleichtern. Ohnehin ist Mobilität im Alter nicht so ungewöhnlich wie bei uns. Wovon ja ganze Landstriche profitieren. Ein Blick nach Florida genügt.

Die Vereinigten Staaten gelten in besonders hohem Maße als jugendverliebt, und die ausführliche Berichterstattung über Schönheitsoperationen oder aufwendige Werbekampagnen für Kosmetika, die angeblich den Alterungsprozess aufhalten können, scheinen dieses Urteil zu bestätigen. Einerseits. Andererseits sind die Alten meinem Eindruck nach dort viel stärker in die Gesamtgesellschaft, also auch in das Leben der Jungen, integriert als bei uns – was sich übrigens zu meiner Überraschung auch auf dem Bildschirm widerspiegelt: Die beliebtesten Moderatorinnen und Moderatoren des US-Fernsehens sind deutlich älter als ihre Kolleginnen und Kollegen bei den großen deutschen Sendern.

Auf meiner Reise bin ich wieder und wieder mit älteren Leuten ins Gespräch gekommen. Niemals deshalb, weil ich etwas über die Vergangenheit und ihr früheres Leben erfahren wollte – wenn sich das ergab, auch gut –, sondern stets, weil mich das interessierte, was sie gerade taten. In der Gegenwart. Neidisch und bewundernd habe ich überall in den USA fröhliche, gut informierte, aktive Rentner beobachtet und dabei an die große Zahl ihrer Altersgenossen in Deutschland gedacht, die sehnsüchtig auf seltenen Besuch warten und, da sie kaum etwas erleben, auch wenig andere Themen kennen als bessere frühere Zeiten und die eigenen Krankheiten. Vorbild USA? In dieser Hinsicht vielleicht.

Irgendetwas machen wir falsch, und irgendetwas machen die Vereinigten Staaten offenbar richtig im Hinblick auf eines der großen Themen unserer Zeit. Altersdiskriminierung sei hier nicht so verbreitet, wurde mir mehrfach von europaerfahrenen Gesprächspartnern gesagt, wenn ich fragte, ob der republikanische Präsidentschaftskandidat John McCain nicht allein aufgrund seines Lebensalters chancenlos sei. Auch Demokraten haben das übrigens betont, und der Ton mir gegenüber war bei dieser Antwort stets parteiübergreifend nachsichtig.

Allerdings hat das hübsche Bild auch eine Kehrseite. Ich finde es wunderbar, wenn mir ein zufriedener alter Mann in einem Museum etwas erklärt, was ich gerne wissen möchte. Weniger wunderbar finde ich es, wenn eine abgearbeitete alte Frau im Supermarkt an der Kasse hektisch den Preis für meine Waren eintippt und das tun muss, weil sie andernfalls nicht überleben kann. Fehlender Kündigungsschutz und die geringe Bezahlung für unqualifizierte Tätigkeiten ermöglichen es in den USA auch älteren Arbeitnehmern, einen Job zu finden. Sehr erfreulich. Aber diesen älteren Arbeitnehmern bleibt oft gar nichts anderes übrig, als Hamburger über die Theke zu reichen. Wenn sie nicht unter der Brücke landen wollen – ohne sich Hamburger leisten zu können.

Auch der blaue Himmel über dem Leben von Fred Bamonte bewölkt sich, wenn man genauer nachfragt. Er selber ist nicht freiwillig in Rente gegangen, sondern er wurde plötzlich herzkrank. Da blieb ihm dann keine andere Wahl mehr. Seine Frau, die auch schon 67 Jahre alt ist, hat nun hier auf den Outer Banks eine Vollzeitarbeit übernommen. Um sicherzustellen, dass sie beide krankenversichert sind.

Allzu lange soll seine Frau nicht mehr arbeiten, findet Fred. »So ein, zwei Jahre noch. Höchstens.« Und dann? Dann werden die beiden möglicherweise nicht mehr auf den Outer Banks in North Carolina leben können, sondern nach Florida umziehen müssen, wo die Steuerbelastungen für das Ehepaar weniger hoch sind, wie er sagt. Das ist natürlich kein unerträglich schweres Schicksal. Aber so richtig gut gefällt es mir auch nicht, wenn alte Menschen sich allein aus finanziellen Gründen selbst noch einmal verpflanzen müssen. Fred Bamonte sieht das ähnlich: »Die Mittelklasse ist nicht mehr das, was sie früher einmal war. Früher gab es so etwas wie einen glücklichen Ruhestand. Jetzt wird es immer schwieriger, die Rente zu genießen. Wegen der Rechnungen.«

Das Sein bestimmt eben doch in sehr starkem Maße das Bewusstsein. Für Fred ist die medizinische Grundversorgung inzwischen ein zentrales politisches Thema: »Jeder sollte das Recht auf eine Krankenversicherung haben. Ich sehe viele Leute leiden, weil sie keine Versicherung haben, und das ist moralisch falsch. Wenigstens die Armen müssten abgesichert sein.«

Wer sind eigentlich diese viel zitierten Armen? Eine sehr große Menschenmenge. Etwa 40 Prozent der US-Bevölkerung fallen innerhalb eines Zeitraums von zehn Jahren irgendwann einmal unter die entsprechende soziale Grenze, die von der Regierung festgesetzt wird. Und mehr als jedes fünfte Kind lebt in den Vereinigten Staaten dauerhaft in Armut. In der Reihe der Industriestaaten ist das eine konkurrenzlos schlechte Bilanz.

Hätten die Pioniere sich eine Entwicklung vorstellen können, in der solche Fragen von entscheidender Bedeutung sind – im Guten wie im Schlechten? Es ist kein Zufall, dass sich gerade hier derlei Fragen aufdrängen. Die Insel Roanoke, auf der heute Fred Bamonte sorgfältig gehegte Rochen streicheln lässt, ist möglicherweise tatsächlich die Wiege der USA. Gerade bei der Geschichtsforschung kommt es eben auf den Blickwinkel an.

Das Schicksal der ersten englischen Siedler auf der Insel ist nicht vollständig geklärt. Schon Ende des 16. Jahrhunderts landeten Entdecker aus England hier, und mehrfach versuchten Neuankömmlinge danach vergeblich, die Stellung zu halten. 1587 traf eine weitere Siedlergruppe ein, zu der auch Frauen und Kinder gehörten. Ihr Schicksal ist bis heute rätselhaft geblieben und bietet Stoff für Legenden. Die berühmteste Protagonistin: die junge Mutter Eleanor Dare. Die Darstellung, wie sie mit ihrem neugeborenen Baby durch den Wald flüchtet – dem ersten englischstämmigen Kind, das nachweislich auf nordamerikanischem Boden geboren wurde –, ist Teil der Gründungslegende der USA.

Vielleicht wurden Eleanor und ihre Schicksalsgefährten von Indianern ermordet. Aber vielleicht wurden sie auch freundlich von ihnen aufgenommen und es wurden gemeinsame Familien gegründet. Man weiß es nicht. Überzeugende Hinweise gibt es für beide Theorien. Fest steht: Die ersten englischen Bewohner des heutigen Territoriums der Vereinigten Staaten näherten sich nicht auf der Mayflower der Neuen Welt. Was die Antwort auf die Frage nach den Ursprüngen der USA nicht vereinfacht.

Jamestown, gelegen in Virginia, macht alles noch komplizierter. Hier entstand 1607 – unzweifelhaft – die erste dauerhafte englische Siedlung auf nordamerikanischem Boden. 13 Jahre bevor die Pilgerväter an Bord der Mayflower im heutigen Massachusetts ankamen. Reiche Kaufleute in London hatten dafür mehr als einhundert abenteuerlustige Männer angeheuert, weil sie auf schnelle Gewinne für ihre Handelsgesellschaft Virginia Company in der Neuen Welt hofften.

Diese Gewinne ließen auf sich warten. Feindseligkeiten mit den Indianern, Hunger und Krankheiten kosteten in den ersten Jahren so viele Neuankömmlinge das Leben, dass die Siedlung beinahe aufgegeben worden wäre. Jamestown wäre heute längst vergessen ohne die Zähigkeit, den Unternehmergeist, die Tapferkeit und den Erfindungsreichtum der Pioniere – eigentlich samt und sonders Eigenschaften, die in den USA in besonderem Maße bewundert werden.

Dennoch werden die ersten Bewohner von Jamestown – im Gegensatz zu den Passagieren der Mayflower – seit Jahrhunderten immer wie die etwas peinlichen Verwandten behandelt, die hinter den sieben Bergen lebten. Viele Kränze werden ihnen nicht geflochten. Warum eigentlich nicht? Frances Honich, Fremdenführerin im nachgebauten Fort des Freilichtmuseums von Jamestown, lächelt milde. Hierher seien die Leute mit dem erklärten Ziel gekommen, Profit zu machen. Die Poniere auf der Mayflower hätten hingegen religiöse Freiheit gesucht. »Das eignet sich besser zur Mythenbildung.« Eine wunderbar lakonische Beschreibung von Schönfärberei.

Frances Honich, die selbst aus Neuengland stammt, sieht noch einen anderen Grund für die stiefmütterliche Behandlung von Jamestown. »Der Süden hat den Bürgerkrieg verloren, der Norden hat ihn gewonnen. Bis heute bestimmt diese Tatsache die Antwort auf die Frage, wer die Deutungshoheit über die Geschichte der Vereinigten Staaten hat.« Auch diese 69-Jährige arbeitet übrigens sehr gerne in »ihrem« Museum: »Die Besucher, die hierherkommen, beginnen, über sich selbst nachzudenken. Das gefällt mir. Sie überlegen, wie man eine Matratze nähen kann oder was es bedeutet, wenn man zweieinhalb Stunden braucht, um einen Backofen zu heizen. Oft sind sie danach von einem ganz neuen Gefühl der Dankbarkeit für ihre eigenen Lebensbedingungen erfüllt.«

Dankbarkeit für die eigenen Lebensbedingungen. Ich glaube zu verstehen, was Frances Honich meint. Auch ich empfinde sie. Eine solche Dankbarkeit ist allerdings eng verknüpft mit der Sehnsucht nach Zuhause. Allmählich bekomme ich Heimweh. Noch einmal stelle ich gegen Ende dieser langen Reise fest, dass ein unauflöslicher

Zusammenhang besteht zwischen den eigenen Gefühlen und der Möglichkeit, neue Erkenntnisse zu gewinnen. Ich beende meine Recherchen nicht vorzeitig. Aber in diesen letzten Tagen treibt mich vor allem Pflichtbewusstsein an und nicht mehr Neugier auf das Land. So kann ich zwar einige Eindrücke vertiefen, die ich in den vergangenen Monaten gesammelt habe, Neues jedoch lerne ich nicht mehr. Mein Kopf ist voll. Endgültig.

In Virginia besuche ich noch das Landhaus von George Washington. Dieser erste Präsident der Vereinigten Staaten, der so hart für die Unabhängigkeit gekämpft hat, gestaltete sein privates Refugium wie ein englisches Herrenhaus – also nach dem Vorbild eines Teils der Welt, den er selbst nie besucht hat. Die bewundernde und zugleich verächtliche Hassliebe gegenüber Europa, die viele Amerikaner bis heute empfinden, hat früh angefangen.

In Chesapeake Beach, Maryland, führe ich ein Gespräch mit einem baptistischen Jugendpfarrer und seiner Frau, das von Toleranz und Verständnis gegenüber Drogenabhängigen und kindlichen werdenden Müttern geprägt ist, mit denen beide oft zu tun haben. Ein versöhnlicher Abschluss der Begegnungen mit evangelikalen Christen, deren Lebenseinstellungen oft viel differenzierter sind, als ich das von Europa aus vermutet hätte – und die mir dennoch fremd bleiben. Aber vielleicht ist diese Fremdheit ehrlicher und realistischer als ein vermeintliches Einverständnis, das sich gelegentlich nur deshalb einstellt, weil wir gar nicht merken, dass wir verschiedene Sprachen sprechen.

Wie gut glaube ich, »die Amerikaner« zu verstehen, nachdem ich drei Monate ihr Land bereist habe? Nach meiner Rückkehr werde ich mich dabei ertappen, genau das zu tun, was mir an vielen meiner Landsleute, die längere Zeit in den USA verbracht haben, stets fürchterlich auf die Nerven gegangen ist: Ich werde jedem Urteil über die Weltmacht spontan widersprechen und erklären, es sei doch alles ganz anders, als wir vermuteten.

Das ist ja auch wahr. Es ist alles ganz anders. Andererseits aber auch wieder nicht. Wie ist es denn nun? Je länger ich unterwegs war, desto größer wurden die Fragezeichen. Aber einiges habe ich denn doch verlässlich erfahren: Dass sich nämlich die Bevölkerung der kleinen Städte und Dörfer in den Vereinigten Staaten ganz und gar nicht als Teil einer Weltmacht fühlt, sondern dass sie Angst hat vor der Globalisierung, vor der Verarmung der Mittelschicht, vor dem sozialen Abstieg. Dass viele meinen, die Vereinigten Staaten hätten ihre beste Zeit hinter sich – und Länder wie China und Indien hätten sie vor sich. Dass die Leute genau wissen, wie unbeliebt die USA in weiten Teilen der Welt inzwischen sind, und dass sie diese Entwicklung gerne rückgängig machen würden. Wenn ich nur ein einziges Wort zur Verfügung hätte, um die herrschende Stimmung zu beschreiben, dann müsste ich nicht lange nachdenken: Verunsicherung.

Wie weitverbreitet die Angst vor lauernden Gefahren aus fernen Teilen der Welt ist, die als bedrohlich empfunden werden, wurde mir Anfang Dezember klar. Da erschoss ein Amokläufer in einem Einkaufszentrum in Omaha, Nebraska, acht Menschen und tötete sich danach selbst. Der 19-jährige Schütze war Bürger der Vereinigten Staaten. Er hatte die Tat mit einem halbautomatischen Sturmgewehr begangen. Und worüber wurde in den folgenden Tagen diskutiert? Ob Waffenbesitz vielleicht doch besser kontrolliert werden sollte? Ob es wirklich eine gute Idee ist, Teenagern den Zugang zu Waffen so leicht zu machen? Nein. Darüber wurde nicht diskutiert. Sondern darüber, ob nicht die Sicherheitsvorkehrungen in Einkaufszentren – beispielsweise mit Metalldetektoren – verbessert werden sollten, da ja die Gefahr bestünde, dass auch Terroristen sich Zugang zu solchen Gebäuden verschaffen. Als ob das, was tatsächlich passiert war, nicht schlimm genug gewesen wäre, ohne dass zusätzlich imaginäre Bedrohungen hätten heraufbeschworen werden müssen.

Die Diskussion über die Notwendigkeit der Terrorbekämpfung in Einkaufszentren steht übrigens meiner Ansicht nach nicht im Widerspruch zu der Tatsache, dass sich niemand, mit dem ich gesprochen habe, persönlich von Terroristen bedroht fühlt. Sie belegt nur, was ich auch in anderem Zusammenhang beobachtet zu haben glaube: Die rasanten Veränderungen der globalen Welt lassen das Bedürfnis nach Sicherheit und geordneten Verhältnissen zu Hause wachsen. Ich denke, daraus erklärt sich auch der große Zulauf zu evangelikalen Glaubensgemeinschaften. Die bieten wenigstens sichere, dauerhaft gültige Antworten in einer Zeit der allgemeinen Ratlosigkeit.

Die Sehnsucht nach einer politischen Führung, vor allem nach einem Präsidenten mit Visionen und dem vermeintlichen Mut, einen gordischen Knoten zu zerschlagen, ist groß. Mir ist eine solche Sehnsucht unbehaglich. Visionen ziehen ja oft fürchterliche Folgen nach sich, wenn sie in die Realität umgesetzt werden. Aber was wird geschehen, wenn diese Sehnsucht unerfüllt bleibt? Wird sich die Neigung verstärken, politische Probleme mit aussichtslosen Kriegen lösen zu wollen, die den Frieden auf der ganzen Welt gefährden? Oder wird die Zahl jener wachsen, die sich am liebsten in die Wagenburg zurückziehen wollen und einem neuen Isolationismus das Wort reden? Erfreulich wäre beides nicht. Heute wage ich in dieser Hinsicht noch keine Prognose. Und ich glaube auch nicht, dass ich auf dieser Reise noch neue Antworten auf meine Fragen finden werde. Diese Reise ist vorbei.

Den vorletzten Abend verbringe ich in Atlantic City, New Jersey. In dieser ältesten Spielerstadt der USA wurde das Glücksspiel noch früher legalisiert als in Las Vegas. Inzwischen weiß ich, dass es keinen Ort gibt, an dem die Gesprächsbereitschaft der Anwesenden vergleichbar gering ist wie in einem Kasino. Das kommt mir entgegen. Ich verliere etwas Geld am Automaten und fahre am nächsten Morgen weiter nach New York.

Als John Steinbeck nach Hause wollte, da hat er sich auf der Zielgeraden verfahren. Ausgerechnet in New York musste er einen Polizisten nach dem Weg fragen. Das soll mir nicht passieren, ich will und werde meinen Abflugtermin nicht verpassen. 24 Stunden vorher richte ich mich in einem Flughafenmotel ein. Gebe mein Auto ab. Und beschließe: Obwohl ich mein ganzes Leben lang einmal den Weihnachtsbaum am Times Square sehen wollte, werde ich nichts riskieren. Ich bleibe im Motel, obwohl der Ausflug kaum drei Stunden beanspruchen würde. No risk, no fun – kein Risiko, kein Spaß? Ich will in den nächsten Wochen zu Hause viel Spaß haben. Deshalb gehe ich gar kein Risiko mehr ein.

Noch einmal ist mir der Schutzpatron der Reisenden wohlgesonnen. Am 21. Dezember 2007 lande ich pünktlich auf dem Flughafen Tegel in Berlin. »Und so fand der Reisende wieder nach Hause«, schrieb John Steinbeck. Na – ungefähr so. Die Umstände sind andere. Aber ja, John Steinbeck: Das Gefühl von Reisenden bei der Heimkehr ist wohl weltweit dasselbe. Wenigstens diese Erfahrung ist universal. Also tschüs. Und danke.

dtv

»In Amerika lebe ich in New York oder schaue kurz in Chicago oder San Francisco vorbei. Aber New York ist so wenig Amerika, wie Paris Frankreich oder London England ist...«

John Steinbecks einzigartiger Reisebericht – neu übersetzt von Burkhart Kroeber

304 Seiten   € 9,50
ISBN 978-3-423-**13565**-8

Es ist das Jahr 1960, als der spätere Literaturnobelpreisträger John Steinbeck sich mit 58 Jahren zusammen mit seinem Pudel Charley noch einmal auf die Reise durch sein Heimatland macht – »auf der Suche nach Amerika«. In dem Wohnmobil »Rosinante« bereist er in elf Wochen 34 Bundesstaaten. Ironische Beobachtungen und skurrile Begegnungen vermischen sich zu einem einzigartigen Reisebericht, der einen unverstellten Blick auf das Innere Amerikas bietet.

www.dtv.de